北京交通大学工程硕博士校企联合培养建设重点项目

轨道电路抗干扰与防雷技术

杨世武　杨轶轩　刘　倡◎主　编
崔　勇　乔志超◎副主编
徐宗奇◎主　审

中国铁道出版社有限公司

2025年·北　京

内 容 简 介

本书为北京交通大学工程硕博士校企联合培养建设重点项目成果。本书注重综合性、工程性、前沿性，聚焦高速铁路复杂电磁环境背景下轨道电路对牵引电流干扰及雷电电磁干扰的防护技术，系统深入解析了干扰源特性和传播规律、效应评估及衍生的安全风险，阐明了电磁干扰作用机理及防护方法，全书共七章，包括轨道电路抗电磁干扰技术基础、轨道电路与牵引电流干扰计算、复杂条件下轨道电路干扰影响分析、信号电缆接地和抗电磁干扰分析、雷电特性及信号防雷电路设计、轨道电路抗干扰与安全性、轨道电路抗干扰与故障诊断分析。

本书可作为高等院校轨道交通信号与控制、安全工程、交通信息工程及控制相关专业的高年级本科生和研究生教材使用，也可供铁路道信号相关工程技术人员、管理人员参考学习。

图书在版编目（CIP）数据

轨道电路抗干扰与防雷技术 / 杨世武，杨铁轩，刘倡主编. -- 北京 ：中国铁道出版社有限公司，2025. 1.

ISBN 978-7-113-31839-0

Ⅰ. U284-23

中国国家版本馆 CIP 数据核字第 2024FE4039 号

书　　名：轨道电路抗干扰与防雷技术

GUIDAO DIANLU KANGGANRAO YU FANGLEI JISHU

作　　者： 杨世武　杨铁轩　刘　倡

责任编辑： 吕继函　　**编辑部电话：**（010）51873205　　**电子邮箱：** 312705696@qq. com

封面设计： 郑春鹏

责任校对： 刘　畅

责任印制： 高春晓

出版发行： 中国铁道出版社有限公司（100054，北京市西城区右安门西街 8 号）

网　　址： https://www. tdpress. com

印　　刷： 北京铭成印刷有限公司

版　　次： 2025 年 1 月第 1 版　2025 年 1 月第 1 次印刷

开　　本： 787 mm×1 092 mm 1/16　**印张：** 10　**字数：** 256 千

书　　号： ISBN 978-7-113-31839-0

定　　价： 36. 00 元

序

铁路作为我国综合交通运输体系的骨干，既是国家重大基础设施，又是重大民生工程和国民经济大动脉。一方面，作为高速铁路和普速铁路信号系统中的基础装备，轨道电路持续检测线路空闲和钢轨完整性，并向车载信号设备不间断发送列车速度控制信息，是列车安全高效运行的重要保障。另一方面，轨道电路的主体传输环节工作于室外环境，在电气化区段，牵引供电系统与回流构成了复杂的多导体回路，不同类型电力机车（动车组）工况由于与牵引电流共用钢轨传输通道会形成共阻抗耦合，同时面临雷电电磁干扰，显然，在"车—网—地"这个宏观维度下，对轨道电路电磁环境效应及抗干扰技术研究具有重要的理论意义和工程价值。

轨道电路自150余年前诞生以来，以其固有的优势，展示了其顽强的生命力。习近平总书记2024年6月在全国科技大会、国家科学技术奖励大会、两院院士大会上的讲话中指出，"高铁技术树起国际标杆"。在高速铁路信号系统中，以ZPW-2000系列为代表的轨道电路技术不断持续创新，自主研发集成化、数字化、智能化装备，全面提升安全性、可靠性和抗干扰性，适应我国复杂运营环境，并逐步应用于"一带一路"国家，有力支撑了高速铁路高质量的发展。

本书由北京交通大学、北京全路通信信号研究设计院集团有限公司等单位高水平专家共同协作完成，是在承担国家和省部级重点项目、制定行业标准等科研实践的长期积累和扎实基础上总结凝练而成的。全书采用理论分析、仿真计算和工程案例相结合的写作方法，以高速铁路复杂电磁环境为背景，探究干扰源特性和传播规律、效应评估及衍生的安全风险和智能分析方法，阐明电磁干扰作用机理和防护技术，在一定程度上反映了本领域基础理论研究和技术应用成果。

作为一本具有鲜明特色的著作，本书在一定程度上填补了铁路信号领域的空白，不仅是轨道交通行业科研工作者和高层次人才培养的参考书，而且对其他行业从事电磁环境效应和干扰防护研究的科研人员也具有一定借鉴作用。

中国工程院院士

2024 年 7 月

前　言

轨道电路是指在一段钢轨线路两端分别连接始端和终端设备而构成的回路，它通过发送特定频率的电信号，检查钢轨是否完整，并利用列车轮轴的分路效应，检查该区段是否空闲。轨道电路自发明后，以其独特优势而展现出了极其强大的生命力，成为世界各国现代化列车运行自动控制与远程控制系统中的基本组成设备，在保障行车安全、效率和自动化方面发挥着关键作用。截至2024年9月，我国铁路营业里程突破16万km，其中高铁超4.6万km；2035年铁路网规模将达20万km，高铁占7万km。ZPW-2000系列轨道电路作为区间主流制式，覆盖全部高速铁路及超过普速铁路5万km自动闭塞区段。

轨道电路技术始终面临挑战，其利用钢轨作为自身电路传输信号的同时，不可避免地受到室外复杂环境的影响，其中，电力牵引带来的电气化干扰和雷电电磁干扰是引发设备故障降级的重要因素；另外，轨道电路技术与信息技术不断融合，向电子化、数字化和智能化方向演进过程中，设备自身的电磁敏感度也对设备抗干扰和安全性能提出了更高要求。在此背景下，对轨道电路抗电气化及雷电干扰技术进行系统总结和深入研究，不仅具有理论意义，更体现了明确的工程价值。

本书聚焦高速铁路复杂电磁环境背景下的轨道电路技术，围绕干扰源特性和传播规律、效应评估及衍生的安全风险，阐明电磁干扰作用机理及防护方法，力求突出以下特点：第一，突出高速铁路电磁环境特点和复杂因素，从"车—网—地"和跨专业视角进行综合分析。第二，突出与工程应用需求的紧密结合，在理论分析、仿真计算基础上，融入适当的工程案例。第三，突出轨道电路抗干扰与前沿技术的融合，探索抗干扰性能与安全性内在关联。

本书与"高等学校轨道交通信号与控制专业系列教材"中《铁路信号电磁兼

容技术》相衔接。

在概述轨道电路基本概念和相关背景的基础上，本书围绕牵引电流干扰及雷电电磁干扰防护技术，重点从以下方面进行探讨：(1)第2章分别介绍轨道电路、牵引电流建模和计算方法，指出传导性干扰机理。(2)第3章分析多维度复杂因素对轨道电路的影响，如邻线干扰（轨道电路自身）、道岔区段（线路）、迂回电路（牵引回流），突出不同专业在设计理念上的差异。(3)第4章关注轨道电路信号电缆接地和抗干扰设计，考虑牵引网、钢轨、综合接地多导体，在传导和感应多种干扰形式耦合下的建模分析方法。(4)第5章以浪涌抑制器件特性建模为基础，重点讨论防雷电路设计和优化方法。(5)第6章为轨道电路抗干扰技术的延伸，探索抗干扰性能与安全性之间的关联度及安全评估方法。(6)第7章面向电磁干扰条件下的智能运维需求，讨论基于推理机制和机器学习的故障诊断方法，以及如何采用文本挖掘的方法构建电磁干扰知识图谱。

本书由北京交通大学杨世武、北京全路通信信号研究设计院集团有限公司杨轶轩、刘倡任主编，北京交通大学崔勇、北京全路通信信号研究设计院集团有限公司乔志超任副主编，北京全路通信信号研究设计院集团有限公司徐宗奇任主审。北京和利时系统工程有限公司刘希高、武沛，中铁通信信号勘测设计院有限公司李辉参与编写。其中，第1章由杨世武、杨轶轩编写；第2章由杨世武、刘倡编写；第3章由杨轶轩、乔志超、刘倡编写；第4、5章由崔勇、杨世武编写；第6章由刘倡、杨世武、李辉编写；第7章由刘倡、刘希高、乔志超、杨轶轩编写。北京交通大学信号抗干扰实验室楚少童、魏子钧、王聪慧等研究生完成了部分数据处理和绘图工作。

本书在编著过程中，得到了中国工程院院士刘尚合教授，中国国家铁路集团有限公司工电部，北京交通大学研究生院、自动化与智能学院，以及本领域专家的支持和指导，并参考了大量国内外本领域相关文献；获得了北京交通大学“工程硕博士校企联合培养建设专项”基金对本书的支持，在此一并表示诚挚的谢意！

轨道电路抗干扰与防雷技术属于多专业交叉领域，涉及学科内容广泛，鉴于作者学识所限，文中难免有疏漏和不妥之处，恳请读者不吝指正。

著者

2024年10月

目　录

1 轨道电路抗电磁干扰技术基础

本章内容概述

轨道电路作为历史最久和生命力最强的列车检测方式，具有独特的优势，同时也面临着诸多挑战。特别是其应用于电气化铁路时，必须充分考虑对牵引电流及雷电电磁干扰的防护，针对工作环境中干扰源特性，基于电磁兼容原理和抗干扰技术进行科学合理的设计。

1.1 概　　述

1.1.1 列车检测与轨道电路

列车检测(train detection)是指在规定的轨道区域或给定点，识别有无列车存在的安全技术。

截至 2020 年，全世界范围内的铁路里程超过 110 万 km，城市轨道交通里程约 3 万 km。列车检测的应用几乎覆盖全部的轨道交通线路，包括高速铁路、普速铁路、城市轨道交通、重载货运铁路，以及磁浮铁路、单轨铁路等。对于轨道交通运输，信号系统掌握特定轨道区段的空闲/占用情况即实现列车检测，明确列车的位置，可使系统正确确定"车"和"地"的相互关系，是实现自身功能目标(例如符合期望的行车安全、行车效率)的核心和必要条件。

列车检测有多种实现方式，通常可分为连续式检测、非连续式检测及点式检测等类型，也可相应称作区段检测、边界检测和单点检测，具体包括：轨道电路、计轴器、应答器叠加无线通信、卫星定位、感应环线、光纤光栅、视频识别等方式。各个国家主要运用的列车检测方式不同，中国、法国、日本、西班牙等国主要采用以轨道电路为主的方式，德国主要采用感应环线、计轴器等方式。

1872 年，美国威廉 · 罗宾逊博士发明了用于连续列车检测的轨道电路(track circuit)。

利用两条钢轨作为导线，两端用绝缘节(机械绝缘或电气绝缘)隔开，一端接送电设备，另一端接受电设备，所构成的电气回路称为轨道电路，可见，轨道电路是钢轨线路和连接于其始端及终端器械的总称。

轨道电路原理如图 1.1.1 所示，当轨道电路区段空闲时，电流从轨道电路电源正极经过一根钢轨进入轨道继电器(GJ)，再经另一根钢轨回到电源负极，GJ 衔铁吸起，使其后接点断开、前接点闭合，信号机电路通过前接点闭合绿灯电路；当轨道电路区段有车占用时，由于轮对电阻很低，轨道电路被短路，GJ 衔铁被释放，其后接点闭合信号机的红灯电路。

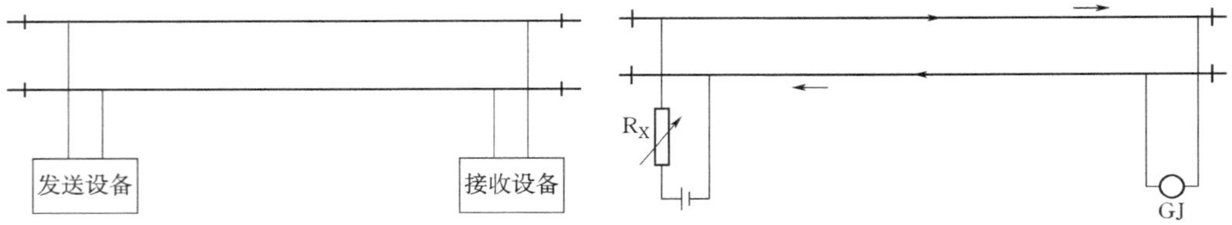

图 1.1.1　轨道电路原理

轨道电路的作用是：

(1)实现列车占用检测。通过检查和监督轨道是否有车占用，防止错误地办理进路和开放信号；通过检查和监督道岔区段有无机车车辆通过，防止错误动作道岔。

(2)检查钢轨完整性。当钢轨折断或缺失时，防护这一区段的信号机将不能开放。据统计，使用双轨条轨道电路时，大约 70%的情况下能够确保检测到断轨，而使用单轨轨道电路时约 30%的情况下能够检测断轨。

(3)传递行车信息。通过不同载频和调制信号，从轨道向经过的列车发送信息，实现车与地的通信。除控制轨旁信号机显示外，还可为列车运行控制系统直接提供前行列车位置、运行前方信号机状态和线路条件等信息，以决定列车运行的目标速度，控制列车运行。

另外，轨道电路还可用于平交道口的列车检测、预警及轨道电路与道路交叉口的短区段上。

最早的轨道电路发送器只是一个电池，接收器则是一个极化继电器，只对正确的电流做出反应，这种非常简单的产品被称为“直流轨道电路”，目前仍然在世界各地大量使用。轨道电路自诞生以来，世界各国根据自身应用需求研发了不同种类的轨道电路，按绝缘类型，主要可以分为以下两种：

(1)有绝缘轨道电路，其中每个区段都通过每条钢轨上的绝缘接头与相邻的区段物理分隔开。

(2)无绝缘轨道电路，即没有任何绝缘轨道接头的轨道电路，通过电气滤波单元实现相邻区段之间的电气隔离。在这种产品中，行车轨道不需要被物理切割来确保电气隔离。

1.1.2　轨道电路的优势和挑战

轨道电路工作原理虽然大量基于信息技术的先进装备不断涌现，但轨道电路利用钢轨传输信号这一固有和不可替代的技术特点至今仍被信号领域认可，其产品不断迭代后仍在广泛使用，具有强大的生命力。

轨道电路优势主要表现如下：

(1)轨道电路可以对轨道区段的空闲/占用情况进行时间和空间上的连续检查，从而检测到列车是否缺失，本身具备内在的安全特性。

(2)轨道电路的基本设计符合“故障—安全”原则。无论电路中任何位置发生任何失效或任何中断，都会保持安全程度不降低，却被占用区段显示禁止信号，防止列车进入。

(3)除上述外，其他优点还包括：

①设备安装简单。启用时或断电恢复后可立即投入工作。

②信息接口便捷。便于叠加和传输信号系统所需信息，易与信号系统中其他子系统进行接口和通信。

③产品链条完备。历经百年发展，轨道电路在理论研究、建模仿真、产品开发、工程设计、标准兼

容、安全认证等方面均积累了丰富和完善的经验。

尽管轨道电路的原理非常吸引人,但工程应用中存在各种各样的问题,在以下方面面临着挑战:

(1)在信号传输方面

①道床电阻影响。两条钢轨之间的绝缘并非理想的无穷大,会随季节和环境变化波动。在法国,干线铁路标准最小是 2 Ω·km,而在高速线路上是 8 Ω·km。

②信息量受限。由于轨道电路采用钢轨作为传输通道的一部分,在信号频率选择、信息量和传输速率等方面必然受到制约。

(2)列车分路方面

①分路灵敏度。尽管列车的车轴几乎是完美的分流器,但必须考虑信号频率、道床电阻、供电电压等的变化。通常使用值为 0.06 Ω、0.15 Ω 至 0.5 Ω 的标准分路电阻进行测试和设置。

②分路不良。由于轨面锈蚀,对于短列车或非常轻的车辆,轨—轮接触电阻过大会造成不能可靠分路。通常在这些区段使用高压脉冲(HVI)轨道电路。

(3)在电磁干扰方面

①牵引电流干扰。高速、重载及普速铁路普遍采用电力牵引,牵引电流与轨道电路信号电流将钢轨作为共用传输通道,随之产生共阻抗耦合。应该注意到,信号电流是差模方式,而钢轨中牵引电流是共模方式。前者一般不超过 1 A,而后者可以达到数百安培,因此,不平衡牵引电流会对轨道电路造成干扰。随着新型机车及动车组的引入,牵引谐波成分可能与信号频率处于同一频段,轨道电路在设计中必须进行防护。

②邻线干扰。对于车站内存在多条股道或区间四线及六线较长距离并行等情况,邻线与本线轨道电路由于采用相同载频,易产生电磁耦合影响,本线车载机车信号设备有可能接收到邻线轨道电路信号,造成错误显示。

1.1.3 轨道电路技术发展趋势

高速铁路和城市轨道交通行业装备和新技术应用日新月异,特别是信息和通信领域新技术与传统技术不断渗透融合,包括轨道电路在内的信号系统,其核心功能必须依赖计算机(包括软件及智能算法)和电子、通信等技术,如 CTCS、CBTC、FAO、TACS 系统等。另一方面,随着重载、高速铁路大规模运营,400 km/h 更高速度铁路正在推进,而高速和重载铁路导致牵引电流增加,高原高寒室外环境更加恶劣,电力机车及动车组谱系类型不断扩展,牵引特性和谐波分布更加多样化。在此背景下,为保障运输安全和效率,轨道电路同样需要与时俱进,适应 RAMS(reliability,availability,maintainability and safety)要求。

1. 数字化、信息化和智能化

作为铁路基础设施中的固定装备,数字化轨道电路是国内外发展趋势。德国、法国、英国、瑞士、日本、俄罗斯以及欧盟等国家和区域相继发布了数字化发展战略。欧盟下属机构欧洲铁路(Europes Rail)制定并正在推进面向未来发展的 Shift2Rail(S2R)计划,其焦点在于升级基础设施运营维护水平,保障铁路安全、可靠、经济、高效且可持续发展,实现市场开放和设备互操作性,降低信号系统的生命周期成本(life cycle cost,LCC),并向通用的高性能基础设施系统架构迁移,包括安全列车定位(TD 2.4)、优化轨道系统(TD 3.3)、下一代轨道系统(TD 3.4)、动态铁路信息管理系统(DRIMS)(TD 3.6)、铁路综合测量和监控系统(RIMMS)(TD 3.7)等。

根据《数字中国建设整体布局规划》,国铁集团 2023 年提出《数字铁路规划》。铁路数字化转型旨在提升运维管理和安全管控的效率与精准度。运维管理通过数据整合和云边协同技术的应用,推动维修模式从计划修向状态修转型,利用预测性健康管理技术提前识别并预防设备故障;固定设施管理则通过实时监控与智能分析实现精细化管理,推进工电供一体化智能运维体系建设。此外,数字化安全监测系统可提供实时监控与风险评估，确保安全隐患预警与风险防控。这一系列举措将提升铁路系统的运行效率和安全保障，推动铁路行业迈向智能化、数字化的新时代。

同时，数字化轨道电路采用大量低电压、高频率、高速度电子器件，高度依赖软件，对电气化和雷电电磁干扰等更敏感，必须重视相应的安全风险。

2. 绿色节能和低碳化

作为最清洁、最环保的大运量交通工具，铁路在创造可持续的生活方式和经济方面发挥着至关重要的作用。根据 UIC 统计，铁路占全球客运和货运活动的 8%（以人公里/吨公里计），但仅占运输部门排放量的 2%。在全球温室气体排放量持续上升中，运输业占 2018 年总排放量的 14%，而铁路是唯一一种真正减少排放的方式，在 2000 年至 2018 年间减少了 2%。到 2050 年，铁路基础设施作为自然景观不可分割的一部分，将成为连接生物群落的“绿色网络”，为实现联合国可持续发展目标作出贡献。

2020 年，我国提出将提高国家自主贡献力度，采取更加有力的政策和措施，二氧化碳排放力争于 2030 年前达到峰值，努力争取 2060 年前实现“碳中和”。尽管轨道电路及信号系统在铁路各子系统中占比很小，但覆盖里程量大且全天候工作，在功率控制、传输损耗方面存在优化空间。

3. 复杂环境适应能力

我国高速、高原、高寒、重载铁路技术已达到世界领先水平，智能高铁技术已实现自主化。鉴于轨道电路设备工作环境的特殊性，其电气性能、可靠性乃至安全性等指标在不同程度上受环境温度、湿度等气候条件，以及高原、平原、路基、桥梁、隧道等地理条件的影响，还需关注列车牵引类型、轴重、轮轨接触特性、运行速度、线路漏泄、道床特性的差异性，如轮轨接触特性、道床漏泄对分路特性的影响。对于可能发生的地震、暴雨、洪水、大风、雪灾、泥石流等灾害，应与监测预警设备适当结合，进行安全防护。

从电磁环境的角度，对于电气化铁道牵引电流及雷电电磁干扰，必须进行有效防护。高速和重载铁路普遍采用综合接地系统和无绝缘轨道电路，因而，牵引供电、牵引回流、接地与轨道电路之间形成了更紧密的耦合。随着更高速度、更大负荷、更加智能铁路的发展，牵引电流幅度、谐波比例和成分、稳态和瞬态特性等均将变化，其衍生的电磁骚扰形式也更趋复杂；另一方面，轨道电路设备依赖于微电子逻辑电路和控制软件，对瞬态强电磁干扰源更加敏感，电磁干扰效应及风险传播会进一步影响控制系统整体安全性，设备对电磁干扰抗扰度水平和适应能力也更加重要。

具体地，对于传导性干扰，高速铁路区间线路均采用无缝长钢轨，由于不平衡牵引电流形成的稳态传导性干扰带来的影响显著减小，因而车站内由于道岔及跳线结构形成固有的不平衡因素更为突出；在牵引供电分相区内及机车升降弓时，由于机车操作真空断路器（vacuum circuit breaker，VCB），或者由于冻雨在接触网上结为冰凌，形成对轨道电路的瞬态冲击干扰。对于空间感应和辐射骚扰，室外信号电缆与贯通地线等强电线路间距过近且长距离并行敷设，以及室内采集和驱动电缆之间类似情形，会受到电磁感应影响。可见，高速铁路环境下，电磁干扰特征之一是更具有瞬时性、偶发性和叠加性。

1.2 轨道电路与抗干扰

1.2.1 轨道电路相关概念

轨道电路分为以下三种工作状态：

(1)正常状态或调整状态。轨道电路空闲、钢轨完整、接收器可靠工作。

(2)分路状态。两轨条间被列车轮对短路或其他导体连接，使轨道电路接收器能够反映轨道被占用的状态，此时也对应机车信号状态。

(3)断轨状态。轨道电路的钢轨被折断(电气切断),轨道电路接收器能反映钢轨断轨时的状态。

轨道电路计算时,通常将钢轨线路视作具有均匀分布参数的电路,钢轨阻抗和道床电阻为其一次参数,由此可推导出其二次参数,即特性阻抗和传输常数,进一步建立传输方程,利用四端网或矩阵作为计算单元。在此过程中,涉及的主要参数和概念如下:

(1)列车分路电阻。列车分路轨道电路形成的短路电阻,由车轮和车轴电阻及轮缘与钢轨头表面的接触电阻构成(纯电阻)。与车轴数、载重、行驶速度、磨耗和钢轨表面光洁度有关。

(2)分路灵敏度。当轨道电路被列车或其他导体分路时,恰好使轨道电路接收设备能够反应轨道电路占用状态的电阻。

(3)极限分路灵敏度。某段轨道电路(不同点)中最小的分路灵敏度。

(4)标准分路灵敏度。我国规定的最小分路电阻,其含义是:在轨道电路最不利条件下,用此电阻都可以使轨道电路在任意点可靠分路。对于 25 Hz 相敏轨道电路和 ZPW-2000 系列轨道电路,由于工作频率不同,其阻值分别规定为 0.06 Ω 和 0.15 Ω。

轨道电路工作应考虑不同状态下的最不利条件:

(1)当轨道电路在规定范围内发送电压值最低、钢轨阻抗值最大、道床电阻值最小、轨道电路为极限长度和空闲的条件下,受电端的接收设备应可靠工作。

(2)当轨道电路在规定范围内发送电压值最高、钢轨阻抗值最小、道床电阻值最大的条件下,用标准分路电阻线在轨道电路的任意处可靠分路(不含死区段),受电端的接收设备应可靠表示轨道占用。

(3)当发送电压、道床电阻为最小值,钢轨阻抗为最大值时,机车进入轨道电路入口端接收最小信号电流至出口端接收最大信号电流时,应保证车载信号可靠工作。

当轨道电路调整状态或分路状态在各自最不利条件时,轨道电路设备应能长期工作而不过载。

适用于电力牵引区段的轨道电路,应能防护连续或断续(瞬态)的不平衡牵引电流的干扰。当不平衡电流在规定值以下时,应保证调整状态时 GJ 可靠吸起,分路状态时 GJ 可靠落下。

1.2.2 抗电磁干扰技术

抑制电磁骚扰或抗干扰,最基本和常用的技术是屏蔽、滤波和接地,以及隔离、平衡传输等。

屏蔽技术用来抑制电磁噪声沿着空间的传播,即切断辐射电磁噪声的传输途径。通常用金属材料或磁性材料把所需屏蔽的区域包围起来,使屏蔽体内外的"场"相互隔离,如果目的是防止噪声源向外辐射场,则应该屏蔽噪声源,这种方法称主动屏蔽。如果目的是防止敏感设备受噪声辐射场的干扰,则应该屏蔽敏感设备,这种方法称被动屏蔽。对于电场、磁场、电磁场,由于屏蔽机理不同,采用的方法也不尽相同。电场屏蔽是抑制噪声源和敏感设备之间由于存在电场(静电场和交变电场)耦合而产生的干扰。磁场屏蔽是抑制噪声源和敏感设备之间由于磁场耦合所产生的干扰,需对低频和高频不同的频率采取不同的措施。电磁场屏蔽用于抑制噪声源和敏感设备距离较远时通过电磁场耦合产生的干扰。电磁场屏蔽必须同时屏蔽电场和磁场,通常采用电阻率小的良导体材料。

滤波是将信号中特定波段频率滤除的操作,是抑制和防止干扰的一项重要措施。滤波器是具有频率选择性的二端口网络,可以插入传输线中,以抑制不需要的频率成分或骚扰的传播。能够无衰减地通过滤波器的频率段称为滤波器的通带,通过时受到很大衰减的频率段称为滤波器的阻带。由于各种频率成分通过滤波器时的衰减不同,滤波器的插入损耗是滤波器最重要的特性参数。滤波器有多种分类方式,根据工作机理来区分,有反射式滤波器和吸收式滤波器两种基本类型。反射式滤波器是由电感、电容等器件组成的,在滤波器阻带内提供了高的串联阻抗和低的并联阻抗,使它与噪声源的阻抗和负载阻抗严重不匹配,从而把不希望的频率反射回噪声源。吸收式滤波器由有耗器件构成，在阻带内吸收骚扰能量并转化为热损耗，从而起到滤波作用。铁氧体吸收型滤波器是目前广泛应用的一种低通滤波器。

接地的意义是提供一个等电位点或等电位面。接地可以接真正的大地，也可以不接，例如飞机上的电子电气设备，接飞机壳体就是接地。如接大地，则地线的电位就是大地电位，即零电位。接地的目的有两个：①为了保护人身和设备的安全，免遭雷击、漏电、静电等危害，这类地线称为保护地线，应与真正大地相连接；②为了保证设备的正常工作，这类地线称工作地线，例如直流电源常需要有一极接地作为参考零电位；信号传输也需要有一根线接地作为基准电位，传输信号的大小与该基准电位相比较。在电子设备中，一定要注意工作地线的正确接法，否则，非但起不到作用，反而可能产生干扰，例如共地线阻抗干扰、地环路干扰、共模电流辐射，等等。接地种类很多，尤其对于电气设备，一般分为工作地（电源地）、保护地、防雷地。有些设备还有单独的信号地，将强、弱电接地隔离，保证数字弱信号免受强电地线浪涌的冲击。这些地线的主要作用是：提供电源回路，保护人体免受电击。此外，还可屏蔽设备内部电路，免受外界电磁干扰或防止干扰其他设备。

隔离技术是指将干扰源与受扰设备隔离开，使有用信号正常传输，而干扰耦合通道被切断，达到抑制干扰的目的。常见的隔离方法有光电隔离、变压器隔离和继电器隔离等。

软件抗干扰技术是硬件抗干扰的补充和延伸，具有设计调整灵活、技术指标稳定、节省硬件资源的优点。采用硬件与软件结合的方法，充分发挥数字技术和算法的作用，可以进一步增强控制系统的抗干扰能力。软件抗干扰措施的基本目标是，基于计算机设备和数字信号处理技术，通过软件设计提高信号干扰比。

1.2.3 典型轨道电路及其抗干扰技术

电气化铁路信号系统必须充分考虑对牵引电流干扰的防护，提高信号干扰比，国内外轨道电路在系统设计中，针对工作环境中干扰特性，基于电磁兼容原理和基本抗干扰技术进行合理应用。

1. 国外典型轨道电路抗干扰技术

日本 ATC 模拟轨道电路采用电源同步的音频单边带（SSB）调幅方式，为防护抗牵引电流干扰，采用双频组合方式。鉴于调幅制的抗干扰性能较差，新一代数字 ATC（D-ATC）自然衰耗式无绝缘轨道电路中，改为调频方式，向机车传送数字编码信息，载频选择时避开了牵引电流谐波频率，并且编码采用 CRC 校验。

德国典型轨道电路为 FTG S 轨道电路，采用 S 形跳线作为电气绝缘节，分隔两个相邻的轨道区段，同时对两条轨道的牵引回流进行平衡。为提高抗干扰能力，FTG S 同样采用调频方式，并采用音频编码方式，提高抗牵引回流谐波干扰性能。

法国 UM71、英国 FS-2500 在频率参数选择、轨道电路结构、接收器硬件设计等方面充分考虑了抗干扰性能。下面以 UM71 轨道电路为例，参考图 1.2.1 简要列举其主要抗干扰措施。

（1）频率参数和调制方式

由于调频优于调幅的抗干扰性能，调制方式采用频移键控（frequency shift keying，FSK）。

载频频率，下行线路为 1 700 Hz、2 300 Hz，上行线路为 2 000 Hz 和 2 600 Hz，均远离工频基波，并且处于牵引电流偶次谐波频段（34～52 次），干扰量相对较小，避开较强的奇次谐波。

调制频率（低频）为 10.3～29 Hz 且间隔为 1.1 Hz 的等差数列，共 18 个方波信号，信号自身不存在倍频干扰；频偏为±11 Hz，从而决定了 FSK 信号具有窄带特性，能量集中于载频及较低次数边频。

（2）传输环节

相邻轨道区段采用 26 m 调谐区进行分隔，具有高 Q 值，有较好的滤波和选频特性。调谐单元（BA）既对本区段信号呈现较高阻抗（极阻抗），同时对相邻区段呈现低阻抗（零阻抗），并且对有用信号带外的频率（如载频相邻的奇次谐波）具有较大衰减。

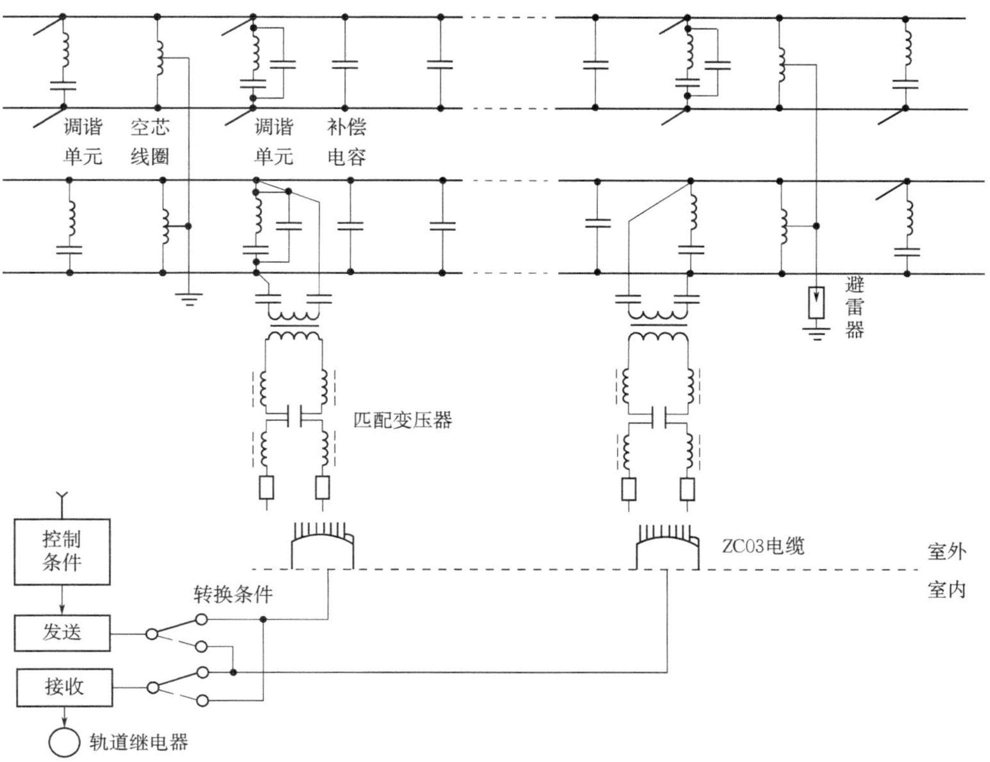

图 1.2.1 UM71 轨道电路结构

调谐区中间空芯线圈(SVA)按不同距离要求完成横向连接,平衡上下行牵引电流,实现上下行等电位连接,保证人身安全。其中,简单横向连接是将上行和下行轨道电路的 SVA 中点连接后,通过防雷元件接地;完全横向连接则直接接地。

由于钢轨电感在信号频率呈现较大感抗,如 1 700 Hz 时钢轨阻抗为(2.301+j14.205) Ω/km,通过每 100 m 在两钢轨间并接一处 33 μF 补偿电容,使轨道电路信号传输接近阻性,减小传输损耗。

(3)接收设备

接收设备中,通过输入变压器、限幅和滤波电路等实现抗干扰。

输入变压器一次侧(轨道侧)阻抗为 35~50 Ω,与信号电缆阻抗匹配,二次侧端子可调,可根据轨道电路长度调整。限幅器利用电阻和二极管构成约 1.4 V 箝位电路,对输入的强信号及干扰进行限幅;带通滤波器由串联谐振和并联谐振带通滤波器构成,其通带为载频±40 Hz,既能保证最高低频信号一次变频(29 Hz)通过,同时,可大大衰减载频相邻 50 Hz 谐波。

2. 国内轨道电路抗干扰技术

(1)概述

1951 年朱淇昌提出电冲(直流脉冲)轨道电路的思路,研究解决了京山线(北京—山海关)矿区井下电源干扰和盐碱地区轨道绝缘问题,1956 年开通了第一条自动闭塞线路。自 1958 年宝成线(宝鸡—成都)开始电气化改造后,对电气化带来的电磁干扰和防护技术研究一直在持续开展。随着计算机设备逐渐应用于核心铁路信号系统,取代传统信号设备,如计算机联锁设备、18 信息移频轨道电路、数字式机车信号等,1989 年,北方交通大学成立抗电磁干扰研究中心。2000 年,根据武广(武汉—广州)自动闭塞系统选型需求,铁道部组织专家组在北方交通大学信号抗干扰实验室,对 UM71 和国产 18 信息移频轨道电路进行全面的牵引电流基波和谐波抗干扰测试,为设备性能整体评估、运营维护提供了充分依据。在高速铁路背景下，CTCS 规范明确了速度和设备功能，我国电气化铁路区间轨道电路多采用 ZPW-2000 系列，25 Hz 相敏轨道电路则成为站内主流制式。

在区间轨道电路研究方面，罗海涛主持研制了交流电气化移频轨道电路，持续改进完善 4 信息、8 信息、18 信息移频自动闭塞，信息频率参数的选择通过对移频信号的谱线能量及牵引电流干扰谐波分析和计算，决定修改频率参数。赵自信主持 UM71 无绝缘轨道电路技术国产化和自主 ZPW-2000A 的研究，借鉴原型的优点，保持其结构和主要技术参数，优化传输特性，并在调谐区内增加小轨道电路，实现全程断轨检查；特别是，采用数字信号处理（DSP）等新技术，充分利用数字技术优势，采用时域频域结合的方式提高抗干扰指标，有效识别 FSK 信号和干扰的频谱特征，滤除混入信号通带内干扰，如工频谐波干扰及邻线干扰等。

在站内轨道电路技术研究方面，20 世纪 70 年代末期，由司徒镇国、俞涵升等研发了第一代 25 Hz 相敏轨道电路，采用二元二位继电器，具有可靠的相位选择性和频率选择性，对轨端绝缘破损、工频牵引电流及其他频率干扰能可靠进行防护，并且应变速度快，工作稳定，维修周期长，便于叠加电码化；改进后的“97 型”于 1997 年通过铁道部鉴定，因而在电气化区段车站站内大量地推广使用。针对其防牵引电流冲击干扰性能较差的问题，吴运熙、费锡康等基于脉冲干扰的电流源机理深入研究，提出并验证了冲击电流造成扼流变压器饱和，以及接收电路暂态过程是引起轨道电路继电器错误动作（“闪红”）主要原因，研制出了 BES 型扼流适配变压器，于 1998 年通过铁道部鉴定，在全路电气化铁路站内推广，基于其原理的 BES(K) 型器材在高速铁路站内应用，效果显著。

（2）抗干扰技术典型案例

下面以采用 BES 型扼流适配变压器的 97 型 25 Hz 相敏轨道电路为例，概述其抗干扰技术：

①频率参数和接收原理

采用 25 Hz 作为工作频率，有效防止工频牵引电流及谐波影响。

接收器采用交流二元继电器（JRJC-70/240），属于交流感应式继电器，由局部线圈和轨道线圈中电流建立的交变磁场分别形成电磁力，共同作用于翼板，该转矩力与轨道电压、局部电压及二者夹角正弦值之积成正比。局部电压恒超前于轨道电压相位 90°，当相位差为理想角 90°时，处于最佳吸起状态。因此，具有可靠的频率选择性和相位选择性。

对于基于处理器的微电子相敏接收器，其工作原理类似。

②传输环节

针对强弱电结合部的扼流变压器进行改进，BES 型扼流适配变压器由开气隙的扼流变压器和适配器构成。通过扼流变压器铁芯开气隙，使其在含有直流成分的脉冲电流下不会饱和；适配器并接于变压器次级抗干扰线圈，不仅对工频呈现极低等效阻抗（接近 UM71 的空芯线圈阻抗），其 25 Hz 信号频率下的容抗与变压器初级线圈感抗形成并联谐振，提升了由于开气隙带来的阻抗下降，并且抗干扰线圈为可调匝数，使轨道电压与局部电压相位差达到理想角，有效降低了干扰功率，改善了信号传输，提升了信干比。

③接收电路

接收端防护盒（HF）并接在继电器轨道线上，由 0.845 H 电感和 12 μF 电容串联，可知其对工频 50 Hz 构成串联谐振，相当于 15 Ω 的短路线，起到旁路作用；对 25 Hz 信号呈现电容性，补偿轨道电压传输中由于钢轨和扼流变压器感抗造成的相移。

97 型轨道电路为防止冲击干扰引起继电器误动，增加缓动继电器（JWXC-H310）（缓吸和缓放时间分别为 0.4 s 和 0.8 s）。

（3）车站数字化轨道电路抗干扰技术

车站数字化轨道电路是针对普速铁路车站运输和设备需求，以解决既有系统性问题为出发点，我国自主研发的新型轨道电路装备，具有简统化、低碳低功耗、维护工作量更小、安全性更高的特点。

在兼容移频键控调制(FSK)信号的同时,提出了股道无条件双端发码和侧线股道双向回流的抗干扰方案。

首先,针对因车站邻线线路间电磁干扰耦合导致列车错误接收控车信息风险,通过创新性地采用股道双端(A 和 B)发码、单端接收结构,不借助控制设备方向切换而实现无条件股道双端发码,完成控车信息的安全传递,如图 1.2.2 所示。系统安全性指标提升了两个数量级,获得了国内首个普速铁路站内轨道电路 SIL4 级安全认证。

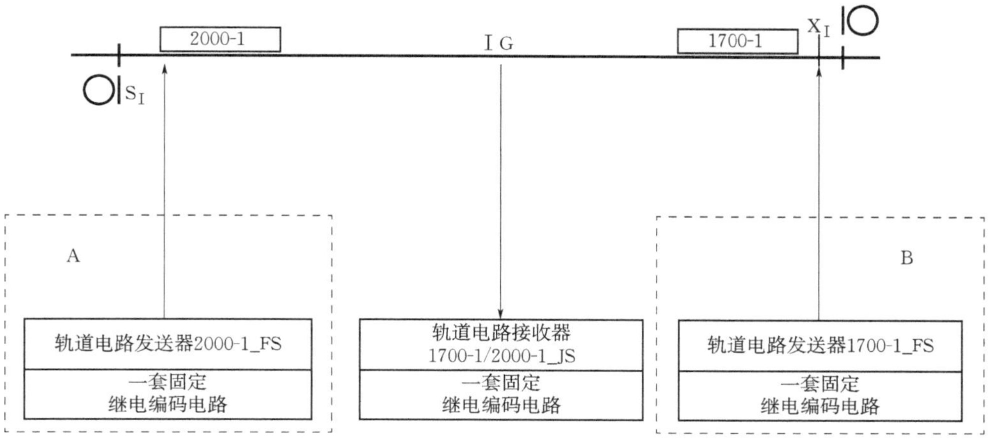

图 1.2.2　车站数字化轨道电路结构示例

其次,针对车站易发的绝缘烧损、牵引谐波干扰难题,通过分析列车分散泄流引起的轮轨间拉弧放电产生机理,建立钢轨牵引回流、综合接地、横向连接等复杂强电网络强弱信号协同仿真技术,分析多制式混合信号谐振频响特性,提出双向回流的站内牵引架构,取消牵引回流切断点,将轮轨间电压由 150 V 限制到 20 V 以下,解决了由于设置牵引回流点带来的系统性问题。

1.3　轨道电路抗电磁干扰标准

1.3.1　抗电气化干扰标准

在铁路应用和城市轨道交通领域,完善且系统的电磁兼容标准是由 CENELEC(欧洲电工技术标准化委员会)制定的 EN 50121 系列标准、IEC(国际电工委员会)制定的 IEC 62236 系列国际标准和中国国家标准 GB/T 24338 系列标准。EN 50121 系列标准是全球第一套完整的铁路电磁兼容标准,IEC 62236 系列标准等同采用了 EN 50121 系列标准。其中,EN 50121-4 *Railway applications—Electromagnetic compatibility—Part 4: Emission and immunity of the signalling and telecommunications apparatus* 则给出铁路信号与通信设备的发射和抗扰度试验要求。GB/T 24338 系列标准在制定过程中,充分考虑了我国国情,只是针对极个别测试项目,以及关键信号设备的性能判据等做了调整或修改了注释。以上三种标准的总体结构基本相同,可以看作等同采用。

关于轨道电路对牵引电流干扰防护,2002 年铁道部以 EN 50121-4 为基础制定 TB/T 3073—2003《铁道信号电气设备电磁兼容性试验及其限值》,主要差异是:后者将信号设备分为安全和非安全设备两类,抗扰度试验采用不同的性能判据;对于交流电源端口,增加了两项抗扰度试验;针对与钢轨相连接的轨道电路等设备,在附录中增加了“牵引电流传导性干扰抗扰度试验”,分为 50 Hz 基波和(带内)谐波试验两部分,基波试验考虑稳态和脉冲干扰两种状态,并分别在设备调整和分路状态上加干扰能量。2008 年,该标准被《客运专线铁路信号产品暂行技术条件(扼流变压器部分)》等引用,作为铁路信号和通信装置的抗扰度要求,为高速铁路和重载背景下电气电子信号设备(包括轨道电路)在电气化铁路环境可靠应用发挥了保障作用。虽然该标准已于2009年废止,但在铁路信号设备(如ZPW-2000系列、25 Hz相敏、高压不对称脉冲等制式轨道电路设备,机车信号设备,扼流变压器等)的产品技术条件中,均涉及对于电气化干扰的要求。

为完善标准体系,制定统一的牵引电流抗扰度试验方法和具体指标,中国铁路总公司制定了企业标准Q/CR 628.1—2017《铁路信号设备牵引电流抗扰度试验方法及其限值 第1部分:轨道电路》、Q/CR 628.2—2018《铁路信号设备牵引电流抗扰度试验方法 第2部分:车载轨道电路信息接收设备》,分别规定了轨道电路及机车信号设备不平衡牵引电流抗扰度试验的试验项目、试验条件和程序、试验等级、性能判据和限值。对于抗扰度试验限值或严酷度等级,参照下式确定:严酷度等级=兼容电平×抗扰度系数(抗扰度系数为1.2~2.0),其中兼容电平是指预期加在工作于指定条件的装置、设备或系统上的规定的最大电磁骚扰电平;严酷度等级为抗扰度试验规定的施加影响的电磁量的值。对于试验方法,基于牵引电流对轨道电路可等效为电流源,其抗扰度试验电路如图1.3.1所示。

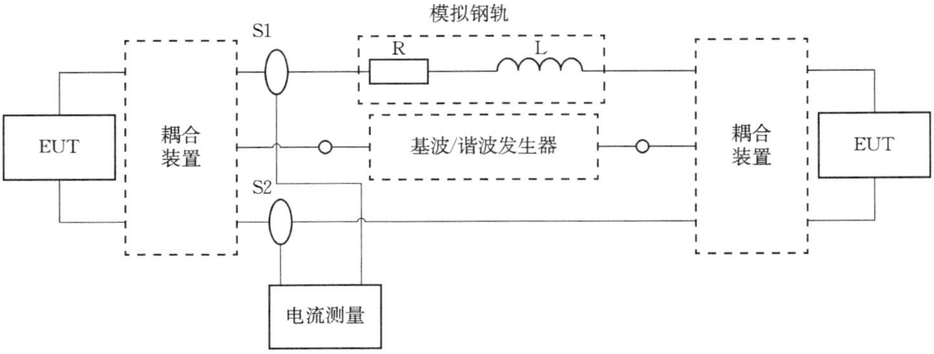

图1.3.1 轨道电路牵引电流抗扰度试验电路

国外对于牵引电流防护也有相关标准和规范。英国铁路安全和标准委员会RSSB(rail safety and standards board)制定了详细的信号设备对电气化干扰的防护导则GKGN 0622:*Guidance on Immunization of Signalling and Telecommunications. Systems against Electrical Interference from 50 Hz Single Phase A. C. Electrification*. 特别提出了对牵引电流干扰的防护要求和指标。欧洲标准EN 50238 *Railway applications—Compatibility between rolling stock and train detection systems—Part 2: Compatibility with track circuits* 等同转化为GB/T 28807.2《轨道交通 机车车辆与列车检测系统的兼容性 第2部分:与轨道电路的兼容性》附录A.3规定,对于UM71/ZPW-2000轨道电路,机车车辆干扰电流限值为:在1 500~3 000 Hz频率范围内,超出规定工作信道带宽范围电流的I_0(RMS值)为3 A;规定工作信道带宽范围电流的I_0(RMS值)为0.3 A;干扰电流超出限值的最长时间为0.3 s。另外,CENELEC批准的技术报告PD CLC/TR 50507:2007 *Railway applications—Interference limits of existing track circuits used on European railways* 规定了欧洲铁路上使用的现有轨道电路(包括UM71系列)的牵引谐波干扰限值。

1.3.2 信号防雷标准

雷电不仅会危害建筑物、引发火灾,甚至产生人员伤亡,雷电电磁脉冲还可能造成铁路信号等电气电子设备故障或损害,应通过标准规范对设备应用实施予以保障。国内外铁路行业关于防雷的主要标准如下:

1. 国际标准

国际上防雷技术标准的编制工作主要由IEC和ITU(国际电信联盟,原CCITT)进行。各国电工委员会(IEC 国家委员会)参加 IEC 关于电气和电子领域标准化的国际合作，并履行义务，将 IEC 标准等效或等同采用为该国国家标准。最早的国际防雷技术标准工作是由 IEC/TC81(第 81 技术委员会)在 1980 年开始进行的，最初的目的是制定建筑物防雷标准和指南。自 1990 年 IEC 61024-1 颁布后，出台了大量防雷技术标准，这里仅就直击雷、感应雷、浪涌保护器等方面的标准做简单介绍。

(1)IEC 61024 系列(直击雷防护系列)

IEC 61024-1:1990 《建筑物防雷　第 1 部分:通则》。

IEC 61024-1-1:1993 《建筑物防雷　第 1 部分:通则　第一分部分:指南 A——防雷装置保护级别的确定》。

IEC 61024-1-2:1998 《建筑物防雷　第 1 部分:通则　第二分部分:指南 B——防雷装置的设计、施工、维护和检测》。

(2)IEC 62305 系列(雷电防护，建筑物内部防雷)

IEC 62305-1:2010 《雷电防护　第 1 部分:总则》。

IEC 62305-2:2010 《雷电防护　第 2 部分:风险管理》。

IEC 62305-3:2010 《雷电防护　第 3 部分:建筑物的物理损伤和生命危险》。

IEC 62305-4:2010 《雷电防护　第 4 部分:建筑物内电气和电子系统》。

(3)IEC/TC 37 标准(电涌保护器系列)

IEC 61643-1:2005 《低压系统的电涌保护器　第 1 部分:性能要求和试验方法》。

IEC 61643-12:2020 《低压系统的电涌保护器　第 12 部分:选择和使用原理(在低压配电系统中)》。

IEC 61643-21:2012 《低压系统的电涌保护器　第 21 部分:在电信系统中 SPD 的应用　性能要求和试验方法》。

IEC 61643-22:2015 《低压系统的电涌保护器　第 22 部分:在电信系统中 SPD 的应用　选择和应用》。

IEC 61643-311:2013 《低压系统的电涌保护器　第 311 部分:气体放电管(GDT)的性能要求和测试电路》。

IEC 61643-312:2013 《低压系统的电涌保护器　第 312 部分:气体放电管(GDT)的选择和应用原则》。

IEC 61643-321:2001 《低压系统的电涌保护器　第 321 部分: ABD 的规范》。

IEC 61643-331:2020 《低压系统的电涌保护器　第 331 部分:金属氧化物压敏电阻(MOV)的性能要求和试验方法》。

IEC 61643-332:2024 《低压系统的电涌保护器　第 332 部分:金属氧化物压敏电阻(MOV)的选择和应用原则》。

IEC 61643-341:2020 《低压系统的电涌保护器　第 341 部分:浪涌抑制晶闸管(TSS)的性能要求和测试电路》。

IEC 61643-351:2016 《低压系统的电涌保护器　第 351 部分:电信和信号网络浪涌隔离变压器(SIT)的性能要求和测试方法》。

IEC 61643-352:2018 《低压系统的电涌保护器　第 352 部分:电信和信号网络浪涌隔离变压器(SIT)的选择和应用原则》。

2. 国家标准

我国的国家标准分为强制性(标准号以 GB 开头)和非强制性(标准号以 GB/T 开头)两大类。除国家标准外，还有地方标准 DB、行业标准(如铁道标准 TB 等)、企业标准 QB 等。

我国防雷的部分国家标准如下：

GB/T 18802.11—2020 《低压电涌保护器(SPD) 第11部分：低压电源系统的电涌保护器性能要求和试验方法》。

GB/T 18802.21—2016 《低压电涌保护器 第21部分：电信和信号网络的电涌保护器(SPD)性能要求和试验方法》。

GB/T 18802.22—2019 《低压电涌保护器 第22部分：电信和信号网络的电涌保护器 选择和使用导则》。

GB/T 17626.5—2019 《电磁兼容 试验和测量技术 浪涌(冲击)抗扰度试验》。

GB/T 21714.1—2015 《雷电防护 第1部分：总则》。

GB/T 3482—2008 《电子设备雷击试验方法》。

3. 铁路行业标准和规范

铁路行业在雷电防护方面发布的标准有：

TB/T 2310—1992 《铁道信号设备雷电防护用气体放电管》。

TB/T 2311—2017 《铁路通信、信号、电力电子系统防雷设备》。

TB/T 2312—1992 《铁道信号设备雷电防护氧化锌压敏电阻器》。

TB/T 2313—1992 《铁道信号用变压器、继电器、硅整流器雷电冲击试验》。

TB/T 3074—2017 《铁路信号设备雷电电磁脉冲防护技术条件》。

另外，曾发布的关于防雷规范性文件主要有：

《铁路综合接地和信号设备防雷系统工程设计指南》。

铁运〔2006〕26号 《关于印发〈铁路信号设备雷电及电磁兼容综合防护实施指导意见〉的通知》。

运基信号〔2007〕535号 《关于印发〈铁路信号设备雷电及电磁兼容综合防护举例设计〉的通知》。

铁建设〔2007〕39号 《铁路防雷、电磁兼容及接地工程技术暂行规定》。

运基信号〔2007〕230号 《关于加强铁路信号设备雷电综合防护管理的通知》。

运基信号〔2008〕362号 《关于对铁路信号设备雷电及电磁兼容综合防护进行补充规定的通知》。

2

轨道电路与牵引电流干扰计算

本章内容概述

轨道电路信号传输的基础理论和建模计算是系统分析及优化其特性和工作状态的基础，但同时应关注其工作环境(即电气化铁路)强电传导性干扰源，讨论牵引供电系统及回流网络建模方法。

2.1　轨道电路信号传输建模计算

2.1.1 基础理论和工具

轨道电路传输计算建模的经典方法是基于均匀传输线理论，建立传输方程并通过四端网矩阵进行计算。

1. 均匀传输线方程

轨道电路中的两钢轨可近似视为均匀传输线，单位长度均匀传输线电路模型如图 2.1.1 所示。

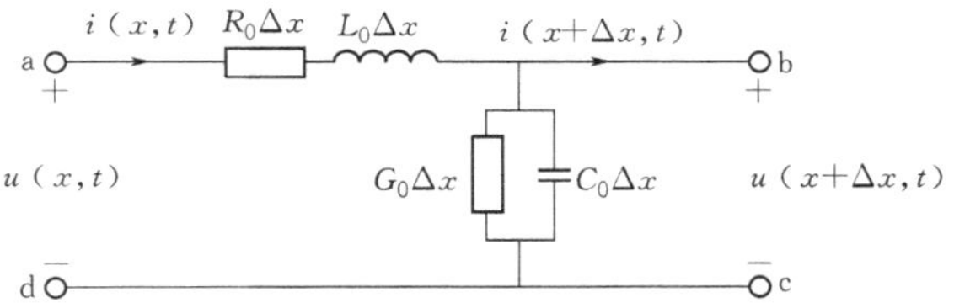

图 2.1.1　单位长度均匀传输线电路模型

图 2.1.1 中传输电路的特性参数中：R_0 为单位长度的电阻；L_0 为单位长度的电感；G_0 为单位长度的电导；C_0 为单位长度的电容。对回路建立 KCL、KVL 方程，可进一步建立均匀传输线的偏微分方程，并最终求出特解，得到矩阵形式的钢轨传输方程为式(2.1.1)，进而求出距离始端为任意 x 处的电压相量 $\dot{U}$ 及电流相量 $\dot{I}$。

$$\begin{bmatrix} \dot{U} \\ \dot{I} \end{bmatrix} = \begin{bmatrix} \cosh(\gamma x) & -Z_c \sinh(\gamma x) \\ -\dfrac{\sinh(\gamma x)}{Z_c} & \cosh(\gamma x) \end{bmatrix} \begin{bmatrix} \dot{U}_1 \\ \dot{I}_1 \end{bmatrix} \tag{2.1.1}$$

其中，$Z_c=\sqrt{Z_0/Y_0}$，为传输线的特性阻抗；$\gamma=\sqrt{Z_0Y_0}$，为传输线的传播常数；$Z_0=R_0+j\omega L_0$，为串联阻抗；$Y_0=G_0+j\omega C_0$，为并联导纳。

2. 四端网的级联

对任意传输线四端网模型，如图 2.1.2 所示，输入输出关系的矩阵形式为式(2.1.2)。

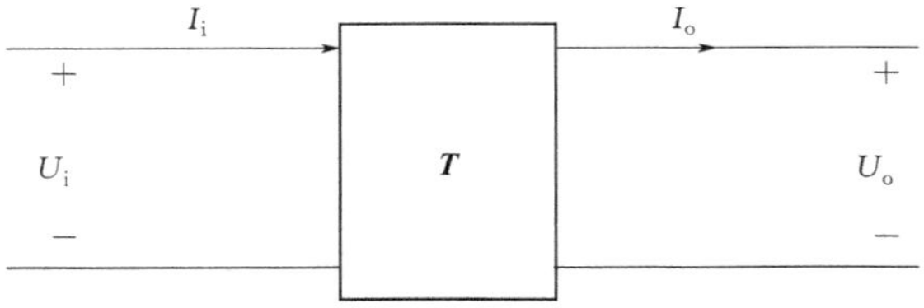

图 2.1.2　四端网模型

$$\begin{bmatrix} U_i \\ I_i \end{bmatrix} = \begin{bmatrix} T_{11} & T_{12} \\ T_{21} & T_{22} \end{bmatrix} \begin{bmatrix} U_o \\ I_o \end{bmatrix} \tag{2.1.2}$$

在工程实际中，会存在若干个分别设计的四端网络顺次连接起来以构成一个完整的电路。其中，将前一个子网络的输出端口连接到后一个子网络的输入端口，构成的复合四端网络称为四端网络的级联。基于矩阵形式的均匀传输线的级联结构如图 2.1.3 所示。

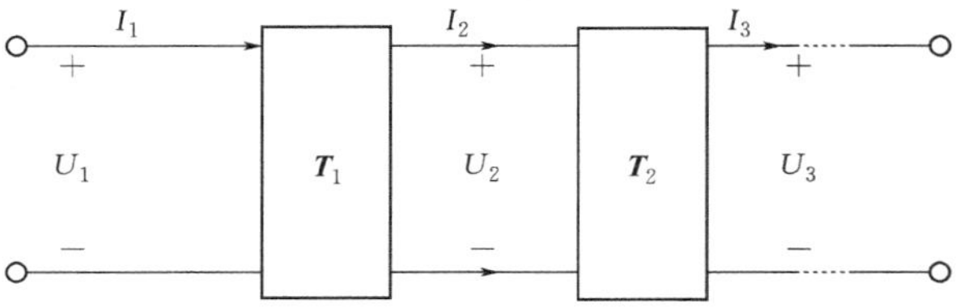

图 2.1.3　四端网级联模型

两个四端网络级联所构成的复合网络的 $\boldsymbol{T}$ 矩阵等于各子网络的 $\boldsymbol{T}$ 矩阵的乘积，即 $\boldsymbol{T}=\boldsymbol{T}_1\boldsymbol{T}_2$。设长度为 1 的传输线包括 n 个单位长度的传输单元，则级联后的传输矩阵为 $\boldsymbol{T}=\prod_{i=1}^{n}\boldsymbol{T}_i$。

进而，可将轨道电路等效为若干个四端网级联而成的电路，并展开后续仿真计算。

2.1.2　无绝缘轨道电路建模计算

无绝缘轨道电路的相邻区段采用电气绝缘节隔离，每一区段组成如图 2.1.4 所示，包括：发送器、防雷模拟盘、SPT 电缆、匹配变压器、调谐单元、空芯线圈、主轨、补偿电容、衰耗冗余控制器、接收器。

将 ZPW-2000A 型轨道电路等效为若干个四端网级联而成的电路，如图 2.1.5 所示，其中，N_{BA1}、N_{BA2} 为调谐单元；N_c、N_p 分别表示的是模拟电缆四端网和变比为 n 的匹配变压器四端网；$N_1\sim N_{15}$ 表示 15 个带有补偿电容的小区段；N_L 为机车在分路状态时等效分路电阻的四端网；N_S 为衰耗器的四端网；定义 N_{rc} 为补偿电容值为 C_b 的四端网；N_x 为长度为 x 时的钢轨四端网。

轨道电路调谐区原理如图 2.1.6 所示，其中 f_1 为较低频率(1 700 Hz、2 000 Hz)端，f_2 为较高频率(2 300 Hz、2 600 Hz)端。得到各级联四端网传输矩阵见表 2.1.1，其中 A、B、C、D 为四端网系数。

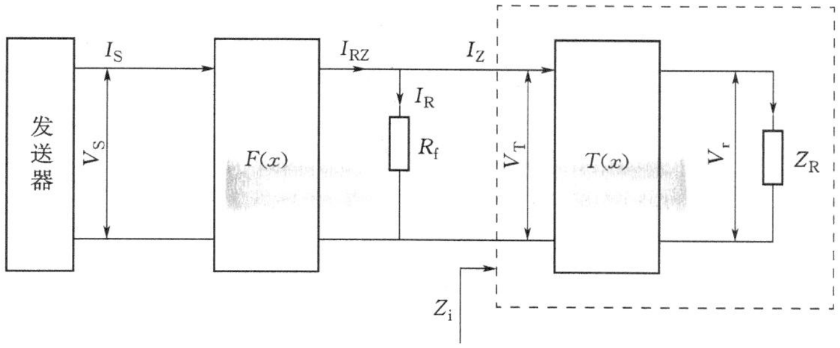

图 2.1.7　分路状态下的轨道电路等效模型

通过表 2.1.1 中各模块四端网系数可计算出电路模型中各支路电压、电流，并采用级联运算完成从轨道电路受电端到送电端的推算。

不失一般性，取轨道电路长度为 1 200 m，补偿电容大小为 25 μF，电缆传输长度为 10 km。发送电平取三级（140 V），道床电阻取 2 Ω·km，在最不利条件下完成仿真计算，得到不同载频下的机车信号接收电压如图 2.1.8 所示。可以看出，由于补偿电容的影响，以接收端为起点，机车信号接收电压值呈波动上升趋势，每个补偿电容位置形成一个波峰，减少了传输损耗，提高车地通信的可靠性和抗干扰性。此外，由于不同载频区段轨道电路的电阻和电感值及补偿电容间距不同，导致在载频较高的区段，机车接收电流值较低。

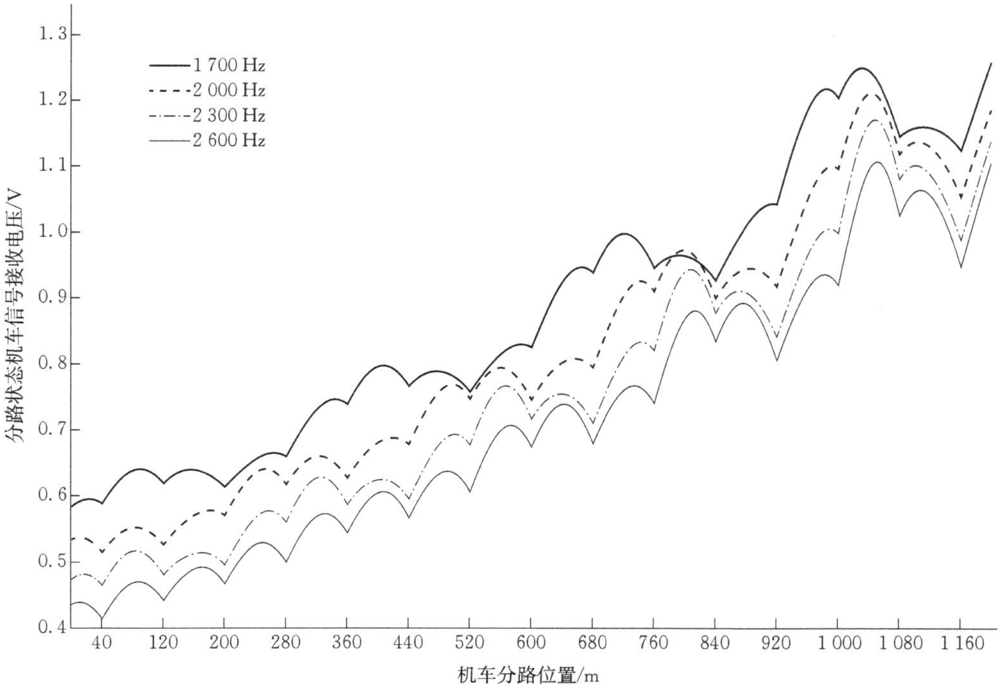

图 2.1.8　机车信号接收电压仿真结果

参照在相同条件下铁路现场的轨道电路调整表，在调整状态和分路状态下分别和仿真结果进行对比，结果见表 2.1.2。可以看出不同载频下接收端轨面电压及机车接收电压均符合轨道电路调整表的要求，从而验证了上述模型的准确性。

表 2.1.2　ZPW-2000 系列轨道电路调整表数据与仿真结果

载频/Hz	调整状态接收端轨面电压/V		分路状态机车接收电压/V	
	调整表范围	仿真结果	调整表范围	仿真结果
1 700	0.401～1.839	0.680～1.571	0.468～1.597	0.583～1.260
2 000	0.437～1.940	0.610～1.584	0.447～1.553	0.515～1.213
2 300	0.438～2.068	0.551～1.543	0.430～1.531	0.465～1.173
2 600	0.440～2.175	0.535～1.607	0.407～1.508	0.414～1.108

考虑到道床电阻作为轨道电路的一次参数，其数值的改变直接影响轨道电路的传输特性，最终反映在机车信号的接收电压。图 2.1.9 为在轨道电路其他参数都确定的情况下，机车信号接收电压幅值随道床电阻数值变化的仿真结果。其中重要的轨道电路参数为：载频为 2 300 Hz，轨道电路总长度取 1 200 m，模拟电缆长度为 10 km，发送器输出电平 140 V，分路电阻为 0.15 Ω，补偿电容取 40 μF，补偿电容的间距取 80 m。

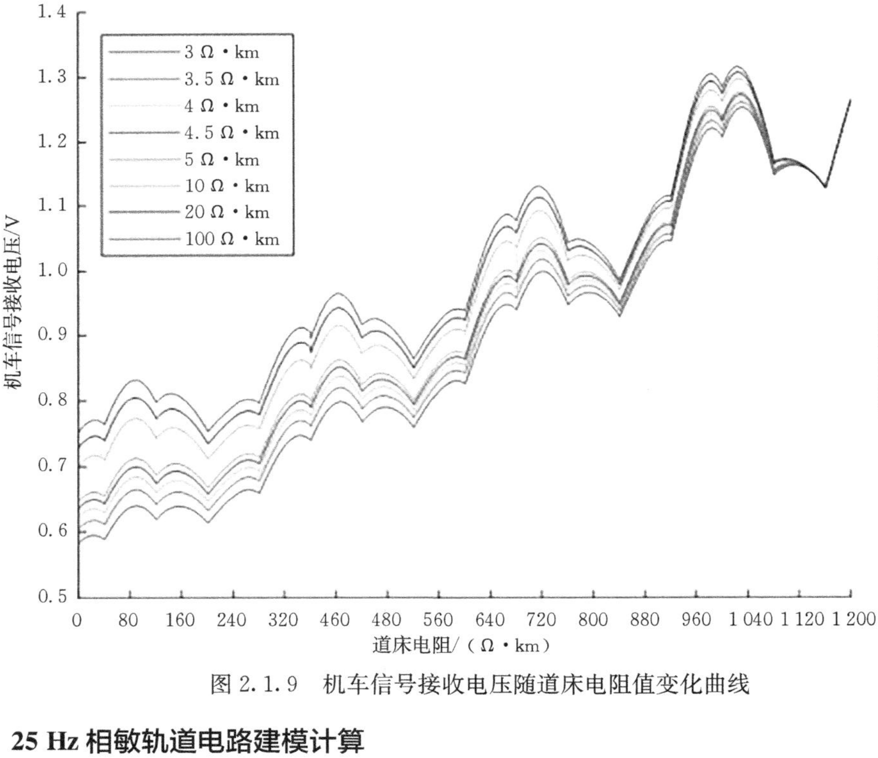

机车信号接收电压随道床电阻值变化曲线

图 2.1.9　机车信号接收电压随道床电阻值变化曲线

2.1.3　25 Hz 相敏轨道电路建模计算

站内道岔区段轨道电路采用一送多受的设置，以 97 型 25 Hz 相敏轨道电路为主要制式。在重载运输和高速铁路条件下，牵引电流将分别达到 1 600 A 和 1 000 A，不平衡电流要求相应达到 160 A 和 100 A，用 BES 型扼流适配变压器（简称扼流适配器）代替了普通的扼流变压器，既有抗干扰的作用，同时还有利于 25 Hz 信号的传输。计算方法与本章 2.1.2 节基本一致。

1. 扼流适配器基本参数

扼流适配器电路如图 2.1.10 所示，主要包括自耦变压器、等效励磁阻抗电路、理想变比变压器，以及二次侧等效电路模块，由 L_2、C_1、C_2、R 构成谐振电路，实现适配器功能。

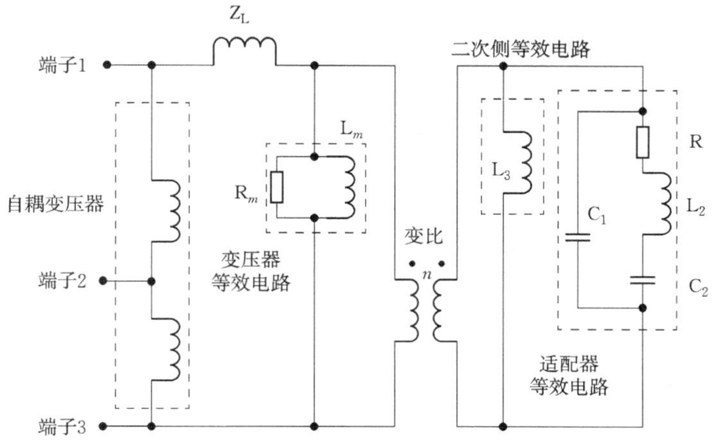

图 2.1.10 BES 型扼流适配器电路

本节选取 BES_2 型扼流适配器，变比为 26，通过开路短路法测算得到送电端及受电端的扼流适配器四端网系数分别为：$\dot{A}_{beso}=3.914\,1\angle-9.9°$，$\dot{B}_{beso}=5.343\,0\angle17.1°$，$\dot{C}_{beso}=0.192\,0\angle-17.1°$，$\dot{D}_{beso}=0.517\,6\angle9.9°$；$\dot{A}_{besh}=0.405\,7\angle9.286\,9°$，$\dot{B}_{besh}=1.631\,7\angle11.486\,9°$，$\dot{C}_{besh}=0.150\,5\angle-17.713\,1°$，$\dot{D}_{besh}=3.067\,6\angle-10.513\,1°$。

2. 模型建立

一送两受型 25 Hz 相敏轨道电路区段包括传输电缆、送电端扼流适配器、送电端电源变压器、钢轨线路、受电端扼流适配器(正线及侧线)、受电端中继变压器、防护盒、交流二元二位继电器等设备，如图 2.1.11 所示。

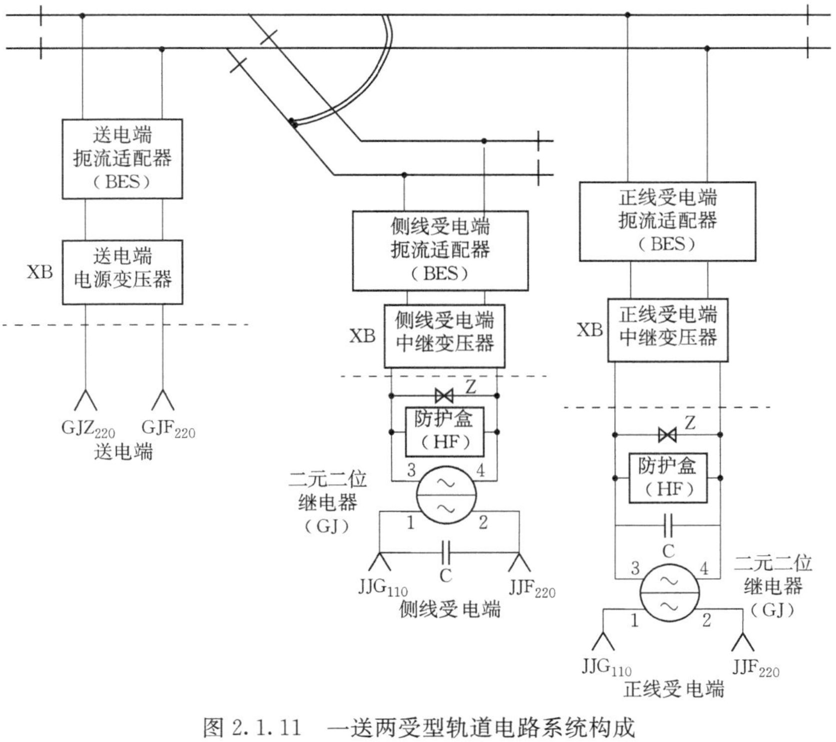

图 2.1.11 一送两受型轨道电路系统构成

以机车在正线运行且分路点在正线接收端至道岔分支处钢轨情况为例，此时将侧线分支连同其受电端折合成等效阻抗并联在电路上，其他单元模块进行四端网结构等效，其计算模型如图 2.1.12 所示。

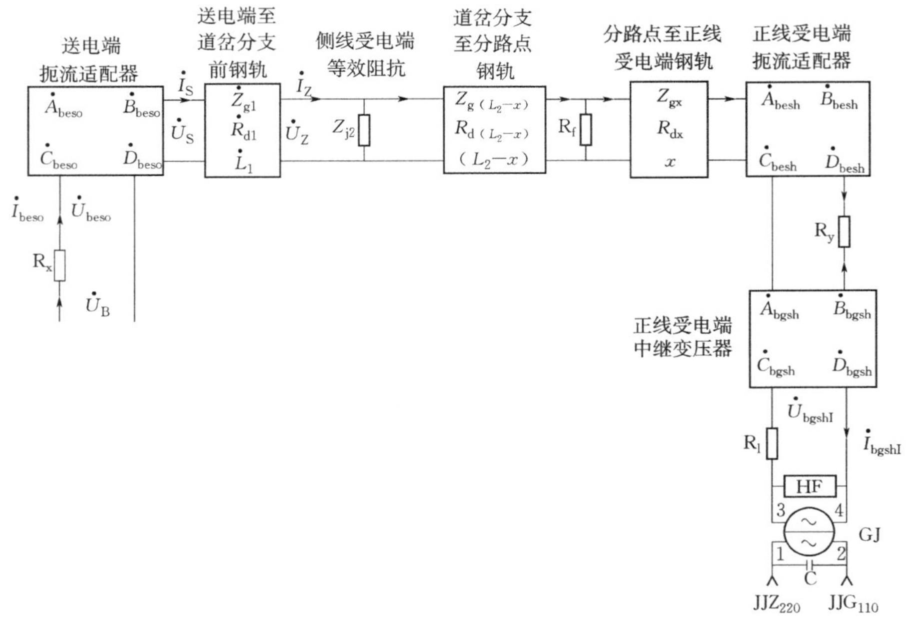

图 2.1.12　一送两受型 25 Hz 相敏轨道电路计算模型

3. 计算结果及分析

选取钢轨传输阻抗 $Z_g=0.62\angle 42°\ \Omega/\text{km}$，道床电阻 $R_d=0.6\ \Omega\cdot\text{km}$，轨道长度 $L_1\sim L_3\leqslant 200$ m。基于式(2.1.1)、式(2.1.2)所示的传输线方程及四端网级联方式，仿真计算得到轨道电路调整表见表 2.1.3，其中受电端轨道变压器与扼流适配变压器之间的电缆电阻为 R_s，限流电阻为 R_x（含扼流适配器至供电变压器之间电缆的电阻），U_B 为调整电压，U_{jmin}、U_{jmax} 分别为轨道继电器最小端与最大端电压，即交流二元二位继电器轨道线圈上电压的计算分别对应道床电阻为最小值及最大值的两种情况，U_{can} 为机车分路时轨道电路接收端残压，即标准分路电阻在轨面分路时轨道继电器端电压。对照 97 型轨道电路，标准规定接收端残压值不应大于 7.4 V。

表 2.1.3　带 BES 型扼流适配器轨道电路调整表

送电端	受端 1	受端 2	R_x/Ω	R_s/Ω	U_B/V	U_{jmin}/V	N	U_{jmax}/V	U_{can}/V	X/m	起点	N_i
/④	/⑤	/⑤	1.6	0(0.3)	2.9～4.3	15.1	—	16.5～22.8	—	—	—	—
E/①	E/②	E/②	4.4	0(0.3)	4.2～5.9	15.5	28～26	16～18.2	3.4～3.8	66～210	2	16.7
E/①	E/③	E/③	4.4	2.2	5.8～8	15.5	28.5～27	16～18.2	3.8～4.1	66～210	2	23.5
E/①	E/③	E/③	4.4	4.4	8.1～11.1	15.5	28.5～27	16.1～18.5	3.7～4	66～210	2	30

注：

1. R_s 为 0(0.3)表示无 R_s，0.3 Ω 为受电端轨道变压器与扼流适配变压器之间的电缆的电阻。
2. 0 表示该处不设受电端或不设无受电分支，1(E)表示该处设有无受电分支，且在该分支末端设附加(空)扼流适配变压器，1 表示该处设有无受电分支。
3. 表中未标长度的分支均为 65 m。
4. N 为送、受电端扼流变压器抗干扰线圈抽头匝比。
5. N_i 表受电端轨道变压器的匝比。
6. X 表分路点距轨道电路始端的距离。

考虑不同线路条件下，道床电阻 R_d 的不同取值，仿真计算所得轨道电路调整表见表 2.1.4，其中，分路残压取线路最大值。

表 2.1.4 不同道床电阻情况时的调整表

R_d/(Ω·km)	U_B/V	U_{jmin}/V	U_{jmax}/V	U_{can}/V
0.6	4.94	15.62	17.96	3.83
1	4.78	15.63	17.67	3.75
5	4.59	15.66	17.32	3.66
10	4.56	15.66	17.28	3.65
50	4.54	15.66	17.24	3.64

可知，随着道床电阻的增大，轨道电路正常工作所需发送电平减小；GJ 最大端电压下降；GJ 最小端电压增加；分路残压下降。显然，道床电阻的增大，使得轨道电路可允许发送电平适度降低，并且更有利于列车分路。

2.2 牵引电流传导性干扰

电气化铁路主要由牵引供电系统和电力机车（含动车组）构成，前者可看作电源，后者则相当于其负载，牵引回流通道也涉及接地装置或接地系统。

2.2.1 电力机车结构和特性

作为大容量电力系统的供电负荷，电力机车本身不带燃料，属于非自给式牵引动力，具有诸多优点：功率大、速度快、过载能力强、运输能力大；效率高、易实现多机牵引和再生制动、低碳环保。另一方面，电力机车与信号控制系统等弱电系统的电磁兼容也有密切关系。

动力集中型电力机车主要包括韶山（SS）系列、和谐（HXD）系列，动力分散型电力机车包括和谐号（CRH 系列）、复兴号（CR 系列），具有大牵引功率。如内燃机车 DF4 仅为 2 430 kW，韶山 SS4 型为 6 400 kW；和谐型 HXD1 为 9 600 kW、HXD2 为 10 000 kW；CRH3 型在 4M+4T 动力配置下，牵引功率为 8 800 kW；2020 年中国超级重载电力机车组神 24 下线，采用 6 节编组，长达 106 m，最高运行时速达 120 km，功率为 28 800 kW，牵引力为 2 280 kN；日本 500 系高速动车组的最高速度为 300 km/h，总功率达到 18 240 kW；德国 ICE1 高速列车的最大牵引电流为 850 A，而 ICE3 型车运行电流最大可达 1 450 A。2021 年，我国已启动时速 400 km 等级的 CR450 高速动车组研制，CR450 高速动车组的牵引功率与牵引电流将更大，为信号设备的适应性带来更大的挑战。

交流电力机车包括整流器（单相—直流）和交—直—交流电力机车，是波动剧烈的大容量单相不平衡非线性负荷，其原理采用交—直整流式电力机车由于机车变压器、整流器、平波电抗器的影响，使机车一次电流发生畸变，交流侧不再是正弦波，而包含了丰富的谐波成分。在机车和牵引供电构成的整个系统中，由于机车的基波和谐波阻抗比系统其他部分阻抗大得多，一般将电力机车视为谐波的恒流源。列车启动、加速、制动等不同工况下，机车取流不断变化，谐波电流分量也随之变化，因此，电力机车相当于移动的、幅度和成分不断变化的谐波电流源。

电力机车是电力系统重要谐波源之一，对发电机、感应电动机、电力电容器及电气计量仪表会产生不利影响，同时对信号和通信系统也形成比较严重的电磁骚扰。国家标准 GB/T 14549—1993《电能质量 公用电网谐波》中，给出了公用电网谐波电压、谐波电流的限制值。为降低电气化铁道谐波成分，可安装带 3、5、7 次滤波支路的静止无功功率补偿装置（static var compensator，SVC）、有源电力滤波装置(active power filter,APF)。采用基于脉宽调制(pulse width modulation,PWM)技术的交—直—交传动系统,可有效解决电气化铁道低频谐波问题,新型动车组的低频谐波含量已显著降低。PWM技术是利用开关器件的通断将正弦电压转换成特定的电压脉冲序列,以实现牵引功率的控制并有效地抑制某些谐波的一种技术,然而基于PWM调制的脉冲整流器会使谐波频带变宽,引入PWM载波偶数倍频加减调制波奇数倍频的高次谐波,在牵引网基波电流频率存在偏移的情况下,其产生的高次谐波易落入轨道电路工作频带内,对其产生干扰。交—直—交型电力机车原理如图2.2.1所示。

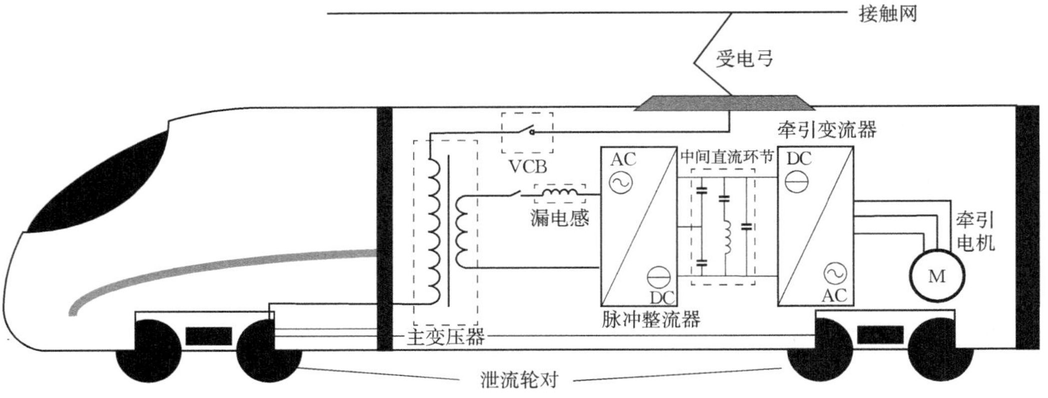

图2.2.1　交—直—交型电力机车原理

1. 稳态干扰源

对于牵引传动系统采用交—直—交传动方式的电力机车,通过受电弓从27.5 kV牵引网取电(50 Hz),通过PWM整流器将工频交流电压转换成直流,再通过逆变设备转换成交流供给交流异步电机,这样设计的优势是可以降低低次谐波含量、提高电能的利用效率,缺点则是带来了高次特征谐波干扰。其中铁路信号设备受到的稳态干扰主要来源于PWM整流器的整流过程交流侧产生的谐波电流。

单相PWM整流器作为电力机车及动车组的牵引主传动系统和辅助变流系统中的整流设备,其主要控制任务一是获得稳定的输出直流侧电压,二是网侧功率因数为1。二电平PWM整流器主电路如图2.2.2所示,图中L_N和R_N分别为网侧等效电感和电阻,C为直流侧等效电容,U_N为网侧电压,i_N为网侧电流,u_{ab}为单相PWM整流器桥臂电压,i_o为PWM整流器输出电流,U_{dc}为直流侧输出电压。

图2.2.3是图2.2.2简化等效的结果,可得出脉冲整流器的电压平衡方程。

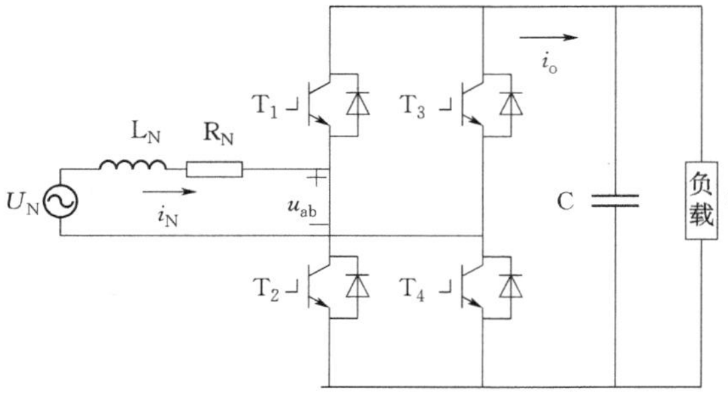

图2.2.2　二电平四象限整流器电路拓扑

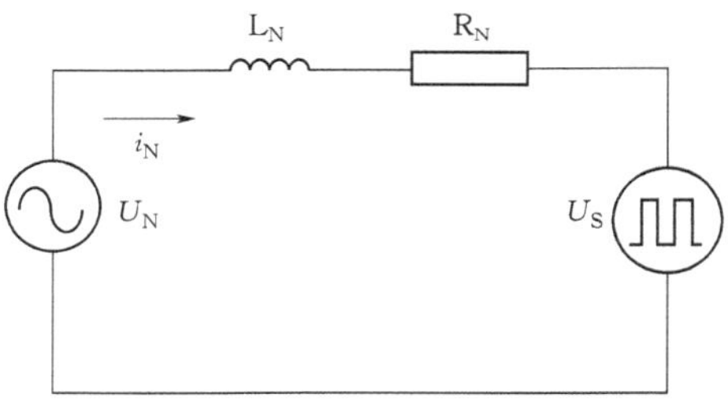

图2.2.3　脉冲整流器简化等效模型

$$u_N(t)=u_s(t)+L_N\frac{di_N(t)}{dt}+R_Ni_N(t) \tag{2.2.1}$$

根据三电平整流器 PWM 控制原理，可以利用双边傅里叶变换得出变流器交流端电压 U_s 的表达式，解析理论在此不过多赘述，给出表达式如下

$$u_s(t)=MU_d\cos(\omega_m t+\beta)+\sum_{m=2,4\cdots;n=\pm1,\pm3\cdots}^{\infty}\left\{\frac{2U_d J_n(mM\pi)}{m\pi}\times\sin\frac{n}{2}\pi\times\cos(m\omega_c t+n\omega_m t+n\beta+m\alpha)\right\} \tag{2.2.2}$$

式中，$u_s(t)$为调制信号；M 为 PWM 调制系数；U_d 为中间直流环节电压；ω_m 为调制波角频率；J_n 为 n 阶贝塞尔函数；ω_c 为载波角频率；β 为调制波的相位；α 为载波的相位。由于网侧输入电流和电压的基波分量同相位，可将式(2.2.2)带入式(2.2.1)中，得出交流侧输入电流的表达式为

$$i_N(t)=\pm\frac{\sqrt{(MU_d)^2-2U_N^2}}{\omega_N L_N}\cos(\omega_m t)-\sum_{m=2,4\cdots;n=\pm1,\pm2\cdots}^{\infty}\left\{\frac{2U_d J_n(mM\pi)}{m\pi L_N(m\omega_c+n\omega_m)}\times\sin\frac{n}{2}\pi\times\sin(m\omega_c t+n\omega_m t+n\beta+m\alpha)\right\} \tag{2.2.3}$$

式中，“+”表示动车组在牵引工况时的变流器输入电流；“−”表示动车组在再生制动工况时的变流器输入电流。

由 PWM 整流器交流侧电流表达式可知，整流器交流侧谐波电流成分由载波和调制波决定，其电流谐波主要分布在载波频率的奇数倍附近，网侧电流谐波频率为$(m\omega_c/\omega_m+n)$，其中 $m=2,4,6\cdots$，$n=\pm(1,3,5\cdots)$。可见，谐波分布在载波频率的偶数倍附近，次数与载波和基波频率都有关，并且每一组边带谐波电压的幅值以中心频率 $2m\omega_c$ 为 1 轴对称分布。例如 CRH2、CRH380A 系列动车组开关频率为 1 250 Hz，其高次特征谐波主要集中在开关频率的偶数倍，即 2 500 Hz(50 次谐波)和 5 000 Hz(100 次谐波)附近，而 CRH3 型动车组开关频率为 350 Hz，其高次特征谐波主要集中在 2 800 Hz 附近，特征谐波频率为开关频率的 8 倍。以 450 Hz 开关频率为例，牵引电流仿真波形及频谱如图 2.2.4 所示。

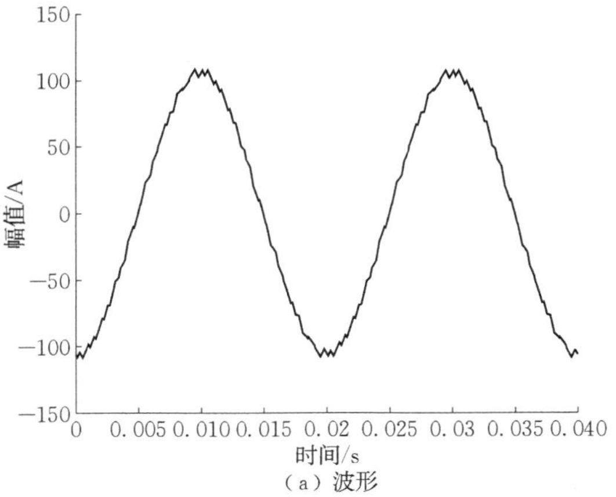

(a) 波形

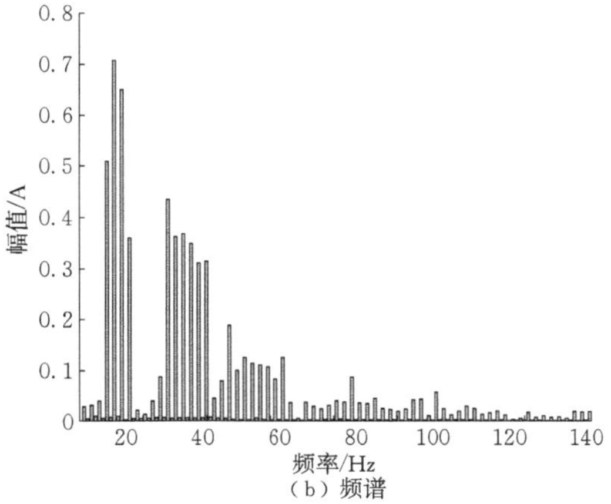

(b) 频谱

图 2.2.4　牵引电流波形及频谱

2. 瞬态干扰源

轨道电路等轨旁信号设备瞬态干扰，主要是由于电力机车(或动车组)运行过程中受电弓、断路器等设备的通断，导致瞬间电路结构的改变而引发的过电压或过电流。在列车起动、过分相时易出现此类瞬态过程，其中断路器接通或升弓瞬间，牵引变压器饱和后发生励磁涌流现象，对轨道电路设备存在较大的影响。

电力机车(或动车组)在通过中性无电段后，VCB 合闸过程中变压器仍处于空载状态，绝大部分

磁通仍从变压器铁芯通过，并且变压器磁通滞后其电压相位90°。当VCB合闸相位为电压相位0°时，变压器铁芯稳态磁通分量最小，为负峰值，但由于变压器磁通不能突变，故变压器铁芯会产生一个非周期暂态磁通分量，若不考虑其衰减，则在网压相位0°合闸后，产生较大的暂态磁通量，此时变压器铁芯饱和，变压器变为非线性感性负载如图2.5.5(b)所示，变压器一次侧电流迅速增大，产生幅值较大的励磁涌流，如图2.5.5(c)所示。

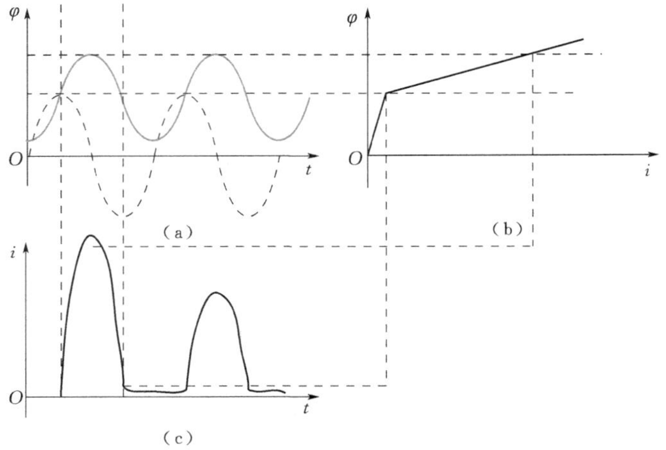

图2.2.5　变压器磁滞回线与励磁涌流电流关系

励磁涌流由于其波形的不对称脉冲特性，会带来复杂谐波成分及较大的直流分量，其中谐波成分通过钢轨耦合至轨道电路接收端，可能会影响轨道电路信号的正常传输；而直流成分容易引起信号传输通道中扼流变压器磁饱和，从而降低信号传输的性能。实测过分相时励磁涌流波形如图2.2.6所示。

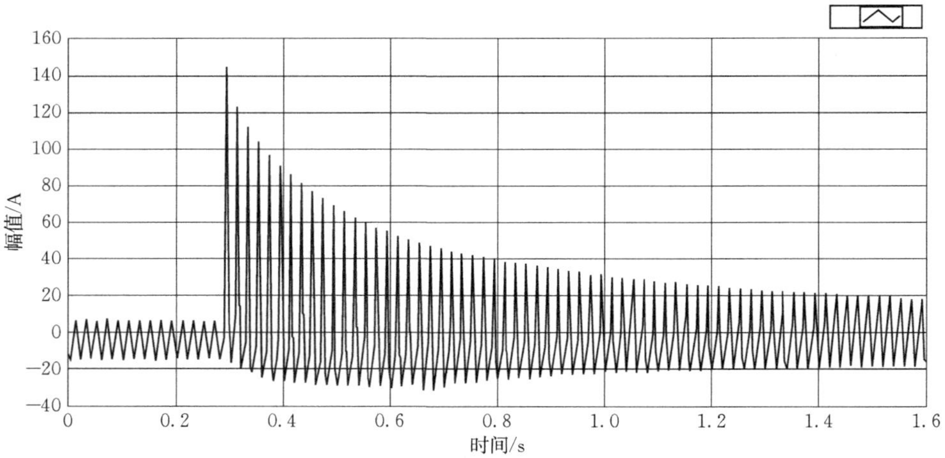

图2.2.6　励磁涌流波形

2.2.2　牵引供电和综合接地系统

1. 牵引供电系统

牵引供电系统包括牵引变电所和牵引网，牵引网是指由馈电线、接触网、轨道、回流线等设施构成的输电网络，如图2.2.7所示，由牵引变电所—馈电线—接触网—电力机车—钢轨—回流联结—(牵引变电所)接地网组成了闭合的牵引供电回路。

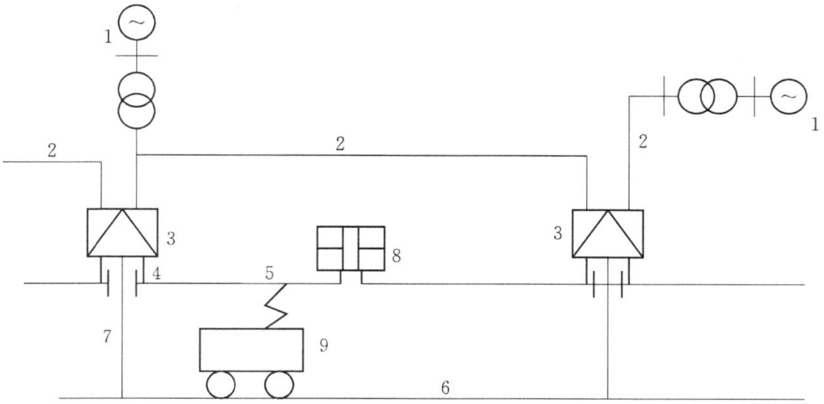

1—发电厂；2—高压输电线；3—牵引变电所；4—馈电线；5—接触网；6—钢轨；
7—回流线；8—分区所；9—电力机车。

图 2.2.7 工频单相交流牵引供电系统示意

牵引供电系统各部分及主要功能如下：

(1)牵引变电所：完成变压、变相和向牵引网供电等功能，并实现三相交流一次供电系统与单相电牵引系统的接口与系统变换。从一次供电网络接收电能，通过变压器降压，并将电能从三相 110 kV 或 220 kV 变换成两个单相 27.5 kV(对 AT 系统为 2×27.5 kV)电源，然后通过馈电线分别供电给牵引变电所两侧的接触网。变电所两侧的牵引网区段被称作供电分区(或供电臂)。

(2)馈电线：连接牵引变电所和接触网的导线。

(3)接触网：沿线路露天敷设，通过和受电弓的滑动接触把电能输送给电力机车的供电设施，由接触线、承力索及支持、悬挂和定位等装置组成。

(4)轨道和回流线：牵引电流的回流导线，将钢轨和大地中的回流引回牵引变电所。

(5)其他设备还包括回流线(负馈线)、吸上线、BT(吸流变压器)、AT(自耦变压器)、正馈线、保护线、地线等。

牵引供电系统的主要特点是：

(1)供电可靠性高：电气化铁路属于一级负荷，对供电可靠性要求高。牵引变电所一般有两路独立的电源进线，当一路电源的故障停电，应不影响另一路电源的工作。变电所所内一般设置两台牵引变压器，一主一备运行。

(2)大供电容量：如按照列车速度 350 km/h、3min 追踪间隔考虑，当供电臂长度为 30 km 时，变电所的峰值功率超过 120 MV·A(25 kV×4.8 kA)。

(3)供电电压品质要求较高：牵引网额定电压为 25 kV，正常工作电压为 20～29 kV。

两种主要牵引供电方式见表 2.2.1，带回流线的直接供电方式和 AT 供电方式分别如图 2.2.8 和图 2.2.9 所示。

表 2.2.1 牵引供电方式

供电方式	描　述	特　点
带回流线的直接供电(DN 或 T-R-NF)	在接触网支架上架有一条与钢轨并联的回流线	部分回流从回流线流回变电所，一定程度抵消了接触网的影响

续上表

供电方式	描　述	特　点
自耦变压器(auto transformer,AT)供电	每隔10 km左右在接触网与正馈线之间并联接入一台AT,绕组中点与钢轨相接。接触网与钢轨、正馈线与钢轨间的自耦变压器两半线圈上电压相等,无须提高牵引网的绝缘水平即可将供电电压提高一倍	阻抗小、损耗低、干扰小,但变配电装置结构复杂,投资高,相应的施工、维修和运行也比较复杂

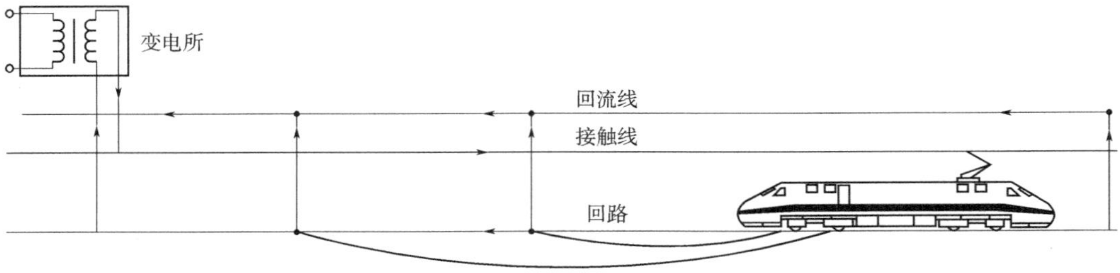

图 2.2.8　带回流线的直接供电方式

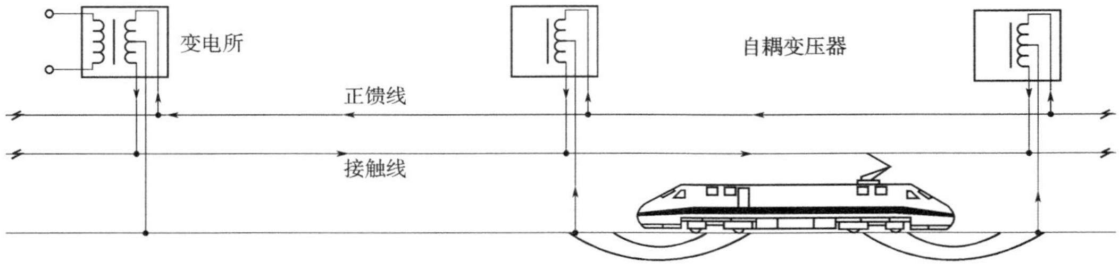

图 2.2.9　AT 供电方式

在我国,AT 方式主要应用于高速铁路和重载线路中,AT 间距为 10～15 km,单边供电臂可供 30～45 km,而带回流线的直接供电方式通常应用其他一般线路,供电臂长度一般为 20～25 km。

2. 综合接地系统

综合接地系统(integrated earthing system)是将铁路沿线一定范围内的牵引供电回流系统、电力供电系统、信号系统、通信及其他电子信息系统、建筑物、道床、站台、桥梁、隧道、声屏障等需接地的装置通过贯通地线连成一体的接地系统。

在传统的既有线铁路,接地设计采用各专业的地线分别设置、相互隔离的方式。高速铁路一般采用电力牵引,牵引回流和故障时的短路电流经过钢轨并在钢轨和与之相连的设施上产生对地电位差,当该电位较高时,将对人身和设备安全构成威胁。传统的分设地线的方式难以满足各系统设备防雷、接地、等电位连接、有效保障人身及设备安全的要求,需要采用综合接地方式提高接地性能。国外代表性的高速铁路接地方式主要有以法国、德国为代表的欧洲综合接地方式和日本的分设接地方式。

高速铁路的特点是桥隧比例大、大量采用无砟轨道等。在采用这些新技术的同时,也会导致钢轨电流剧增、牵引回流分布改变,钢轨电位升高,电磁耦合使铁路附近的金属产生较高的感应电压,对人身、设备安全构成更大威胁的情况。同时,由于电子设备增多,地线的种类和数量也大量增加,如果单独设置接地体,势必会对线路的稳定性造成破坏,各独立接地体间的电位差也会对设备造成危害。可见，为保证人身安全、设备安全可靠运行，在高速铁路和位于高土壤电阻率地区的普速铁路都采用综合接地方式，将沿线路各种接地科学、合理地结合起来，保证各系统、各设备之间实现等电位连接，减少不同系统设备之间的电位差及可能造成的人身和设备安全隐患，是很有必要的。

为保证综合接地系统实现功能目标，在设计中应考虑如下要素：

(1)等电位连接

将轨旁设备、线缆、构造物金属部件接入综合接地系统，形成等电位连接。在发生强电系统大电流接地闪络时，使得各设备间的电位差足够低，以避免出现反击，保证设备安全运行。

为避免强电系统大电流接地闪络可能产生的较高电位对弱电系统的影响，弱电系统与强电系统接入综合接地系统的接入点，原则上不共用同一接地母排。

(2)接地电阻

为保证人身安全、设备可靠运行，要求综合接地系统平台上任何一点的接地电阻不大于 1 Ω。现场实测结果表明，综合地线沿线各点的接地电阻均显著小于 1 Ω，综合接地系统具有良好的接地性能，为沿线铁路设备提供了一个良好的接地平台，满足各专业的接地电阻要求。

各专业接地均可直接接入综合接地系统，大大减轻了接地电阻的处理工作，为各专业设备的正常运行奠定了基础。

(3)钢轨电位、跨步电压和接触电压

钢轨是信号系统中轨道电路的传输通道，同时也是牵引回流通道。高速铁路运行速度高，行车密度大，导致牵引电流增大，短路电流可高达 25 kA；高速铁路大量采用无砟轨道，大大增加了轨道对地的泄漏电阻，钢轨回流在钢轨上将产生较高的钢轨电位，对轨旁设备产生较高的电位差，并造成较高的接触电压，如不采取措施，钢轨牵引回流引起的电位将超过规定的安全值。

钢轨电位在短路条件下可产生接触电压，在正常工况下可产生接近电压。较高的钢轨牵引回流引起的轨道电位应符合规定的安全值。参照 EN 50122-1 要求，交流牵引系统中钢轨的接触电压/接近电压应不超过表 2.2.2 中的允许值。

表 2.2.2　接触电压和钢轨电位表

系统运行状态	接触电压允许值/V	钢轨电位/V
正常运行状态(t>300 s)	60	120
正常运行状态(t=300 s)	65	130
故障状态(t=100 ms)	842	1 684

在图 2.2.9 所示的 AT 供电方式基础上，除钢轨这一回流路径外，综合接地系统的应用使得钢轨中的部分牵引电流通过贯通地线返回变电所。贯通地线同保护线一起与钢轨横连。因此，综合接地既是牵引供电系统和信号系统的重要组成部分，也是高速铁路安全稳定运行的重要保证之一。典型的含贯通地线的 AT 供电系统(复线)如图 2.2.10 所示，其中 TSS 为牵引变电所(traction sub-station)，ATP 为 AT 所(AT post)，SP 为分区所(section post)，T 为接触网(trolley wire)，R 为钢轨(rail)，F 为正馈线(feeder)，PW 为保护线(protective wire)，GW 为贯通地线(through-ground wire)，通过贯通地线接地达到接入综合接地系统的目的，CB 为横向连接线(connector of bond)，上下行线路的钢轨、接触线、正馈线均在各 ATP 处并联。供电分区之间设置分相区，防止不同供电分区相互影响导致电力机车等设备受损。

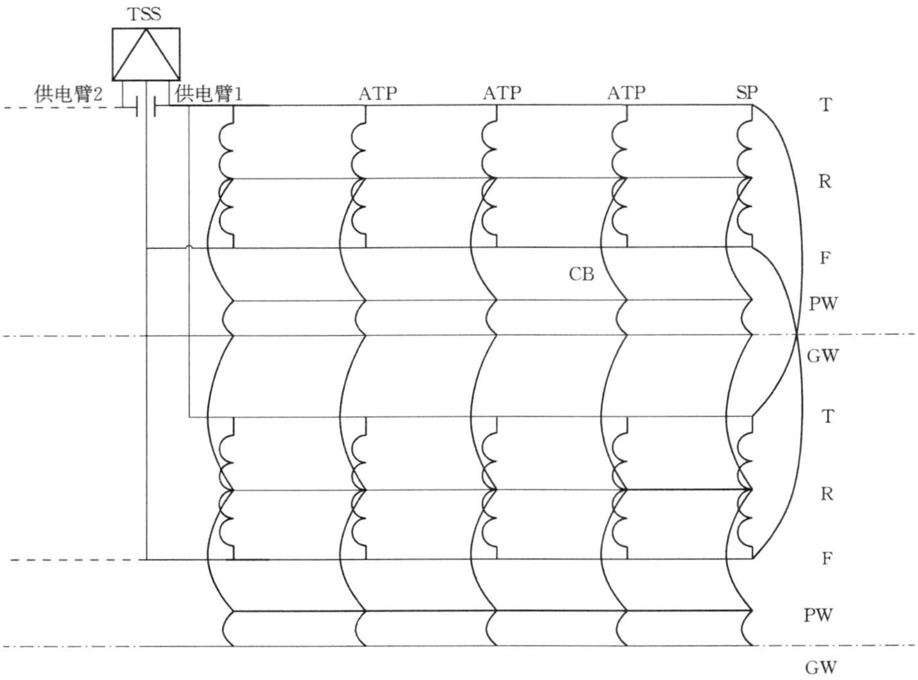

图 2.2.10　含贯通地线的 AT 供电系统

2.2.3　轨道电路受扰机理

复杂回流网络与室外信号系统之间存在耦合关系，进而衍生出以下干扰问题：轨道电路信号通过钢轨传输，易受到牵引电流传导干扰；信号电缆由平行敷设的贯通地线感应形成纵向电动势；环境中的敏感设备受空间耦合或辐射干扰。其中，钢轨中的牵引回流（包括由阻抗分布、线路条件等造成的不平衡电流），通过传导耦合对轨道电路设备造成干扰（包括车载信息接收设备）。

1. *不平衡牵引电流*

不平衡牵引电流是指在同一时刻、同一位置两条钢轨中的牵引电流差值有效值，简称为不平衡电流。该数值可能随时间而变化，通常主要考察其在信号设备发送端及接收端的影响。由于同一时间在同一区段（尤其是机械绝缘方式、一送一受区段）各点的差别很小，故一般用一个值来表示，即

$$\Delta I(t)=|I_1(t)-I_2(t)| \tag{2.2.4}$$

不平衡电流是最终影响信号设备工作的干扰源，其数值大小主要与钢轨中牵引电流、钢轨不平衡程度有关。钢轨中牵引电流的分配主要与供电方式、道床电阻、大地电导有关。

实际中，经常采用不平衡系数来表征一个区段的不平衡程度，即同一时刻不平衡电流与钢轨中总电流的比值（%），有时也称为不对称度，即

$$K=\{\Delta I(t)/[I_1(t)+I_2(t)]\}\times 100\% \tag{2.2.5}$$

区间线路（尤其是长钢轨无绝缘线路）一般均满足轨道电路纵向不平衡系数不大于 5% 的指标，但在以下情况，如以塞钉式接续线为主的站内区段或区间，由于振动或焊接线损坏造成接触电阻变化；站内道岔区段固有的跳线和绝缘设置，在列车经过时必然存在较大不平衡；强电等其他专业设备地线等与钢轨导通，如杆塔地线、火花间隙（放电）、轨距杆等与钢轨连接，会造成轨道电路的不平衡程度较大且超过 5%，因而需要进行必要的测试和整治。此外还需注意，由于有绝缘区段扼流变压器设备实际也构成了牵引电流通道的一部分，其初级线圈的不平衡程度也需满足一定（如不大于 0.5%）的指标。

不平衡电流传导干扰会对地面轨道电路设备和车载信息接收设备正常工作带来不利影响，尤其是高速铁路条件下钢轨中牵引回流可达数百安培，高不平衡度的线路更易受到传导干扰。

2. 对轨道电路的干扰及信号干扰比

扼流变压器(BE)作为信号传输器材，同时也为牵引电流提供回路。当两钢轨牵引电流不平衡时，BE 一次线圈阻抗不对称，次级磁通无法全部抵消，使共模信号电流产生差模成分，最终耦合进入接收设备。BE 铁芯中的不平衡牵引电流能量逐渐上升，使变压器饱和，信号电流波形畸变失真，相应磁通及感应电动势将下降，传输到变压器二次侧的信号电流能量也随之下降。因此信号设备在脉冲电流引起的瞬态干扰下可能会出现短时错误动作。不平衡电流影响有绝缘轨道电路如图 2.2.11 所示。

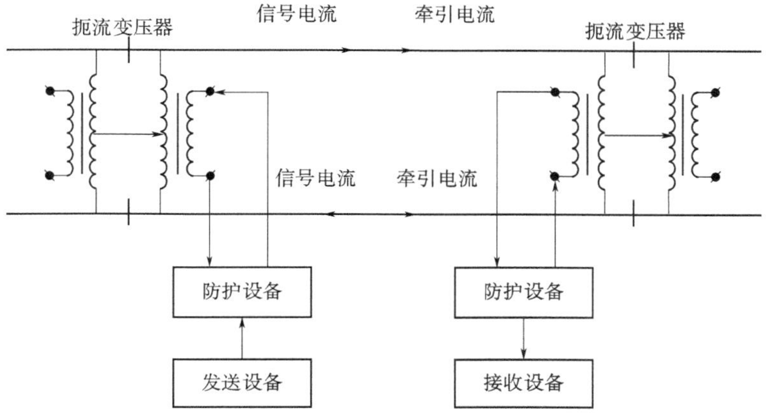

图 2.2.11　不平衡电流影响有绝缘轨道电路

无绝缘轨道电路调谐区结构如图 2.2.12 所示，是牵引电流干扰与信号设备的耦合部分，调谐单元 BA 由两元件或三元件的 LC 网络组成，用于完成对信号频率的谐振；空芯电感线圈 SVA 安装在调谐区中间，电感值为 33 μH，除参与对信号的谐振外，工频阻抗非常小，主要作用即为平衡钢轨中的牵引电流。空芯线圈 SVA 磁导率 μ_0 很小，B—H 曲线呈直线关系，在不平衡牵引电流作用下不会产生饱和。

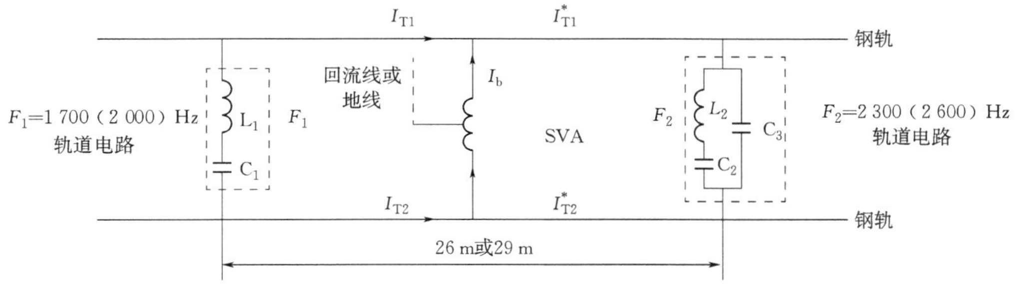

图 2.2.12　无绝缘轨道电路调谐区结构

在电气化区段应用的轨道电路，其接收器灵敏度与牵引电流干扰量(通带内)有直接的关系。参考图 2.2.12，I_{T1} 和 I_{T2} 分别为钢轨中牵引电流，经过空芯线圈(SVA)平衡，则 $I_{T1}^*=I_{T2}^*$，易得

$$I_b=1/2(I_{T1}-I_{T2}) \tag{2.2.6}$$

根据不平衡系数定义，可写成：

$$I_b=1/2KI \tag{2.2.7}$$

式中，I 为总牵引电流。

考虑到轨道电路接收器中带通滤波器对信号频带外的牵引电流具有理想滤波作用，则影响信号接收的因素主要为带内谐波成分。对于 UM 系列轨道电路，在工频 50 Hz 发生最大偏移（±1%或 0.5 Hz）条件下，通带±40 Hz 内最多可通过 2 个牵引电流谐波，由电力机车谐波比例分布，设其分别为 I_{H1} 和 I_{H2}，则带内总谐波量为

$$I_H=\sqrt{I_{H1}^2+I_{H2}^2} \tag{2.2.8}$$

为保证接收器可靠工作，通常要求信号干扰比（SIR）不小于 2∶1，即

$$I_H \leqslant \frac{1}{2} I_S \tag{2.2.9}$$

例如，若信号工作电流为 500 mA，则带内谐波电流应不大于 250 mA。

3. 对车载机车信号的干扰

机车信号传感器部件——机车信号双路接收天线安装在机车转向架后钢轨正上方，并且钢轨左右侧各一个。天线的底面与钢轨轨面间距（155±5）mm，天线纵向中心与钢轨纵向中心的误差小于 5 mm，天线横向中心与分路轮对之间的水平方向间距为 1 500 mm。为实现可靠获取钢轨中差模电流信号，天线线圈回路采用双路冗余设计，具体表现为两个接收天线上共四组线圈采用双路同名端反向串联的设计方式。设天线 1、2 上线圈依次为 L12A、L12B、L34A、L34B，则 L12A 和 L34A 作为一组，L12B 和 L34B 作为另一组，分别作为机车信号的两路输入且正常工作时等效。

钢轨中信号电流（地面轨道电路电流）是机车信号正常工作传输过程中的主要激励源，由于电磁信号在钢轨的电流传输、电流的磁效应、天线的法拉第电磁感应、屏蔽线缆传输的过程中通常都能保持在一定频率范围的稳定，故机车信号系统中电压信号及钢轨电流信号均为 FSK 信号，可表示为

$$\gamma(t)=A_f\cos[2\pi f_c t \pm 2\pi\Delta f_p\int s_m(t)\mathrm{d}t+\varphi_0] \tag{2.2.10}$$

其中，$\gamma(t)$为轨道电路/机车信号传递的电压/电流信号；A_f 为该电流/电压信号幅值；f_c 为载频频率；Δf_p 为频偏频率；φ_0 为初始相位；$s_m(t)$表示调制信号，其在时域的特征是占空比为 1∶1、频率为 f_d（低频或调制频率）的方波，包含信号所传递的信息。

由于牵引回流路径总体阻抗差异和机车泄流轮对与钢轨接触阻抗时常不等，两钢轨中存在不平衡牵引电流。令 i_1 和 i_2 分别为两钢轨中总电流，包括信号电流 i_{FSK} 和两钢轨中牵引回流 i_{t1}、i_{t2}，理想情况下 $i_{t1}=i_{t2}$，如图 2.2.13(a)所示。不平衡时，i_{t1} 和 i_{t2} 可分解为差模电流 i_d（在两钢轨中大小相等、方向相反）及共模电流 i_c，如图 2.2.13(b)所示，且 $i_{t1}=i_c+i_d$，$i_{t2}=i_c-i_d$，形成不平衡电流 $2i_d$，差模电流会随信号电流一起被耦合感应至车载信号主机。而电力机车是一种波动剧烈的大容量单相不平衡非线性负荷，引起电流波形畸变，使得牵引回流中除 50 Hz 正弦基波外还存在丰富的谐波成分，叠加至机车信号接收侧后严重干扰解码。

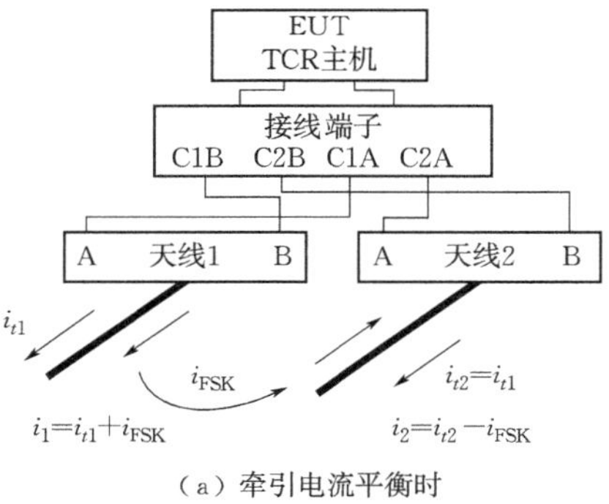

（a）牵引电流平衡时

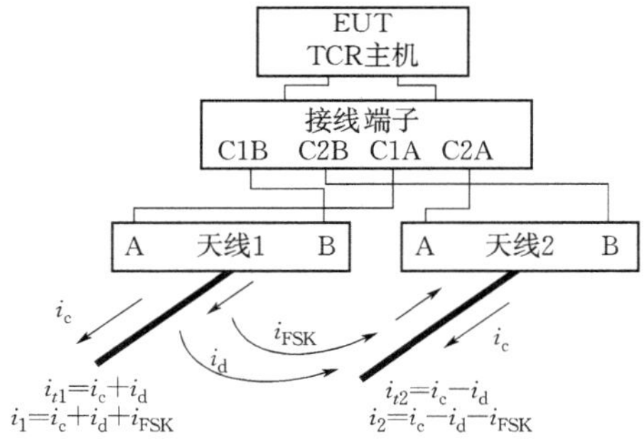

（b）牵引电流不平衡时

图 2.2.13 机车信号受不平衡牵引电流干扰机理

2.3 牵引回流分布建模计算

牵引电流分布计算对完善轨道电路抗牵引电流干扰器材优化配置、干扰分析和预测非常必要。

2.3.1 牵引网阻抗计算

目前,常用的 AT 全并联供电的仿真方法主要有两种:①基于微分方程的连续建模方法;②基于节点电压方程的离散建模方法。后续的牵引供电系统仿真建模中,供电回路及各电气元件需采取等效阻抗处理。因此在对整个系统仿真时,首先展开牵引网阻抗计算。

在牵引供电系统的复杂供电线路网络中,对所有供电回路划分都采取导线—地回路的方式处理,主要是便于牵引网等效电路的各回路阻抗计算。图 2.3.1 为接触网—地回路和钢轨—地回路。

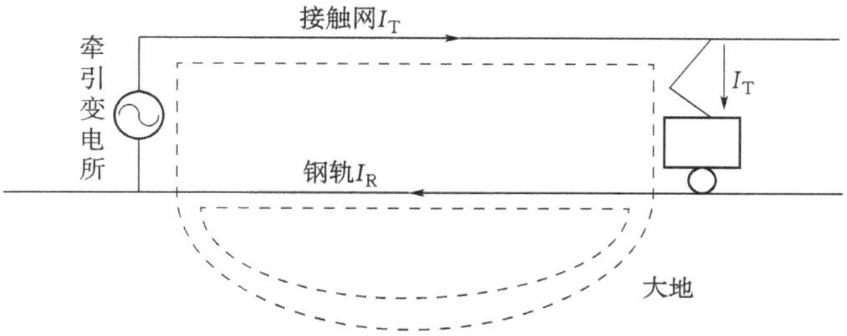

图 2.3.1 导线—地回路的划分

1. 导线等效半径

在计算牵引网导线—地回路的等值自阻抗和互阻抗时,主要是对导线的等效半径进行计算。在牵引网供电回路中,接触网、钢轨、馈线、贯通地线、保护线等都有牵引电流通过。以两条一般供电导线为例,如图 2.3.2 所示。设导线的半径为 R(mm),两条导线之间的中心距离为 D(mm)。

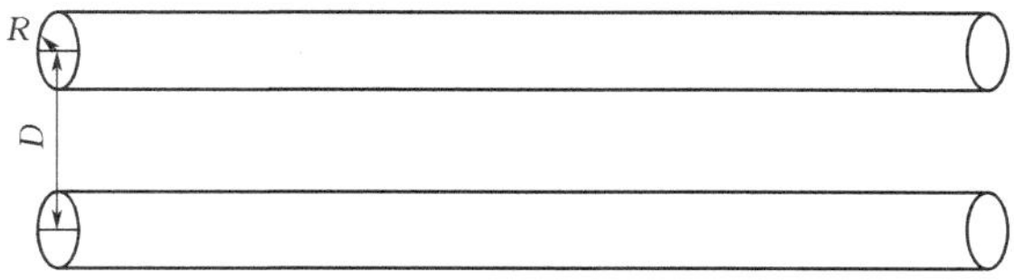

图 2.3.2 两条供电导线

根据电磁场理论,单位长的供电导线内部电感 $L_1=\frac{\mu_0\mu}{8\pi}$ (H/km),外部电感 $L_2=\frac{\mu_0}{2\pi}\ln\frac{D}{R_0}$ (H/km),则单位长导线自电感为

$$\begin{aligned}L&=L_1+L_2\\&=\frac{\mu_0}{2\pi}\left(\frac{\mu}{2\pi}+\ln\frac{D}{R}\right)\\&=\frac{\mu_0}{2\pi}\ln\left(\frac{D}{R_{\mathrm{e}}^{-\frac{\mu}{4}}}\right)\quad(\mathrm{H/km})\end{aligned}\tag{2.3.1}$$

式中,μ 为导线材料相对磁导系数。

式(2.3.1)可写成:$L=\frac{\mu_0}{2\pi}\ln\frac{D}{R_\varepsilon}$ (H/km),其中 $R_\varepsilon=R_{\mathrm{e}}^{-\frac{\mu}{4}}$ 为导线等效半径。

2. 牵引网导线—地回路等值自阻抗

图 2.3.3 所示为牵引网中的接触网—地回路模型,其中接触网单位长阻抗 $Z_T=r_T+\mathrm{j}\omega L_T$,地回

路单位长阻抗 $Z_G = r_G + j\omega L_G$，接触网和地回路间互阻抗 $Z_{TG} = j\omega M_{TG}$，d_{TG} 为接触网和地回路间距离，接触网和地回路导线长度都为 L。

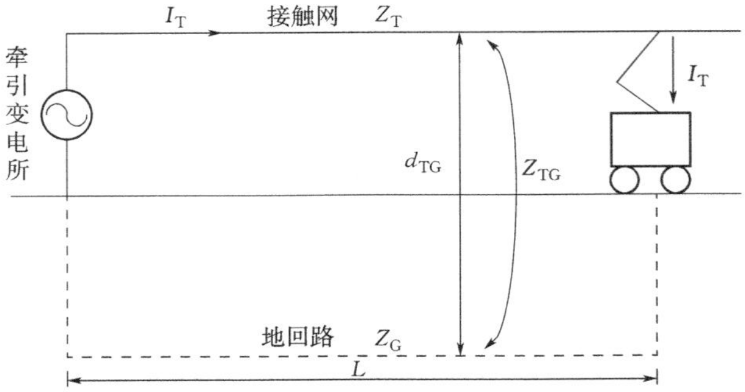

图 2.3.3　接触网—地回路模型

在电感计算中，根据电磁场理论可以得到导线单位长度的自感和互感，即

$$\begin{cases} L_T = \dfrac{\mu_0}{2\pi}\left(\ln\dfrac{2L}{R_{\varepsilon T}} - 1\right) \\ L_G = \dfrac{\mu_0}{2\pi}\left(\text{n}\dfrac{2L}{R_{\varepsilon G}} - 1\right) \\ L_{TG} = \dfrac{\mu_0}{2\pi}\left(\ln\dfrac{2L}{d_{TG}} - 1\right) \end{cases} \tag{2.3.2}$$

式中，$R_{\varepsilon T}$、$R_{\varepsilon G}$ 分别为接触网和地回路的导线等效半径，μ_0 为真空磁导率且 $\mu_0 = 4\pi \times 10^{-4}$（H/km）。

由图 2.3.3 建立电压回路方程，为

$$\begin{aligned} \Delta\dot{U} &= Z_T L\dot{I}_T - Z_{TG} L\dot{I}_T + Z_G L\dot{I}_T - Z_{TG} L\dot{I}_T \\ &= (Z_T - 2Z_{TG} + Z_G) L\dot{I}_T \end{aligned} \tag{2.3.3}$$

由于接触网—地回路单位等值自阻抗 $Z = \Delta U / L_T L$，化简得到接触网—地回路单位等值自阻抗为

$$Z = r_T + 0.049 + j0.114\,6\lg\frac{D_g}{R_{\varepsilon T}} \quad (\Omega/\text{km}) \tag{2.3.4}$$

化简中对数采用常用对数表示，式中 $D_g = \dfrac{d_{TG}^2}{R_{\varepsilon T}}$，$D_g$ 为接触网、地回路两导线间的等值距离，也即接触网在大地中的等值深度。基于物理意义，称为接触线—地回路的等值深度。Carson 理论给出的计算公式有：$D_g = \dfrac{0.208\,5}{\sqrt{f\sigma \times 10^{-9}}}$（cm），其中，$f$ 为电流频率，σ 为大地电导率。

3. 牵引网导线—地回路间等值互阻抗

在图 2.3.3 中接触网—地回路的模型基础上加上钢轨—地回路模型，加以分析牵引网导线—地回路间的等值互阻抗。如图 2.3.4 所示的接触网—地回路与钢轨—地回路模型。

同理，可以得到回路电压方程为

$$\begin{aligned} \Delta\dot{U} &= Z_T L\dot{I}_T + Z_{TR} L\dot{I}_R - Z_{TG} L(\dot{I}_T + \dot{I}_R) + Z_G L(\dot{I}_T + \dot{I}_R) - Z_{TG} L\dot{I}_T - Z_{RG} L\dot{I}_R \\ &= (Z_T - 2Z_{TG} + Z_G) L\dot{I}_T + (Z_{TR} - Z_{TG} - Z_{RG} + Z_G) L\dot{I}_R \end{aligned} \tag{2.3.5}$$

接触网—地回路与钢轨—地回路间的单位等值互阻抗为

$$Z' = \frac{\Delta\dot{U}}{\dot{I}_R L}\bigg|_{\dot{I}_T = 0} = Z_{TR} - Z_{TG} - Z_{RG} + Z_G \tag{2.3.6}$$

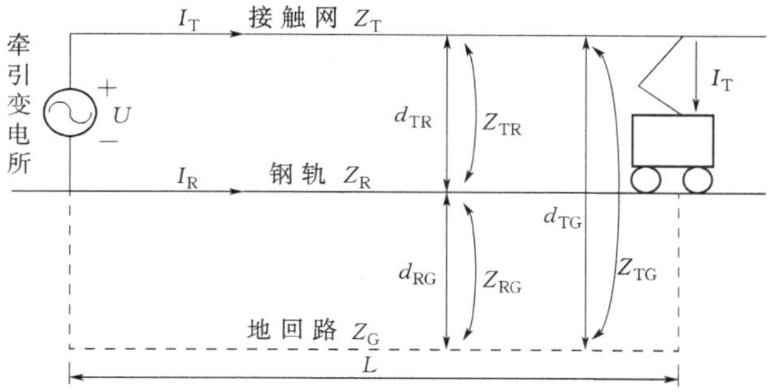

图 2.3.4　接触网—地回路与钢轨—地回路模型

式中，互阻抗 $Z_{TR}=j\omega M_{TR}$，$Z_{RG}=j\omega M_{RG}$，互感 $M_{TR}=\frac{\mu_0}{2\pi}\left(\ln\frac{2L}{d_{TR}}-1\right)$，$M_{RG}=\frac{\mu_0}{2\pi}\left(\ln\frac{2L}{d_{RG}}-1\right)$。

化简得到回路间的单位等值互阻抗为

$$Z'=0.049+j0.1446\lg\frac{D_g}{d_{TR}}\quad(\Omega/\text{km})\tag{2.3.7}$$

4. 特殊并联导线—地回路处理

牵引网中很多导线—地回路是并联的，在牵引网等效电路中为了便于阻抗计算，把多条并联的导线—地回路等效成一条导线—地回路。求出等效后的导线—地回路阻抗，代入牵引网仿真中不影响仿真结果。以两条导线—地回路并联为例(三条及以上导线—地回路并联的情况以此类推)，推导等效成一条导线—地回路的等值自阻抗。如图 2.3.5 所示，Z_1、Z_2 分别为两条并联导线—地回路的等值自阻抗，Z_{12} 为两条并联导线—地回路间的等值互阻抗。

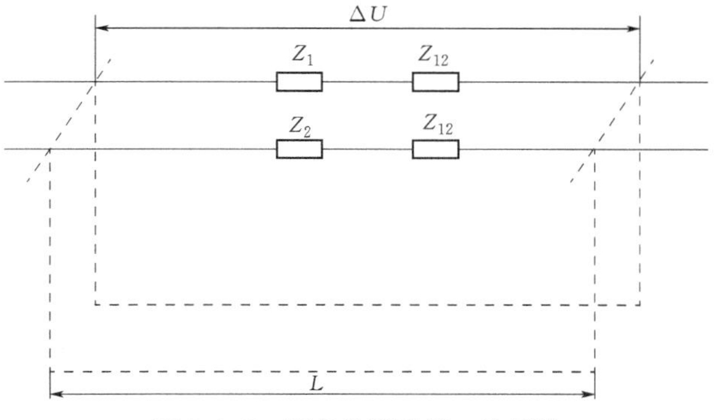

图 2.3.5　两条并联导线—地回路

两条并联导线—地回路列电压方程为

$$\begin{cases}\Delta\dot{U}=Z_1L\dot{I}_1+Z_{12}L\dot{I}_2\\ \Delta\dot{U}=Z_2L\dot{I}_2+Z_{12}L\dot{I}_1\end{cases}\tag{2.3.8}$$

解电压方程关系式(2.3.8)得

$$\dot{I}_1=\frac{Z_2-Z_{12}}{Z_1Z_2-Z_{12}^2}\cdot\frac{\Delta\dot{U}}{L}\tag{2.3.9}$$

$$\dot{I}_2=\frac{Z_1-Z_{12}}{Z_1Z_2-Z_{12}^2}\cdot\frac{\Delta\dot{U}}{L}\tag{2.3.10}$$

由于两条并联导线—地回路等效成一条导线—地回路的单位长自阻抗为：$Z=\frac{\Delta\dot{U}}{(\dot{I}_1+\dot{I}_2)L}$，则将式(2.3.8)和式(2.3.9)代入化简得到等效后一条导线—地回路的单位长自阻抗为

$$Z=\frac{Z_1Z_2-Z_{12}^2}{Z_1+Z_2-2Z_{12}} \tag{2.3.11}$$

等效后一条导线—地回路的模型如图 2.3.6 所示。

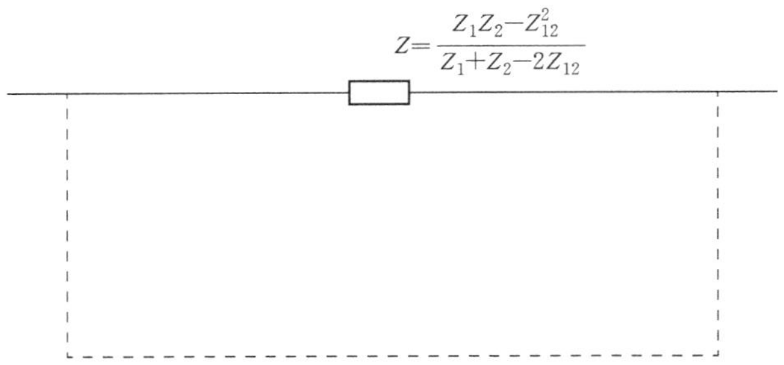

图 2.3.6　等效成一条导线—地回路

如考虑两条钢轨之间并联，两条钢轨—地回路等效电路中，Z_{R1}、Z_{R2} 分别为钢轨—地回路的等值自阻抗，并且 $Z_{R1}=Z_{R2}$，Z_{RR} 为两条钢轨—地回路间的等值互阻抗。

由式(2.3.4)和式(2.3.7)可得到钢轨—地回路自阻抗和互阻抗为

$$Z_{R1}=Z_{R2}=r_R+0.049+j0.144\,6\ln\frac{D_g}{R_{\varepsilon R}}\quad(\Omega/\text{km}) \tag{2.3.12}$$

$$Z_{RR}=0.049+j0.144\,6\lg\frac{D_g}{d_{RR}}\quad(\Omega/\text{km}) \tag{2.3.13}$$

由于两条钢轨在电连接上是并联的，并且钢轨—地回路自阻抗和互阻抗相同，则等效成一条钢轨—地回路的自阻抗 $Z_R=\frac{Z_{R1}Z_{R2}-Z_{RR}^2}{Z_{R1}+Z_{R2}-2Z_{RR}^2}$，并且 $Z_{R1}=Z_{R2}$，有

$$\begin{aligned}Z_R&=\frac{Z_{R1}+Z_{RR}}{2}\\&=\frac{1}{2}\left(r_R+0.049+j0.144\,6\ln\frac{D_g}{R_{\varepsilon R}}+0.049+j0.144\,6\lg\frac{D_g}{d_{RR}}\right)\\&=\frac{r_R}{2}+0.049+j0.144\,6\ln\frac{D_g}{\sqrt{R_{\varepsilon R}d_{RR}}}\end{aligned} \tag{2.3.14}$$

式中，r_R 为一条钢轨的有效电阻；$R_{\varepsilon R}$ 为一条钢轨的等效半径；d_{RR} 为两条钢轨之间的距离，取标准轨距为 1 435 mm。$\sqrt{R_{\varepsilon R}d_{RR}}$ 可以看成是两条钢轨—地回路等效成一条钢轨—地回路的等效半径。

2.3.2　连续数学模型

图 2.3.7 为 AT 供电方式原理示意，在牵引变电所右供电臂中的第一个 AT 供电区段，D 为供电区段中两个 AT 变压器的间距。机车位置距离牵引变电所长度为 d，接触网中电流分别为 I_{T1} 和 I_{T2}，钢轨中电流分别为 I_{R1} 和 I_{R2}。当机车距离 AT1 为 d 处时，AT 供电网电流划分为：机车电流分流入左侧钢轨的电流值为 I_1，机车电流分流入右侧钢轨的电流值为 I_2，则机车电流为 I 且 $I=I_1+I_2$。图中，T 为接触网，F 为正馈线，R 为钢轨。

1. *微分方程推导*

将图 2.3.7 中虚线左上半部分看成直接供电方式，AT1 看作电源牵引变电所，$0.5I_1$ 当作直接

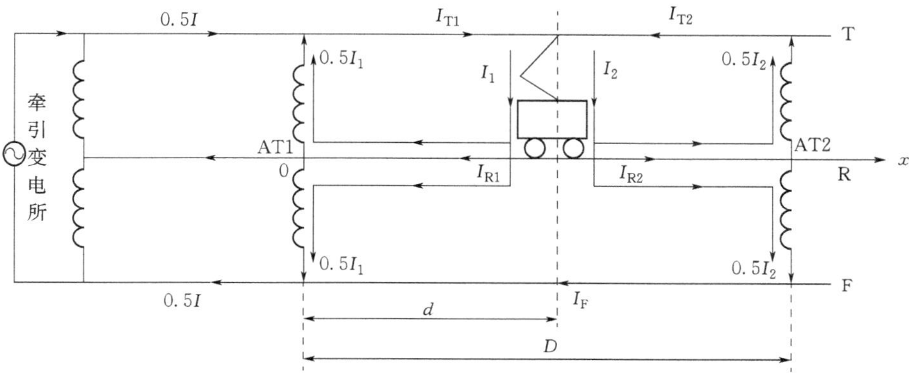

图 2.3.7 AT 供电方式原理示意

供电接触网中的电流 I_T，流入正馈线中的 $0.5I_1$ 为正馈线—地回路中的电流。

由图 2.3.7 列电流关系方程为

$$\begin{cases} I_{T2}=0.5I_2 \\ I=I_1+I_2 \\ I_{T1}+I_{T2}=I \end{cases} \tag{2.3.15}$$

解得 I_1 和 I_2 与接触网电流的关系为

$$\begin{cases} I=I_{T1}-I_{T2} \\ I_2=2I_{T2} \end{cases} \tag{2.3.16}$$

(1)在 AT1～AT2 区段 $0<x<d$ 中，对机车左半部分钢轨电流 I_{R1}(推导中钢轨电流方向取指向机车，与直接供电方式推导中钢轨电流方向取向一致)列微分方程为

$$\begin{cases} -\dfrac{dV_{R1}(x)}{dx}=Z_R I_{R1}(x)+0.5I_1Z_{TR}+0.5I_1Z_{RF} \\ -\dfrac{dV_{R1}(x)}{dx}=YV_{R1}(x) \end{cases} \tag{2.3.17}$$

式中，$V_{R1}(x)$为区段$[0,d]$中 x 处的钢轨电位；$I_{R1}(x)$为区段$[0,d]$中 x 处的钢轨电流；Z_{RF} 为正馈线与钢轨的互阻抗；Y 为钢轨对地泄漏阻抗。

由于正馈线—钢轨的互阻抗 Z_{RF} 与接触线—钢轨的互阻抗 Z_{TR} 相当，即 $Z_{RF}\approx Z_{TR}$，则化简式(2.3.18)为

$$\begin{cases} -\dfrac{dV_{R1}(x)}{dx}=Z_R I_{R1}(x)+I_1Z_{TR} \\ -\dfrac{dV_{R1}(x)}{dx}=YV_{R1}(x) \end{cases} \tag{2.3.18}$$

解得钢轨电流 I_{R1} 分布为

$$I_{R1}(x)=\begin{cases} \dfrac{1-n}{2}I_1(e^{\gamma x}-e^{-\gamma(d-x)}) & (x\leqslant 0) \\ -\dfrac{1-n}{2}I_1(e^{-\gamma x}+e^{-\gamma(d-x)})-nI_1 & (0<x\leqslant d) \\ \dfrac{1-n}{2}I_1(-e^{-\gamma x}+e^{\gamma(d-x)}) & (x>d) \end{cases} \tag{2.3.19}$$

$$V_{R1}(x)=\begin{cases}-\dfrac{1-n}{2}Z_0I_1(e^{\gamma x}-e^{-\gamma(d-x)}) & (x\leqslant 0)\\ -\dfrac{1-n}{2}Z_0I_1(e^{-\gamma x}-e^{-\gamma(d-x)}) & (0<x\leqslant d)\\ \dfrac{1-n}{2}Z_0I_1(-e^{-\gamma x}+e^{\gamma(d-x)}) & (x>d)\end{cases} \tag{2.3.20}$$

(2)同理在 AT1～AT2 区段 $d<x<D$ 中，除了电流方向和大小以外，机车右半部分钢轨电流分布与左半部分一样，同样得到微分方程为

$$\begin{cases}-\dfrac{dV_{R2}(x)}{dx}=Z_RI_{R2}(x)+I_2Z_{TR}\\ -\dfrac{dV_{R2}(x)}{dx}=YV_{R2}(x)\end{cases} \tag{2.3.21}$$

解得钢轨电流 $I_{R2}(x)$分布与式(2.3.20)类似，在同一个坐标系中做相应变换处理。

①首先做区段长度(D−d)变换：

$$I_{R2}(x)=\begin{cases}\dfrac{1-n}{2}I_2(e^{\gamma x}-e^{-\gamma(D-d-x)}) & (x\leqslant 0)\\ -\dfrac{1-n}{2}I_2(e^{-\gamma x}+e^{-\gamma(D-d-x)})-nI_2 & [0<x\leqslant(D-d)]\\ \dfrac{1-n}{2}I_2(-e^{-\gamma x}+e^{\gamma(D-d-x)}) & [x>(D-d)]\end{cases} \tag{2.3.22}$$

$$V_{R2}(x)=\begin{cases}-\dfrac{1-n}{2}Z_0I_2(e^{\gamma x}-e^{-\gamma(D-d-x)}) & (x\leqslant 0)\\ -\dfrac{1-n}{2}Z_0I_2(e^{\gamma x}-e^{-\gamma(D-d-x)}) & [0<x\leqslant(D-d)]\\ \dfrac{1-n}{2}Z_0I_2(-e^{-\gamma x}+e^{\gamma(D-d-x)}) & [x>(D-d)]\end{cases} \tag{2.3.23}$$

②其次做位置变换：

$$I_{R2}(x)=\begin{cases}\dfrac{1-n}{2}I_2(e^{\gamma(x-d)}-e^{-\gamma(D-x)}) & (x\leqslant d)\\ -\dfrac{1-n}{2}I_2(e^{-\gamma(x-d)}+e^{-\gamma(D-x)})-nI_2 & (d<x\leqslant D)\\ \dfrac{1-n}{2}I_2(-e^{\gamma(x-d)}+e^{\gamma(D-x)}) & (x>D)\end{cases} \tag{2.3.24}$$

$$V_{R2}(x)=\begin{cases}-\dfrac{1-n}{2}Z_0I_2(e^{\gamma(x-d)}-e^{-\gamma(D-x)}) & (x\leqslant d)\\ -\dfrac{1-n}{2}Z_0I_2(e^{-\gamma(x-d)}-e^{-\gamma(D-x)}) & (d<x\leqslant D)\\ \dfrac{1-n}{2}Z_0I_2(-e^{-\gamma(x-d)}+e^{\gamma(D-x)}) & (x>D)\end{cases} \tag{2.3.25}$$

③接着做方向变换：

$$I_{R2}(x)=\begin{cases}-\dfrac{1-n}{2}I_2(e^{\gamma(x-d)}-e^{-\gamma(D-x)}) & (x\leqslant d)\\ \dfrac{1-n}{2}I_2(e^{-\gamma(x-d)}+e^{-\gamma(D-x)})+nI_2 & (d<x\leqslant D)\\ -\dfrac{1-n}{2}I_2(-e^{-\gamma(x-d)}+e^{\gamma(D-x)}) & (x>D)\end{cases} \tag{2.3.26}$$

$$V_{R2}(x)=\begin{cases}\dfrac{1-n}{2}Z_0I_2(e^{\gamma(x-d)}-e^{-\gamma(D-x)}) & (x\leqslant d)\\ \dfrac{1-n}{2}Z_0I_2(e^{-\gamma(x-d)}-e^{-\gamma(D-x)}) & (d<x\leqslant D)\\ -\dfrac{1-n}{2}Z_0I_2(-e^{-\gamma(x-d)}+e^{\gamma(D-x)}) & (x>D)\end{cases} \tag{2.3.27}$$

④最后分别整合式(2.3.19)中钢轨电流 $I_{R1}(x)$ 与式(2.3.22)中钢轨电流 $I_{R2}(x)$，式(2.3.20)中钢轨电位 $V_{R1}(x)$ 与式(2.3.21)中钢轨电位 $V_{R2}(x)$，得

$$I_R(x)=\begin{cases}\dfrac{1-n}{2}[I_1e^{\gamma x}-(I_1+I_2)e^{\gamma(x-d)}+I_2e^{\gamma(x-D)}] & (x\leqslant 0)\\ -\dfrac{1-n}{2}[I_1e^{-\gamma x}+(I_1+I_2)e^{\gamma(x-d)}-I_2e^{\gamma(x-D)}]-nI_1 & (0<x\leqslant d)\\ \dfrac{1-n}{2}[-I_1e^{-\gamma x}+(I_1+I_2)e^{-\gamma(x-d)}+I_2e^{\gamma(x-D)}]+nI_2 & (d<x\leqslant D)\\ \dfrac{1-n}{2}[-I_1e^{-\gamma x}+(I_1+I_2)e^{-\gamma(x-d)}-I_2e^{-\gamma(x-D)}] & (x>D)\end{cases} \tag{2.3.28}$$

$$V_R(x)=\begin{cases}-\dfrac{1-n}{2}Z_0[I_1e^{\gamma x}-(I_1+I_2)e^{\gamma(x-d)}+I_2e^{\gamma(x-D)}] & (x\leqslant 0)\\ -\dfrac{1-n}{2}Z_0[I_1e^{-\gamma x}-(I_1+I_2)e^{\gamma(x-d)}+I_2e^{\gamma(x-D)}] & (0<x\leqslant d)\\ \dfrac{1-n}{2}Z_0[-I_1e^{-\gamma x}+(I_1+I_2)e^{-\gamma(x-d)}-I_2e^{\gamma(x-D)}] & (d<x\leqslant D)\\ \dfrac{1-n}{2}Z_0[-I_1e^{-\gamma x}+(I_1+I_2)e^{-\gamma(x-d)}-I_2e^{-\gamma(x-D)}] & (x>D)\end{cases} \tag{2.3.29}$$

2. 计算结果及分析

分布模型中参数取值依据：钢轨型号为 P75(75 kg/m)，承力索型号为 THJ-150，接触线型号 CTHA-150，接触网配置数据为线接触网配置。牵引网阻抗根据计算可得 $Z_{TR}=0.05+0.308\,4\,j(\Omega/km)$，$Z_R=0.117\,5+0.554\,8\,j(\Omega/km)$，钢轨对地泄漏导纳 $Y=0.5(S/km)$，机车电流 500 A，机车位置距离 AT1 变压器 6 km 即 $d=6$ km，AT 间距 $D=15$ km。

进而，根据式(2.3.28)和式(2.3.29)，可以得到 $I_R(x)$ 和 $V_R(x)$ 的分布曲线图，如图 2.3.8 和图 2.3.9 所示。

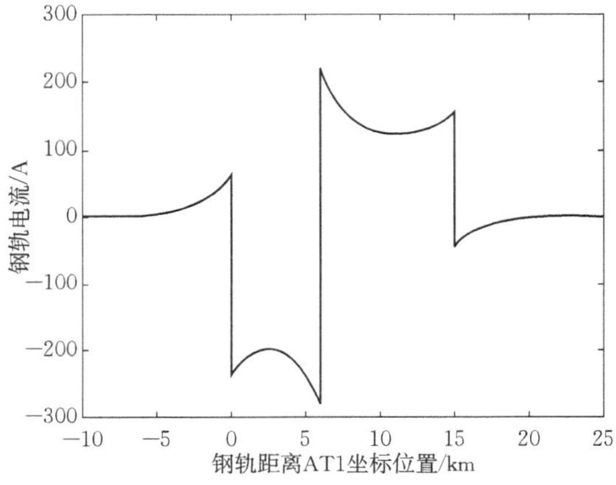

图 2.3.8　AT 供电方式下钢轨电流分布

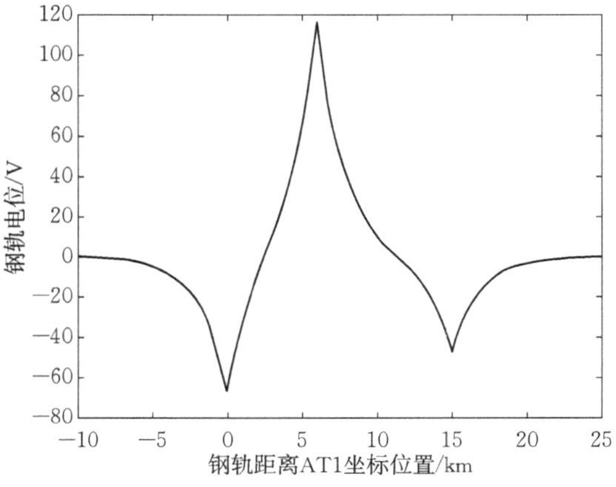

图 2.3.9　AT 供电方式下钢轨电位分布

为便于直观看到钢轨电位和电流的分布规律和变化趋势，进一步画出 AT 供电方式下钢轨电流和电位有效值分布曲线，其中只考虑钢轨电位和电流值的大小，不计其方向，如图 2.3.10 和图 2.3.11 所示。

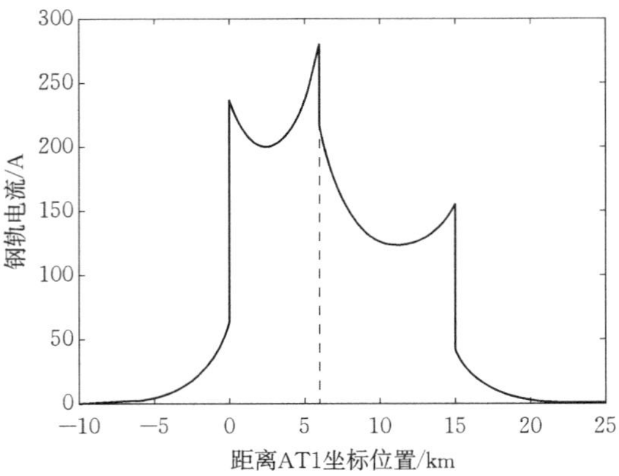

图 2.3.10　钢轨电流有效值分布

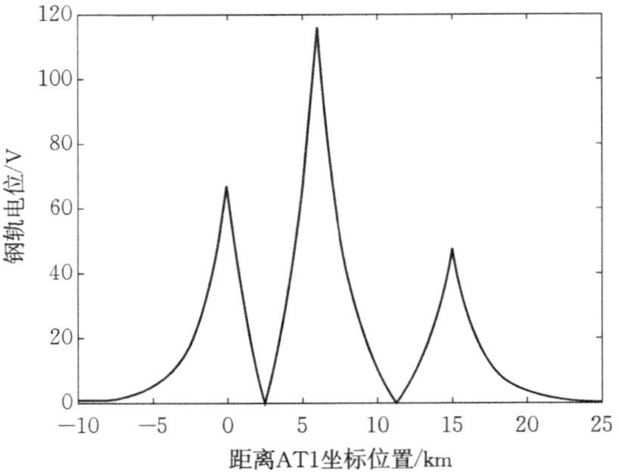

图 2.3.11　钢轨电位有效值分布

2.3.3　节点电压模型

连续数学模型理论上可以计算出钢轨每一点的电流与电位，模型比较准确，但忽略了钢轨对地漏泄，并且当线路中存在多条导线的复杂情况将导致模型变得复杂。实际建模中，也采用节点电压模型。

1. 互感线路耦合模型

输电导线的互感耦合如图 2.3.12 所示，在牵引供电区段中有三条输电导线 A、B、C，Z_A、Z_B、Z_C 分别为三条导线单位长度自阻抗。Z_{AB} 为导线 A—B 间的单位长度互阻抗，Z_{BC} 为导线 B—C 间的单位长度互阻抗，Z_{AC} 为导线 A—C 间的单位长度互阻抗。取长度为 L 三条导线电压为 ΔU，导线 A 电流为 I_A，导线 B 电流为 I_B，导线 C 电流为 I_C。在对应区段导线 B 中，有电压方程：$\Delta U_B = Z_{AB} I_A + Z_B I_B + Z_{BC} I_C$，推导得出等效电流为

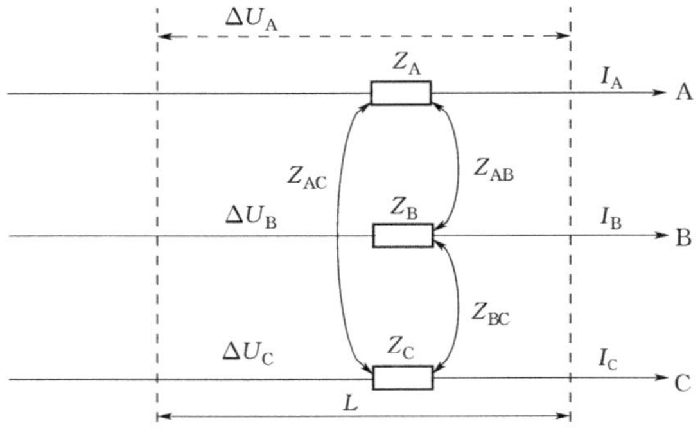

图 2.3.12　输电导线的互感耦合

$$I_B' = \frac{\Delta U_B}{Z_B} = \frac{Z_{AB}}{Z_B} I_A + I_B + \frac{Z_{BC}}{Z_B} I_C \tag{2.3.30}$$

2. 整体模型及节点电压方程

在 AT 供电方式下，按照整个牵引网的纵向截面划分。以一个 30 km 长的供电臂为例，将供电臂划分为两个区间，线路终点处设置分区所，中点处设置 AT 所，将每个区间划分 60 个小段，即钢轨上存在 121 个节点。对牵引变电所和 AT 变压器做电气特性处理，保护线和贯通地线每隔一定距离与钢轨间扼流变压器的中点相连。单线牵引供电的电气数学模型如图 2.3.13 所示，其中，Z_T 为接触线—地回路自阻抗；Z_F 为正馈线—地回路自阻抗；Z_g 为贯通地线—地回路自阻抗；R_0 为自耦变压器漏抗。

根据戴维南定理，列节点电压方程如下：

节点 1：$\left(\frac{1}{Z_R} + \frac{1}{R_0}\right) V_{r1} - \frac{1}{Z_R} V_{r2} + 2I_1 - I_{012} - I_{023} = 0$

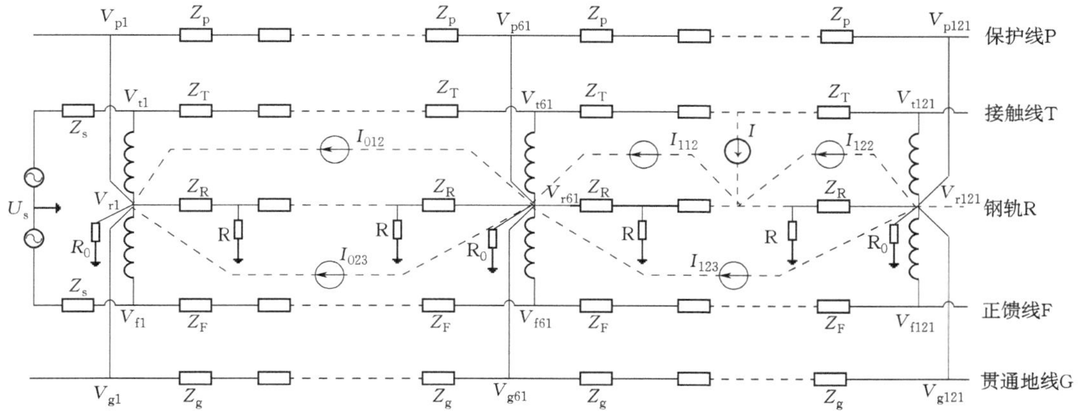

图 2.3.13 牵引网供电模型—单线

节点 2：$-\dfrac{1}{Z_R}V_{r1}+\left(\dfrac{2}{Z_R}+\dfrac{1}{R}\right)V_{r2}-\dfrac{1}{Z_R}V_{r3}=0$

节点 61：$-\dfrac{1}{Z_R}V_{r60}+\left(\dfrac{2}{Z_R}+\dfrac{1}{R_0}\right)V_{r61}-\dfrac{1}{Z_R}V_{r62}+2I_2-I_{112}-I_{123}+I_{012}+I_{023}=0$

节点 62：$-\dfrac{1}{Z_R}V_{r61}+\left(\dfrac{2}{Z_R}+\dfrac{1}{R}\right)V_{r62}-\dfrac{1}{Z_R}V_{r63}=0$

节点 N(机车处)：$-\dfrac{1}{Z_R}V_{r(N-1)}+\left(\dfrac{2}{Z}+\dfrac{1}{R_0}\right)V_{rN}-\dfrac{1}{Z_R}V_{r(N+1)}+I_{112}-I_{122}=I$

节点 $N+1$：$-\dfrac{1}{Z_R}V_{rN}+\left(\dfrac{2}{Z_R}+\dfrac{1}{R}\right)V_{r(N+1)}-\dfrac{1}{Z_R}V_{r(N+2)}=0$

节点 121：$-\dfrac{1}{Z_R}V_{r(120)}+\left(\dfrac{1}{Z_R}+\dfrac{1}{R_0}+\dfrac{1}{R}\right)V_{r121}+2I_3+2I_{122}+I_{123}=0$

节点 V_{t1} 处：$\left(\dfrac{1}{60Z_T}+\dfrac{1}{Z_S}\right)V_{t1}-\dfrac{1}{60Z_T}V_{t1}-I_1=\dfrac{27\,500}{Z_S}$

节点 V_{f1} 处：$\left(\dfrac{1}{60Z_F}+\dfrac{1}{Z_S}\right)V_{f1}-\dfrac{1}{60Z_F}V_{f1}-I_1=\dfrac{27\,500}{Z_S}$

节点 V_{t61} 处：$-\dfrac{1}{60Z_T}V_{t1}+\left(\dfrac{1}{60Z_T}+\dfrac{1}{(N-61)Z_T}\right)V_{t61}-\dfrac{1}{(N-61)Z_T}V_{tN}-I_2=0$

节点 V_{f61} 处：$\dfrac{2}{60Z_F}V_{f1}-\dfrac{1}{60Z_F}V_{f61}-\dfrac{1}{60Z_F}V_{f121}-I_2=0$

节点 V_{tN} 处：$-\dfrac{1}{(N-61)Z_T}V_{t61}+(\dfrac{1}{(N-61)Z_T}+\dfrac{1}{(121-N)Z_T})V_{tN}-\dfrac{1}{(121-N)Z_T}V_{t121}=-I$

节点 V_{t121} 处：$-\dfrac{1}{(121-N)Z_T}V_{tN}+\dfrac{1}{(121-N)Z_T}V_{t121}-I_3=0$

节点 V_{f121} 处：$-\dfrac{1}{60Z_F}V_{f61}+\dfrac{1}{60Z_F}V_{f121}-I_3=0$

电流方程：

$$2V_{r1}-V_{t1}-V_{f1}=0$$
$$2V_{r61}-V_{t61}-V_{f61}=0$$
$$2V_{r121}-V_{t121}-V_{f121}=0$$

根据以上电压方程，可列矩阵方程：

$$
\left[\begin{array}{c|c} \boldsymbol{Y} & \\ \hline & \boldsymbol{O} \end{array}\right] \cdot \begin{bmatrix} V_{r1} \\ V_{r2} \\ \vdots \\ V_{rN} \\ \vdots \\ V_{r121} \\ \vdots \\ V_{t1} \\ \vdots \\ V_{f121} \\ I_1 \\ I_2 \\ I_3 \end{bmatrix} = \begin{bmatrix} 0 \\ 0 \\ \vdots \\ I \\ \vdots \\ 0 \\ \vdots \\ 0 \\ \vdots \\ 0 \\ 0 \\ 0 \\ 0 \end{bmatrix}
$$

3. 计算结果及分析

基于图 2.3.13 的模型及上述节点电压方程，机车牵引电流取为 500 A(不考虑机车不同工况，机车从开始至线路终点均按同一速度行驶)，将 30 km 分为 120 段，钢轨存在 121 个节点即每一段长度为 250 m，牵引变电所处接地电阻为 0.5 Ω，牵引变电所等效阻抗为 1.534 7j Ω，AT 自耦变压器对地漏抗取为 0.45 Ω，机车在各个节点处移动。经过仿真计算，图 2.3.14 与图 2.3.15 分别对机车位于 9 km 与 24 km 处时(即机车分别位于节点 37 与节点 97 处)单线线路钢轨电流与钢轨电位情况进行说明。

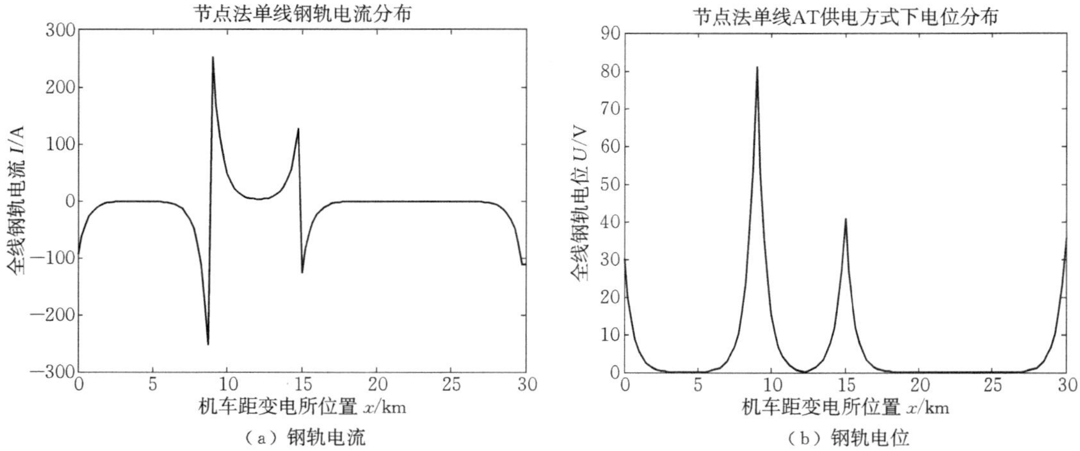

(a) 钢轨电流　　(b) 钢轨电位

图 2.3.14　机车位于 9 km 处时单线节点电压模型电流电位

可以看出，当钢轨电流在机车处取得最大值，并且机车处两方向牵引电流数值和为 500 A，与仿真条件相符，钢轨电位取得局部最大值点有三个，分别为牵引变电所处、机车处及 AT 所处。其中，机车处钢轨电位又大于变电所处和 AT 所处。当在 0～15 km 范围内机车运行至别的位置时图形趋

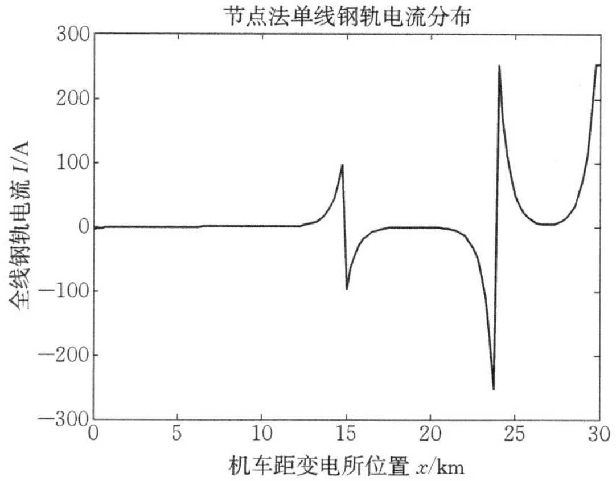

(a) 钢轨电流

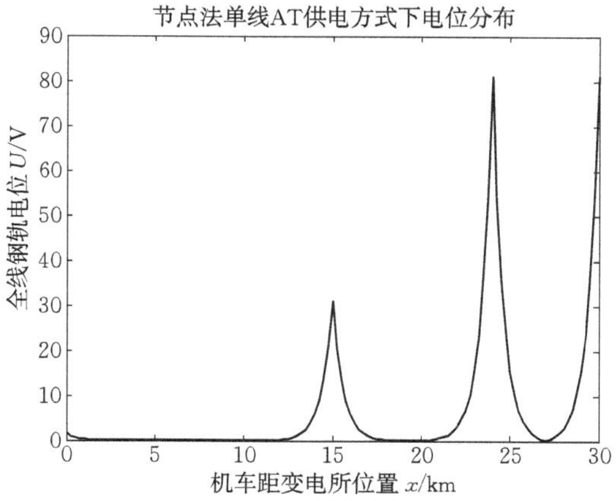

(b) 钢轨电位

图 2.3.15 机车位于 24 km 处时单线节点电压模型电流电位

势与图 2.3.14 相似,即钢轨电流在机车处取得最大值,电流在机车处向钢轨两侧流动,随着钢轨位置离机车距离越来越大,电流取值按一定规律衰减;钢轨电位在机车处及机车所在 AT 段两端 AT 处取得局部最大值,机车处取得最大值,并且短回路中电流变化规律符合 AT 供电方式中位置变化引起值变化的相对关系规律。

当列车继续运行,且运行过 AT 所进入 15～30 km 范围内时,仍为机车处牵引电流最大且向钢轨两边分流,离机车越远衰减得越多;钢轨电位在机车处、AT 所处及分区所处取得局部最大值,机车处电位最大。

3

复杂条件下轨道电路干扰影响分析

本章内容概述

本章重点关注邻线或邻区段信号(轨道电路自身)、线路(工务)、牵引电流(供电)等复杂条件对轨道电路工作的影响,分别对多线并行导致的邻线线路信号耦合、车站道岔结构造成的不平衡因素、断轨或器材断线条件下形成的迂回电路进行机理分析、建模仿真,以及参数计算;基于牵引供电和轨道电路设计理念的差异,进一步分析站内设置牵引回流切断点而导致的绝缘节电位差。

3.1 高速铁路邻线干扰建模分析

高速铁路主要采用 ZPW-2000 系列轨道电路,由于信号频率、发送功率、传输条件及工程费用等因素影响,在运营里程、运行时速、路网密度不断增加的背景下,高速铁路需采用多线并行的复杂配置,如四线并行甚至六线并行。在双线和多线区段,本线车载机车信号设备有可能接收到邻线轨道电路地面信号,若信号叠加后幅值超过本线信号限值,将造成本线机车信号设备错误解析来自邻线的轨道电路信号,出现掉码、误码、延迟上码等故障,这种被称为轨道电路邻线干扰现象(简称邻线干扰),将影响行车效率,甚至可能造成机车信号显示升级,危及行车安全。本节对高速铁路多线并行复杂条件下邻线干扰深入解析和建模计算,并介绍工程可实施的防护技术和设计建议。

3.1.1 邻线干扰耦合机理分析

根据电磁干扰原理,接收骚扰并受到干扰影响的线路为本线线路;发射骚扰并对其他敏感设备造成干扰的线路为邻线线路。从耦合途径角度解析邻线干扰机理,其原因主要分为空间耦合和传导耦合两类。

1. 空间耦合

考虑线路规划、施工、成本等多方面因素,线路间距受到一定程度的限制,导致交变信号电流在邻线线路传播时,以电磁波的形式通过空间耦合至本线线路并产生电磁干扰。空间耦合的基本原理为电磁感应，其中骚扰源通过电场感应的耦合称为电容耦合；通过磁场感应的耦合称为电感耦合。电容耦合和电感耦合下形成的多导体传输线系统如图 3.1.1 所示。图中，U_{g1} 为邻线线路的电源电压；R_{g1} 和 R_{g2} 分别为邻线和本线线路的钢轨内阻；R_{L1} 和 R_{L2} 分别为邻线和本线线路的负载电阻；C_1 和 C_2 分别为邻线和本线线路的对地面容；U_{L2} 为由电容耦合在本线线路接收端产生的电压；C_{12} 为本线与邻线间的互电容；L_1 和 L_2 分别为邻线和本线线路的电感；M_{12} 为回路间的互感。

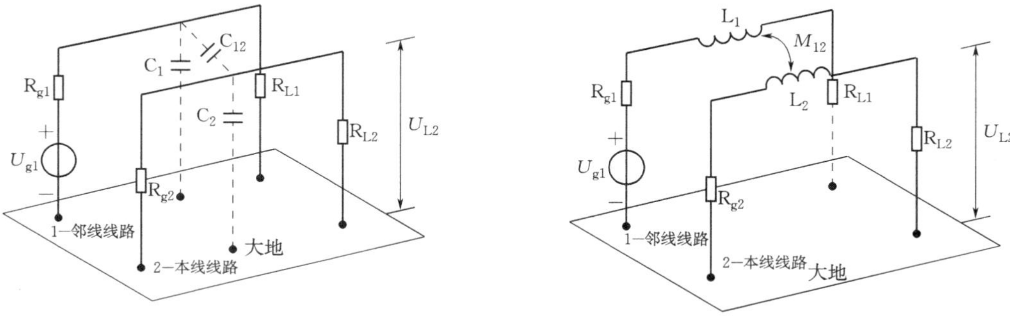

（a） 电容耦合

（b） 电感耦合（仅考虑并行回路磁场耦合）

图 3.1.1　多导体传输线系统示意图

电容和电感耦合可根据电路等效和基尔霍夫电压定律(kirchhoff voltage laws，KVL)求解。

2. 传导耦合

传导耦合形成干扰是指电磁骚扰以电压或电流的形式通过导电通路或其他无源元件(如电容、电感、变压器等)传输到受扰电路，并在电子设备上产生干扰。根据轨道电路工作环境和现场邻线干扰测试分析，线间传导耦合主要包含平衡条件下的道床漏泄传导和轨道间不平衡时的横向连接线传导两种。平衡条件下，由于铁路现场施工、维护、天气等因素，道床等效阻值存在一定范围的波动，两条钢轨间存在电位差，因此一条钢轨中电流在传输时会通过道床漏泄至另一条钢轨，再通过大地进入邻线的道床、钢轨，形成若干个并联的“钢轨—道床—大地—道床—钢轨”干扰传输通道，其等效电路的传输特性可通过 KVL 网孔电流法求解。不平衡横向连接传导耦合原理示意如图 3.1.2 所示。可以看出，复线线路通过设置横向连接线实现邻线线路间的等电位连接，并提供牵引回流通道。横向连接线连接邻线轨道电路，若邻线线路存在牵引电流不平衡时，则会出现邻线的传导干扰；若邻线线路牵引电流平衡时，初级线圈的两个对外连接点等电位，若不平衡则会产生干扰电流；当本线线路

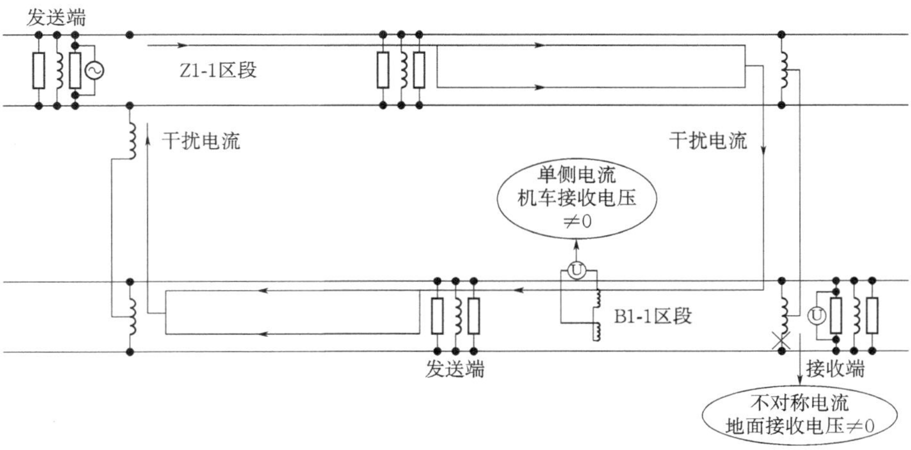

图 3.1.2　不平衡横向连接传导耦合原理示意

平衡时，信号和干扰在钢轨中对称传输，地面和机车接收端均不会形成干扰电压，若出现不平衡则干扰电流会产生干扰电压，影响地面和车载信号设备的正常工作。简言之，只有当邻线、本线线路同时出现不平衡时，才会在邻线线路产生干扰电流，并对本线线路产生干扰效应。

3.1.2 轨道电路邻线干扰建模及计算

轨道电路移频信号沿钢轨从发送端传输至接收端，干扰从邻线线路经道床或横向连接线传导至本线线路，此部分建模基于电路理论，而邻线线路信号通过空间磁场耦合对本线线路造成邻线干扰，这部分的主要依据为电磁场理论。建立完善的适用于高速铁路现场实际配置的轨道电路邻线干扰综合计算模型，需要将“路”与“场”有机结合。

1. 复杂场景下邻线干扰计算模型

(1)线路阻抗平衡条件下计算模型

对于邻线两条轨道电路，可根据其工作状态分为 4 种典型运营场景：①邻线、本线线路均处于调整状态；②邻线线路处于分路状态，而本线线路处于调整状态；③邻线线路处于调整状态，而本线线路处于分路状态；④邻线、本线线路均处于分路状态。计算模型搭建以传输线理论和四端网模型为依据，具体地，轨道电路典型设备的四端网传输矩阵见表 3.1.1，典型形式为 $N=(\boldsymbol{AB};\boldsymbol{CD})$。

表 3.1.1　轨道电路设备的四端网传输矩阵

设备名称	四端网矩阵系数	**A**	**B**	**C**	**D**	备　注
钢轨	$\boldsymbol{N}(x)$	$\cosh(\gamma x)$	$-Z_c\sinh(\gamma x)$	$-\sinh(\gamma x)/Z_c$	$\cosh(\gamma x)$	x 为钢轨长度；γ 为传输常数；Z_c 为特性阻抗；l 为电缆长度
信号电缆	$\boldsymbol{N}_l$	$\cosh(\gamma l)$	$-Z_c\sinh(\gamma l)$	$-\sinh(\gamma l)/Z_c$	$\cosh(\gamma l)$	
发送匹配变压器	$\boldsymbol{N}_{pf}$	n	$2j[\omega L/n-n/(\omega C)]$	0	$1/n$	n 为变压器匝数比；L 为电感；C 为电容；ω 为角频率，$\omega=2\pi f$，f 为信号频率
接收匹配变压器	$\boldsymbol{N}_{pj}$	$1/n$	$2j[\omega L/n-n/(\omega C)]$	0	n	
补偿电容	$\boldsymbol{N}_c$	1	0	$j\omega C_b$	1	C_b 为补偿电容
衰耗器	$\boldsymbol{N}_s$	s	0	0	$1/s$	s 为线圈匝数比
空芯线圈	$\boldsymbol{N}_{sva}$	1	0	$1/Z_{sva}$	1	Z_{sva} 为线圈阻抗
调谐单元	$\boldsymbol{N}_t$（F_1 型及 F_2 型）	1	0	$j\omega_1 C_T$	1	$C_T=C_1/[(1-\omega_1^2)L_1C_1]$，其中 ω_1、ω_2 分别为 F_1 型及 F_2 型对应角频率，L_1 和 C_1、L_3 和 C_3 分别为内部元件的电感和电容
		$1+1/(j\omega_2 L_3)$	0	$j\omega_2 C_3+1/(j\omega_2 L_3)$	1	

任一轨道电路调整状态或分路状态最不利条件时，应满足轨道电路和车载信号设备均能长期稳定工作而不过载，并且邻线干扰量在邻线线路上机车信号接收天线和轨道电路接收端均不超过相应的阈值范围，确保邻线干扰不影响信号系统的正常工作。选取典型双线轨道，结合线间干扰作用范围和限值要求，分别建立 4 种典型场景下的邻线干扰计算模型。以场景③为例，邻线线路发送端产生的移频信号作为干扰源，对本线线路的车载设备和地面轨道电路接收端均造成干扰。此时邻线线路调整状态、本线线路分路状态的四端网模型如图 3.1.3 所示(其他场景模型可同理得到)。

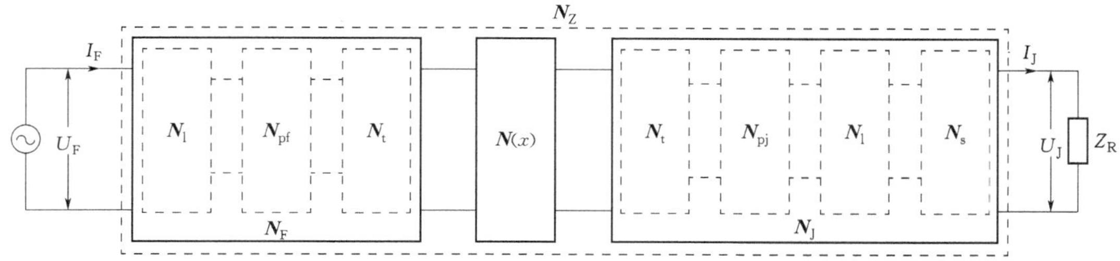

（a） 邻线线路调整状态下

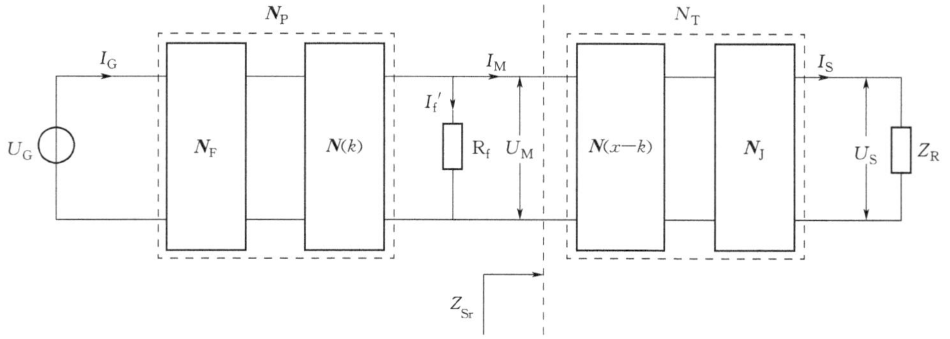

（b） 本线线路分路状态下

图 3.1.3 邻线干扰仿真计算模型

图 3.1.3(a)中：U_F、I_F 和 U_J、I_J 分别为发送端和接收端的电压、电流；Z_R 为接收器阻抗，U_J 为接收器端电压；$\boldsymbol{N}_F$ 为发送端至钢轨的等效四端网矩阵，包含 $\boldsymbol{N}_l$、$\boldsymbol{N}_{pf}$ 和 $\boldsymbol{N}_t$；钢轨等效四端网 $\boldsymbol{N}(x)$包含 n 个轨道电路模块单元四端网 $\boldsymbol{N}_e$(n 为补偿电容的个数)，$\boldsymbol{N}_e$ 由长度为 $\Delta/2$ 的钢轨四端网 $\boldsymbol{N}(\Delta/2)$、$\boldsymbol{N}_c$ 和 $\boldsymbol{N}(\Delta/2)$三者级联构成，其中 Δ 为补偿间距；$\boldsymbol{N}_J$ 为钢轨至接收端的等效四端网，包含 $\boldsymbol{N}_t$，$\boldsymbol{N}_{pj}$，$\boldsymbol{N}_l$ 和 $\boldsymbol{N}_s$；完整传输通道的等效四端网矩阵记为 N_Z，存在的级联关系为

$$\begin{cases} \boldsymbol{N}_F=\boldsymbol{N}_l\boldsymbol{N}_{pf}\boldsymbol{N}_t \\ \boldsymbol{N}(x)=\left[\boldsymbol{N}\left(\dfrac{\Delta}{2}\right)\boldsymbol{N}_c\boldsymbol{N}\left(\dfrac{\Delta}{2}\right)\right]^n \\ \boldsymbol{N}_J=\boldsymbol{N}_t\boldsymbol{N}_{pj}\boldsymbol{N}_l\boldsymbol{N}_s \\ \boldsymbol{N}_Z=\boldsymbol{N}_F\boldsymbol{N}(x)\boldsymbol{N}_J \end{cases} \tag{3.1.1}$$

图 3.1.3(b)中：$\boldsymbol{R}_f$ 为标准分路电阻；I_f'为流经分路电阻的电流；U_R 和 I_R 分别为分路后的轨面电压和钢轨电流。考虑动态变化的分路位置 k(单位为 m)，有轨道电路发送端至分路点前的等效四端网 $\boldsymbol{N}_p=\boldsymbol{N}_F\boldsymbol{N}(k)$，以及分路点后至轨道电路接收端的等效四端网 $\boldsymbol{N}_T=\boldsymbol{N}(x-k)\boldsymbol{N}_J$。$Z_{sr}$ 为从分路点至接收端的等效视入阻抗，为

$$Z_{sr}=\frac{N_{T11}Z_R+N_{T12}}{N_{T21}Z_R+N_{T22}} \tag{3.1.2}$$

推算可得不同位置 p 处的轨面电压 $U_g(p)$和钢轨电流 $I_g(p)$为

$$\begin{cases} U_g(p)=\dfrac{U_F}{\boldsymbol{N}_{P11}+\boldsymbol{N}_{P12}/Z_{Sr}} \\ I_g(p)=\dfrac{U_F}{\boldsymbol{N}_{P11}Z_{Sr}+\boldsymbol{N}_{P12}} \end{cases} \tag{3.1.3}$$

邻线线路的钢轨移频信号 $I_g(p)$产生变化的磁场作用于本线线路，则其等效电压源

$U_G=-j\omega MI_g(p)$，其中 M 为邻线线路与本线线路的互感系数。进而，I_f' 在干扰电压源 U_G 的作用下为

$$I_f'=\frac{U_G}{\boldsymbol{N}_{P11}R_f+\boldsymbol{N}_{P12}\dfrac{R_f+Z_{Sr}}{Z_{Sr}}} \tag{3.1.4}$$

TB/T 3287 中规定了机车信号接收线圈的频率响应，得到不同信号载频下机车信号线圈感应电压 U_f' 与地面干扰电流 I_f' 的关系，有

$$U_f'=\begin{cases}\dfrac{100}{310}\times(I_f'+I_R)F=1\,700(\text{Hz})\\ \dfrac{100}{275}\times(I_f'+I_R)F=2\,000(\text{Hz})\\ \dfrac{100}{255}\times(I_f'+I_R)F=2\,300(\text{Hz})\\ \dfrac{100}{235}\times(I_f'+I_R)F=2\,600(\text{Hz})\end{cases} \tag{3.1.5}$$

式中，F 为信号频率。

干扰电流中被标准分路电阻 R_f 分流后剩余的小部分，作用于地面轨道电路接收端。将机车分路电流 I_f' 等效为电流源，令输出端开路，即 $I_S=0$，则可推算出本线线路分路状态下轨道电路接收端干扰残压 U_{can} 为

$$U_{can}=\frac{I_f'R_f}{\boldsymbol{N}_{T11}+\boldsymbol{N}_{T21}R_f} \tag{3.1.6}$$

(2)线路阻抗不平衡条件下计算模型

当邻线线路间存在阻抗不平衡时，通过横向连接线形成线间传导耦合，成为加大邻线干扰的不利因素。设同一时刻、同一坐标下两条钢轨电流分别为 i_1 和 i_2，则对于某一经过横向连接区段的线路不平衡度，即不平衡系数 K 为

$$K=\frac{i_1-i_2}{i_1+i_2}\times 100\% \tag{3.1.7}$$

K 取值正常不超过 10%。建立不平衡横向连接传导等效计算模型如图 3.1.4 所示。图中：U_1 和 I_1 分别为邻线线路发送端的电压和电流；I_{1a} 和 I_{1b} 分别为不平衡条件下流经两条钢轨的电流；U_{1a} 和 U_{1b} 分别为线圈两个连接点的钢轨电压；I_{2a}、I_{2b} 和 U_{2a}、U_{2b} 分别为邻线线路接收端两条钢轨的电流和电压；I_3 为流经两台扼流变压器初级线圈中点连接线的电流。同理，分别设置区段 2、区段 3、区段 4 入口、出口的电流和电压。若①和②处钢轨或连接线出现不平衡，区段 1 通过横向连接线传导对近端区段 4 造成邻线干扰，K_1、K_2 分别为区段 1、区段 4 的不平衡度。

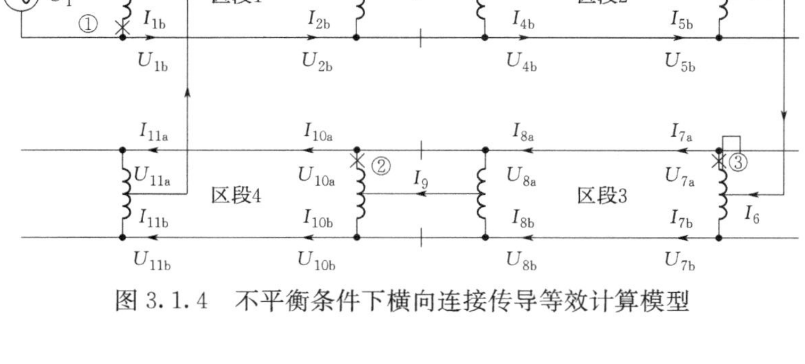

图 3.1.4　不平衡条件下横向连接传导等效计算模型

根据图 3.1.4,每个区段入口、出口的电压和电流关系根据轨道电路传输方程确定,可将区段 2 和区段 3 合并为 1 个区段以简化计算,根据电路理论进行推导和化简,则有

$$\begin{cases} I_{1a}+I_{1b}=I_{11a}+I_{11b}=I_1 \\ \dfrac{I_{1a}-I_{1b}}{I_{1a}+I_{1b}}=K_1 \\ U_{1a}-U_{1b}=U_1 \\ (U_{1\alpha} \quad I_{1\alpha})^{\mathrm{T}}=\mathbf{N}(x_1)(U_{2\alpha} \quad I_{2\alpha})^{\mathrm{T}},\alpha\in[a,b] \\ I_{2a}+I_{2b}=I_3 \\ I_{4a}=I_{4b}=0.5I_3 \\ (U_{4\alpha} \quad I_{4\alpha})^{\mathrm{T}}=\mathbf{N}(x_2+x_3)(U_{8\alpha} \quad I_{8\alpha})^{\mathrm{T}},\alpha\in[a,b] \\ I_{8a}+I_{8b}=I_{10a}+I_{10b}=I_9 \\ \dfrac{I_{10a}-I_{10b}}{I_{10a}+I_{10b}}=K_2 \\ (U_{10\alpha} \quad I_{10\alpha})^{\mathrm{T}}=\mathbf{N}(x_4)(U_{11\alpha} \quad I_{11\alpha})^{\mathrm{T}},\alpha\in[a,b] \end{cases} \tag{3.1.8}$$

求解上述方程组,并根据不平衡横向连接传导干扰机理,可求出本线线路接收端的干扰电流 I_{Tj} 为

$$I_{\mathrm{Tj}}=|I_{10a}-I_{10b}| \tag{3.1.9}$$

同理可推算求解①和③处钢轨或连接线不平衡时,对应电路中干扰电流 I'_{Tj} 为

$$I'_{\mathrm{Tj}}=|I_{7a}-I_{7b}| \tag{3.1.10}$$

2. 计算结果及分析

以 ZPW-2000A 轨道电路为例,参考铁路现场某高速铁路线路轨道电路调整表,给定轨道电路长度为 1 200 m,载频为 2 600 Hz,钢轨电阻和电感分别为 1.556 Ω/km 和 1.291 mH/km,补偿电容取 25 μF,补偿间距为 80 m,信号电缆和电缆模拟网络长度共 10 km,道床电阻为 2 Ω · km,分路电阻为 0.15 Ω,邻线线路发送电平为 3 级(135 V)。

(1)平衡条件下,分别对 4 种典型场景下的邻线干扰量进行计算。结果表明,场景④(即主、本线线路均处于分路状态时)构成了邻线干扰的最不利条件,此时邻线线路机车分路电流对本线线路机车接收端产生的干扰最大,信干比最小。图 3.1.5 给出了场景①和场景④下的计算结果,分别对应邻线干扰的最简单情况和最不利条件,并且场景④的计算考虑了两回路列车分别分路的动态情况。

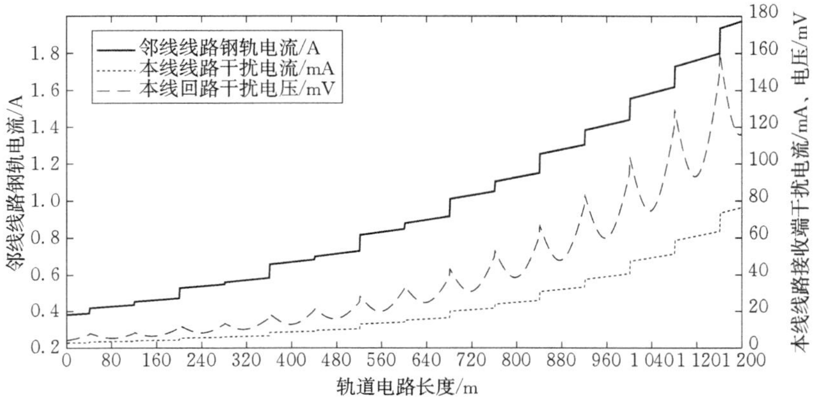

(a) 场景①

图 3.1.5　平衡条件下邻线干扰部分计算结果

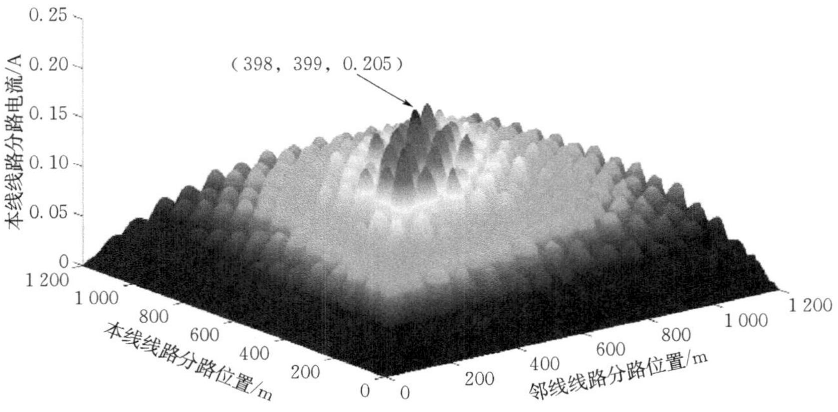

（b） 场景④

图 3.1.5 平衡条件下邻线干扰部分计算结果(续)

从图 3.1.5 可以看出:图 3.1.5(a)中邻线干扰电流随线路并行距离增加而增大,最大为 78.0 mA。图 3.1.5(b)中 X 和 Y 轴分别为邻线与本线线路分路点至发送端距离,Z 轴为本线线路分路处干扰电流,在 X、Y 坐标(398,399)处达到最大值 205 mA,已超过机车信号灵敏度 200 mA。整体来看,干扰量随着分路位置从发送端到接收端先快速增大后缓慢减小,其原因是:当分路位置接近发送端时,邻线线路中电流达最大值,但本线线路面积最小;随后的列车运行动态过程中,邻线线路电流随回路阻抗增加而减小,而发射回路面积增大,本线线路面积和回路阻抗同步增加。对比场景①和④,两条线路列车动态运行条件下,邻线干扰电流有显著增大。

(2)仅考虑线路不平衡条件下的传导干扰,依据站内横向连接线的设置要求,选取轨道区段的长度为 650 m,邻线 2 个横向连接线至少横跨 2 个轨道区段,其间距取 1 300 m;邻线线路发送端的信号配置为:载频 $F=2\,600(\text{Hz})$,根据现场实测数据及邻线干扰故障发生时的典型数据,取电压 $U_1=3(\text{V})$,电流 $I_1=2(\text{A})$;最不利情况下,近端时道床电阻 R_d 取较小值 1 Ω·km,远端时取较大值 10 Ω·km。

计算结果表明,本线区段的不平衡度 K_2 对干扰电流的影响更大,而邻线区段的不平衡度 K_1 对本线区段近端接收器的干扰不明显。当 K_1 和 K_2 取标准规定值 5%时,干扰电流 I_{Tj} 为 1.644 mA。可知,由于干扰电流在线路上的传输衰耗,邻线线路的信号对本线线路的干扰较小。随着主、本线区段不平衡度 K_1 和 K_2 的增大,本线线路远端接收器干扰电流不断增大。当二者取标准值 10%时,干扰电流 I'_{Tj} 为 3.495 mA。可知,不平衡横向连接传导对本线线路的干扰电流受邻线发送端信号的大小和频率、道床电阻及邻线、本线线路不平衡度的影响,与线路平衡条件下空间感应电流叠加时,最不利条件下邻线干扰电流可达 208.5 mA。

3.1.3 邻线干扰防护策略及工程应用

通过机理分析和电路仿真,骚扰源、耦合途径和敏感设备为构成电磁干扰的三要素,要避免或抑制电磁干扰问题,可以考虑从这三个要素切入。

1. 抑制干扰源

本线和邻线互为主、被串回路,本线和邻线的信号和干扰相互制约,本线接收端既接收本线发送端的移频信号,也接收来自邻线的干扰;同理,邻线既收到其发送端的移频信号,也收到本线的干扰。主串移频信号为干扰源,将其完全消除不切实际,可以考虑在保证轨道电路正常工作的条件下降低其发送电平级别,从源头抑制干扰。对于站内电码化轨道电路,发送电平级为 1 级(170 V)不变,通过改变防雷匹配单元 FT_1-U 的Ⅱ次侧电压和调整电阻盒的电阻值实现机车信号入口电流的调整,在最不利条件下，机车信号的入口、出口电流标准见表 3.1.2。

表 3.1.2 站内电码化入口、出口电流的标准

载频/Hz	1 700	2 000	2 300	2 600
入口电流最小值/mA	500	500	500	450
入口电流最大值/mA	1 200	1 200	1 200	1 100
出口电流最大值/A(电气化区段)	6	6	6	6

入口电流调整范围受到电码化区段的长度、补偿电容、道床漏泄和隔离盒等参数的影响，现场通常将入口电流调整至上限值，以防止通道设备不良时机车信号掉码，但同时带来邻线干扰的问题，会造成信号升级的隐患。因此，对于 ZPW-2000 系列电码化轨道电路有效抑制邻线干扰的措施为：降低机车信号入口电流调整值。为了既保证正常分路，又防止邻线干扰问题，基于仿真计算的机车信号入口电流建议指标见表 3.1.3。

表 3.1.3 站内电码化入口电流的建议指标

载频/Hz	1 700	2 000	2 300	2 600
入口电流/mA	500～550	500～550	500～550	450～500

此外，在载频配置时，应避免邻线区段设置相同的载频，在站内电码化股道区段，相邻三股道的载频应交错配置，特殊情况难以实现时，应尽量缩短股道长度，以减小邻线干扰。

2. 切断耦合途径

采取有效措施切断耦合途径，降低耦合水平，从而达到干扰抑制效果，通过对邻线干扰机理的分析，干扰耦合途径分为空间耦合和传导耦合两类，可以从这两方面提出抗干扰措施。

(1)减小空间耦合干扰

空间耦合干扰与轨距、线间距、并行长度等因素有关，为有效降低线间空间耦合干扰，可以采取的措施有：增大线间距、减小并行距离、减小轨道电路有效长度。

站内轨道电路设计初期需保证车站联锁系统可靠工作，并满足邻线干扰防护要求。根据车载设备可靠工作要求，需要提供列控低频信息时，站内轨道电路最小长度 L_{min} 需满足式(3.1.11)和式(3.1.12)，无须提供列控信息时其最小长度 L_{min} 满足式(3.1.12)和式(3.1.13)。其中，v_{max} 为该区段允许的最高运行速度；$T_{设}$ 为车载设备的响应时间总和，取 2.5 s；$L_{常}$ 为长度余量，取 20 m；$L_{自}$ 为轨道电路自身允许的最小长度，取 60m；$T_{落}$ 为轨道电路接收设备最大落下时间；$L_{车}$ 为车长。

$$L_{min}=v_{max}T_{设}+L_{常} \tag{3.1.11}$$

$$L_{min}=L_{自} \tag{3.1.12}$$

$$L_{min}=v_{max}T_{落}-L_{车} \tag{3.1.13}$$

同时结合轨道电路可靠工作需求，给出站内轨道电路区段最大设计长度见表 3.1.4。当线间距小于 5 m 时，需适当缩短轨道电路长度。

表 3.1.4 站内轨道电路最大设计长度

区段类型	线间距/m	道床条件/(Ω·km)	工程设计最大长度/m
股道区段	≥5	1(有砟)	400
		2(有砟)或≥3(无砟)	650
道岔区段	≥5	有砟或无砟	400

另外，敷设在传输通道中的信号电缆相互间易发生耦合串扰，可能造成信号串码或升级。根据铁路数字信号电缆有关规范，有砟和无砟线路电缆的极限长度分别为 10 km 和 7.5 km，并且采用恰当的接地方式能有效减小感应电流。

(2)减小传导耦合干扰

在回路干扰源、钢轨阻抗不变的条件下，增大扼流变压器线圈阻抗可以有效抑制线路不平衡传导耦合的回路电流。在多线并行的区段，可在进站口安装 BE-G 型高阻抗扼流变压器，并将其中心点进行横向连接，以减小邻线干扰。同时，横向连接线禁止设置在相同载频的两段轨道电路上，此措施可有效避免线路不平衡时同频传导邻线干扰。当主、被串均有车占用时，通过横向连接线或吸上线容易构成第三轨迂回电路，造成邻线干扰，因此，规定横向连接线或吸上线的设置距离至少间隔两个轨道区段。

3. 降低设备敏感性

邻线干扰的敏感设备为轨道电路和机车信号(TCR)设备，提高受扰设备的抗扰度，降低其电磁敏感性也是实现干扰防护的手段之一。

4. 工程改造典型方案

结合上述防护策略，工程改造中可实施的防护方案主要有实施股道分割和增加轨道区段双端发码、改变被干扰回路的谐振特性、减小回路面积抵消干扰量值等三种。

(1)股道分割和双端发码

股道单端发码邻线干扰示意和股道分割后双端发码示意如图 3.1.6 所示。

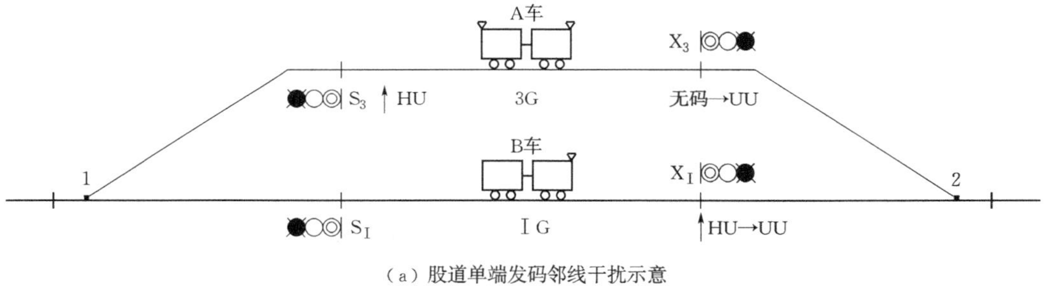

(a) 股道单端发码邻线干扰示意

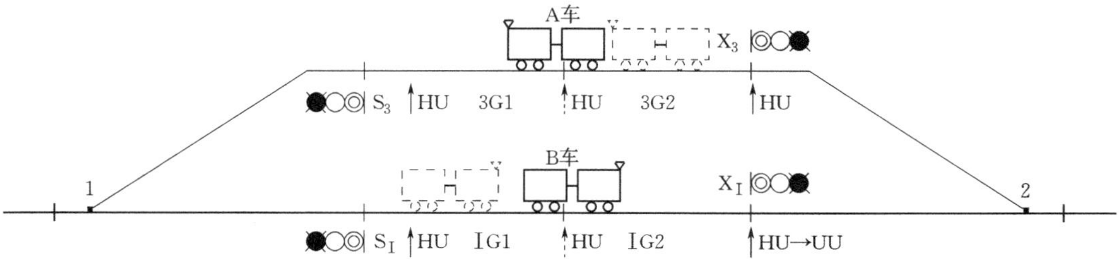

(b) 股道分割后双端发码示意

图 3.1.6 邻线干扰及防护措施的发码示意

在图 3.1.6(a)中，A 车接车进入 3G，S_3 端发送 HU 码，X_3 端发送无码，并且 B 车反方向接车进入 ⅠG，X_I 端发送 HU 码；A 车进行折返作业，但是出站信号机 X_3 信号未开放，发码不变，与此同时，ⅠG 开放正线 X_I 方向信号，X_I 端变为发送 UU 码。根据 TCR 载频锁定要求和轨道电路信息接收规定，X_3 端无码时 A 车车载设备未收到应答器组信息，进入部分监控(PS)模式，在 X_I 信号开放后，X_3

与 X_{I} 同为下行载频，A 车的 TCR 天线可能收到 X_{I} 端的 UU 码，造成信号升级的风险。

图 3.1.6(b)中对股道实行分割方案，当 A 车在 3G2 区段时，3G1 和 3G2 区段同时发 HU 码，当 A 车轮对越过 3G2 进入 3G1 时，根据站内股道发码方向控制的要求，3G2 切换发码方向，改为 X_3 端发 HU 码；同理，当 B 车只占用 ⅠG1 区段时，ⅠG1 和 ⅠG2 区段同时发 HU 码，B 车占用 ⅠG2 区段后，ⅠG2 区段改为 X_{I} 端发 HU 码。接着 A 车准备折返作业，X_3 未开放，X_3 端继续发送 HU 码，B 车出站信号开放，X_{I} 由发送 HU 码变为 UU 码，对于 A 车来讲，本区段信号幅值大于邻线干扰量，TCR 天线不会错误接收信息，可有效抑制邻线干扰问题。

在车站股道单端发码，存在折返作业时易出现邻线干扰问题，主要解决措施为单端发码改为双端发码，在股道两端设备两套发送设备。对于较长股道实施股道分割方案并切换发码方向，可对重联、长编动车组的邻线干扰进行防护。同时，科学合理设置股道切割的具体位置，可优化完善车载 ATP 逻辑，减少进路中的无码盲区，确保车载接收正常的轨道电路信息。

邻线干扰主要影响车载设备和地面设备的正常信息接收，对于地面设备，同载频干扰在室内接收器上造成的感应电压叠加分路残压应不会误动接收设备，保证 GJ 既能可靠落下也不错误吸起，则地面干扰量应小于 30 mV。（170 mV 为 GJ 可靠落下值，分路残压不超过 140 mV；200 mV 为 GJ 最低吸起值，GJ 可靠吸起电压不小于 240 mV）。对于车载设备，同频的干扰量不能超过机车信号灵敏度的 50%，不同频的干扰量不能超过机车动作门限，防止叠加本区段信号后被车载设备识别。对于车载设备干扰量的建议指标见表 3.1.5。

表 3.1.5　机车信号邻线干扰量限值建议指标

载频/Hz	1 700	2 000	2 300	2 600
同频干扰量限值/mA	131.5	117	108.5	100
不同频干扰量限值/mA	263	234	217	200

(2)消除被串回路的容性补偿

采取增大容值、改变电容特性的方式，能够有效改变干扰在被串回路中的容性补偿，从而破坏谐振条件，降低干扰幅值。经计算分析，此方法能够降低 75% 干扰幅度(峰值)。具体有如下几种方案：

①改变补偿电容容值

采用改变干扰在被串回路中容性补偿的办法，以将 1 700 Hz、2 000 Hz 区段补偿电容更换为 80 μF 为例展开分析。根据遍历性仿真计算，更换电容后本区段调整分路性能有所下降，但均满足标准要求，同时邻线干扰抑制效果明显，典型对比效果如图 3.1.7 所示，干扰电流峰值由 205 mA 下降至 49 mA，降低 76%。

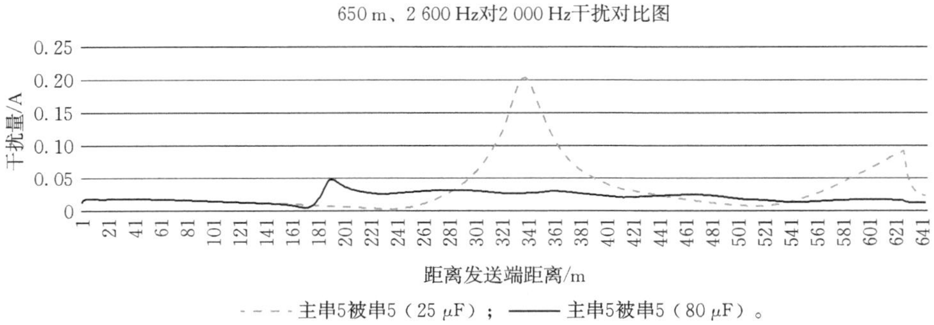

图 3.1.7　更换补偿电容前后数据对比

②拆除短区段补偿电容

在干扰量超标的短区段,可以通过拆除电容改变回路的容性补偿特性,可大大降低干扰量,仿真遍历 400 m 区段有无电容时干扰量情况如图 3.1.8 所示,干扰量可下降 90%以上。

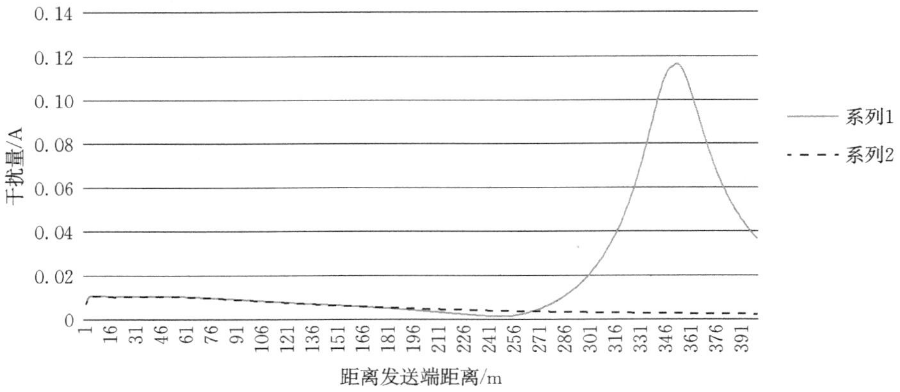

图 3.1.8 有无电容数据对比

除以上方案外,对于电码化轨道电路,可配置自适应道床状态监测系统,根据道床电阻测量值计算调整轨道电路参数(长度、补偿电容等),使邻线干扰量不超过信号动作阈值,提高电码化对道床漏泄的适应性。此外,在易出现邻线干扰的区段可设置阻隔墙,切断空间电磁耦合途径,降低干扰强度,抑制邻线干扰。

5. 工程设计相关要求

针对 ZPW-2000A 区间轨道电路设备邻线干扰防护,多线并行条件下可依据以下工程设计要求:

(1)同方向载频区段载频设置要求

相同载频区段不能并行。例如:1700-1 与 1700-1 为相同载频;1700-1 与 1700-2 属相同基准载频,为不同载频。

(2)同方向载频区段并行长度要求

同方向载频区段并行长度要求见表 3.1.6,线路并行长度如图 3.1.9 所示。

表 3.1.6 同方向载频区段并行长度要求

同方向载频区段线间距/m	并行长度/m
$5 \leqslant L \leqslant 7.7$	1700、2300 载频区段并行长度不超过 560
	2000、2600 载频区段并行长度不超过 400
	1700-1 与 1700-2 载频区段并行长度不超过 700
	2000-1 与 2000-2 载频区段并行长度不超过 640
	2300-1 与 2300-2 载频区段并行长度不超过 560
	2600-1 与 2600-2 载频区段并行长度不超过 400
$7.7 < L \leqslant 10$	<750
$10 < L \leqslant 20$	无特殊要求

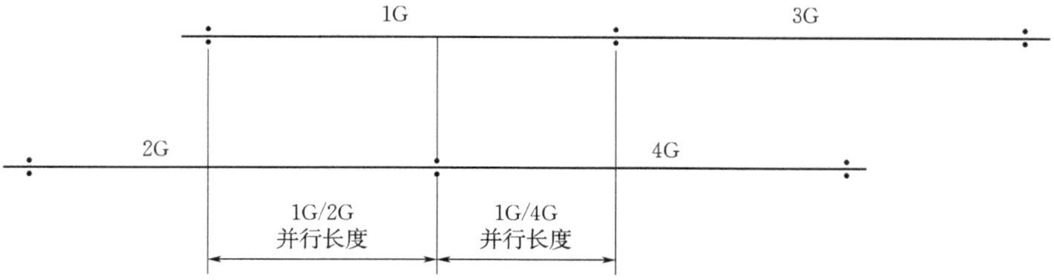

图 3.1.9 线路并行长度示意

(3)调谐区位置设置要求

同方向载频线路的调谐区应错位设置，不应有重叠区域。

(4)横向连接设置要求

吸上线应设置在完全横向连接处。

同一处横向连接设备应设置在 100 m 范围内，宜设置在同一坐标处，每条连接电缆长度应小于 100 m。

完全横向连接必须连接并行的各条线路，间距设置与复线设置间距要求相同；完全横向连接所连接的区段不能有相同载频；完全横向连接应使用高阻抗扼流变压器。

完全横向连接示示意如图 3.1.10 所示。

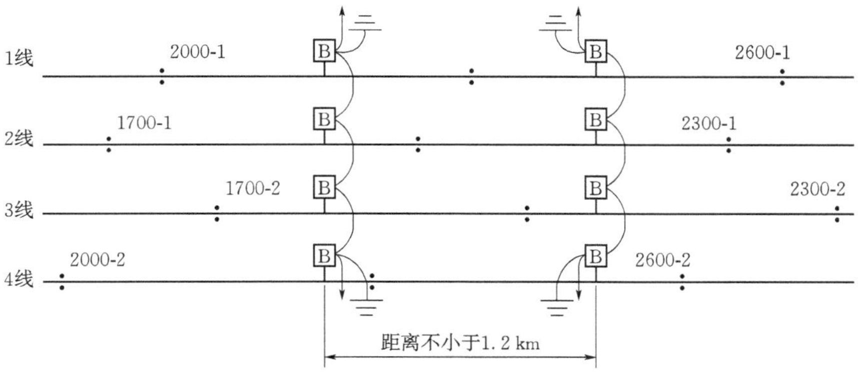

注：B表示高阻抗扼流变压器。

图 3.1.10 完全横向连接示意

完全横向连接设置相关说明：不同桥梁间桥梁边沿大于 2.5 m 时，桥梁间的横向连接可不装设；不同隧道间的横向连接线可不装设。

对于简单横向连接，可设置在相邻的不同方向载频线路间，与相邻完全横向连接间的距离不小于 1 km。连接示意如图 3.1.11 所示。

用于横向连接的高阻抗扼流变压器距调谐区范围不小于 10 m；高阻抗扼流变压器引接线的钢轨连接点与轨道电路补偿电容器引接线的钢轨连接点间的距离应大于 1 m。

(5)四条线路分线情况处理要求

①分为两条复线：在分线后两内侧邻近线路中心距离大于 20 m 时，按照两复线分别进行设置，示意如图 3.1.12 所示。

②分为一条单线和三线并行：建议分线后两内侧邻近线路中心距离大于 20 m 时，单线按照既有标准设置，三线并行线路可参照四线要求进行设置，示意如图 3.1.13 所示。

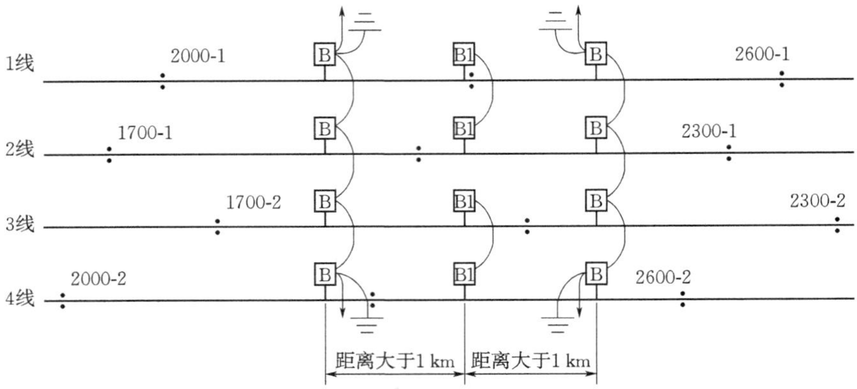

注：B表示高阻抗扼流变压器；B1表示空扼流变压器或空芯线圈。

图 3.1.11　简单横向连接示意

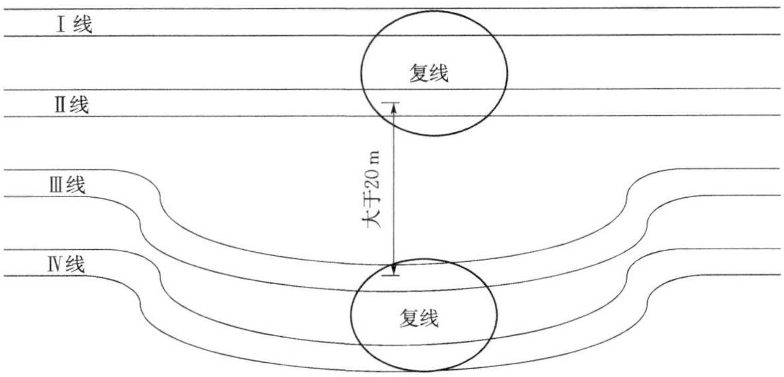

图 3.1.12　分为两条复线处理示意

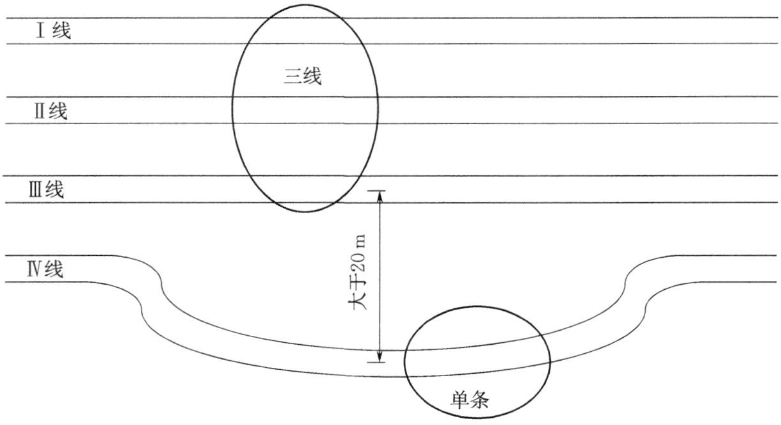

图 3.1.13　分为一条单线和三线并行示意

3.2　道岔区段不平衡因素仿真计算

钢轨和大地是电气化铁道牵引电流的回流通道，在不同的供电方式下，各部分的分配比例不同。对信号系统形成传导性干扰的表现形式是钢轨中的不平衡牵引电流和大地中的杂散电流，前者是影响轨道电路设备的主要干扰源。钢轨中牵引电流的分配比例主要与供电方式、道床电阻、大地电导有关。因此，在车站道岔区段，由于跳线、翼轨及岔内绝缘的设置，不平衡牵引电流干扰情况更为复杂。

3.2.1　道岔区段轨道电路不平衡牵引电流干扰机理

道岔是铁路线路中重要的转辙设备，其机械结构如图 3.2.1 所示。图中，基本轨起固定作用，可移动的尖轨起转辙作用。辙叉由翼轨、岔心、护轮轨组成，形成列车经过道岔心轨时的"有害空间"S。

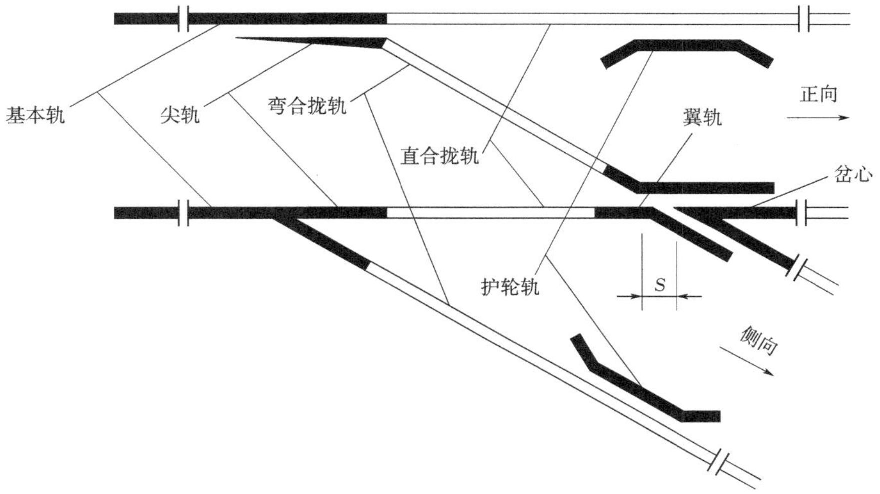

图 3.2.1　道岔机械结构示意

道岔区段轨道电路利用跳线和绝缘节段形成串联电路，实现检查钢轨完整性检查，但同时存在结构复杂、钢轨绝缘和跳线多的缺点，又形成了明显不平衡因素。

1. 牵引电流干扰地面轨道电路设备

铁路站内道岔结构特殊，尤其体现在岔心区域，为钢轨回流提供复杂通路，同时，道岔结构导致左右钢轨回流阻抗不同。如图 3.2.2 所示，侧线进站时，机车运行前方左侧钢轨串联，线路阻抗为该侧钢轨及钢轨引接线的等效阻抗，而右侧钢轨长度并联，由多段钢轨及跳线组成，可见左右侧钢轨阻抗差异较大，机车轮对泄放的高频牵引谐波也会在左右钢轨上产生不同的电流信号，造成明显不平衡。

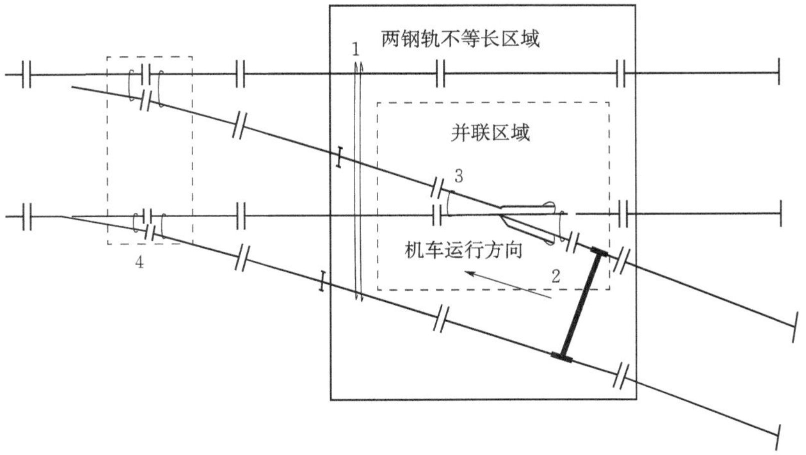

图 3.2.2　道岔区段不平衡牵引电流的形成

2. 牵引电流干扰车载设备

在道岔区段岔心处，部分机车感应信号存在被旁路的情形，如图 3.2.3 所示。机车经过道岔心轨时，由于道岔翼轨的设置，单轨条的牵引回流会出现旁路通道，而机车信号感应线圈仅能够接收其中一个回流通道的钢轨内的感应信号，造成对机车信号接收设备的谐波干扰问题。

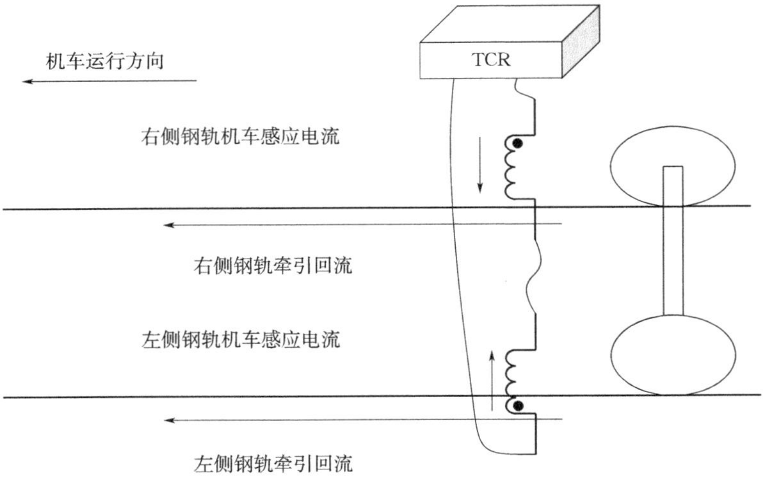

图 3.2.3　道岔区段机车信号感应过程

此时，左右轨牵引回流中的带内高频信号量差异会体现在 TCR 天线的感应电压值中。实际站场中，列车经过道岔无码区段时，谐波干扰造成车载 ATP 收到 1 700 Hz、2 000 Hz 等高频载频，而无低频信息，即车载设备在无码区段受到了牵引谐波干扰，将会导致 ATP 输出制动。

3.2.2　道岔区段轨道电路建模仿真及分析

本节选取典型站内道岔区段一送两受型 25 Hz 相敏轨道电路作为仿真对象。基于道岔结构中不同位置跳线的作用，对各跳线分组编号如图 3.2.4 所示，其中跳线 1 采用双跳线设置，跳线 4 由四根跳线组成。

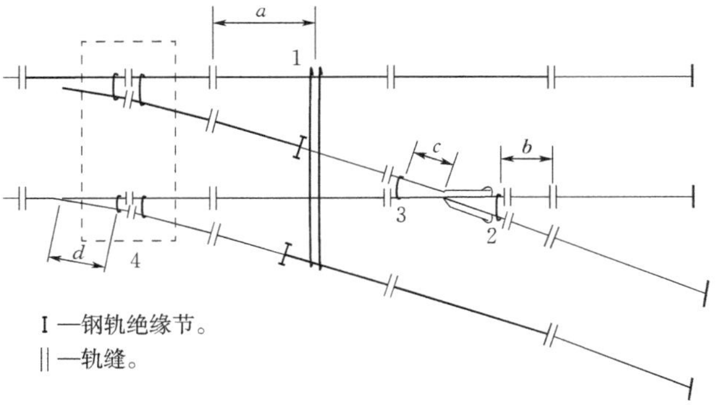

*a*的取值区间（25，49）m；*b*的取值区间（1，30）m；*c*的取值区间（1，41）m；*d*的取值区间（2，58）m。

图 3.2.4　各跳线编号划分

1. 综合仿真模型

设定机车在正线分路，变电所位于该区段右侧（接收端侧），以跳线 1 位置变化为例，采用集中参数等效的方法，建立包括牵引网—机车—钢轨回流完整的综合仿真模型，如图 3.2.5 所示，用以动态仿真钢轨中牵引电流叠加信号电流分布情况。其中，牵引电流会经电力机车轮对泄放至轨道中，进而回流至变电所，模型将该过程简化为干扰电流由机车轮对从牵引接触网向轨道两侧进行传输。

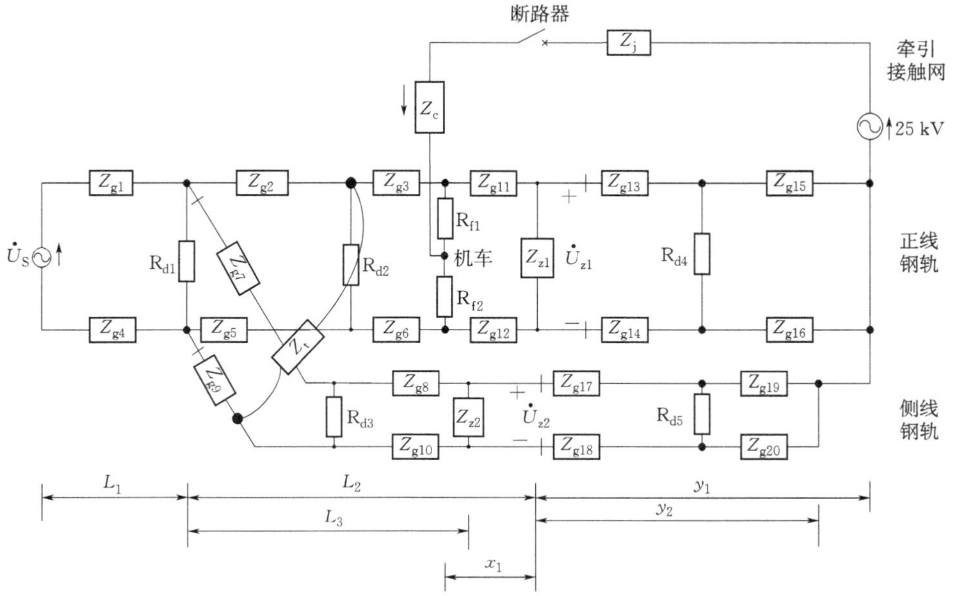

图 3.2.5 站内道岔区段轨道电路综合仿真模型

图 3.2.5 中，25 kV 交流电压源为接触网额定电压；Z_j 为接触网阻抗；Z_c 为机车阻抗；Z_{z1} 为列车分路点后正线接收端等效阻抗；Z_{z2} 为侧线钢轨末端到接收设备等效阻抗；$\dot{U}_S$ 为送电端扼流变压器输出电压；$\dot{U}_{z1}$、$\dot{U}_{z2}$ 分别为两个受电端扼流变压器输入电压；Z_{gn} 为不同钢轨线路长度所对应的钢轨阻抗，其中 $n=1,2,\cdots,20$；R_{dn} 为道床电阻，$n=1,2,\cdots,5$；Z_t 为跳线阻抗；R_{f1} 和 R_{f2} 组成机车分路电阻；L_1、L_2、L_3 依次表示始端至道岔分支处，以及道岔分支处至正线、侧线接收端的钢轨长度；x_1、y_1、y_2 依次为机车分路点至正线接收端，以及变电所位置至正线、侧线终端间钢轨长度；断路器通断交流 50 Hz 激励源用于模拟机车受电弓的升降情况。

2. 仿真结果及分析

仿真平台选取 Multisim，道岔型号选取 42 号道岔，考虑跳线 1 位置在距其前方轨缝 25 m、35 m、45 m 处三种情况，结果汇总见表 3.2.1。

表 3.2.1 站内道岔区段轨道电路不平衡牵引电流及干信比仿真结果

分路位置	变电所位置	跳线 1 距前方轨缝 a/m	k_1/%	k_2/%	k_3/%	频谱分析后 i_1/A		频谱分析后 i_2/A		干信比 N/S
						25 Hz 分量	50 Hz 分量	25 Hz 分量	50 Hz 分量	
正线	接收侧	25	0.9	13.5	8.4	0.3	124.7	0.3	122.5	7.3
正线	接收侧	35	0.7	11.4	7.0	0.3	124.4	0.3	122.6	6.0
正线	接收侧	45	0.5	8.9	5.5	0.3	124.2	0.3	122.8	4.7
正线	发送侧	25	/	4.5	/	3.0	227.4	3.0	248.5	7.2
正线	发送侧	35	/	3.9	/	3.0	229.3	3.0	246.6	5.9
正线	发送侧	45	/	3.0	/	3.0	231.0	3.0	244.9	4.7
侧线	接收侧	25	0.8	13.9	8.3	0.3	122.6	0.3	124.6	7.1

续上表

分路位置	变电所位置	跳线1距前方轨缝 a/m	k_1/%	k_2/%	k_3/%	频谱分析后 i_1/A		频谱分析后 i_2/A		干信比 N/S
						25 Hz分量	50 Hz分量	25 Hz分量	50 Hz分量	
侧线	接收侧	35	0.7	11.6	7.0	0.3	122.7	0.3	124.4	5.9
侧线	接收侧	45	0.5	7.5	4.9	0.3	122.8	0.3	124.1	4.5
侧线	发送侧	25	/	5.4	/	2.9	250.2	2.9	225.5	8.6
侧线	发送侧	35	/	4.8	/	2.9	248.7	2.9	227.0	7.6
侧线	发送侧	45	/	3.9	/	2.9	247.1	2.9	228.6	6.4

注：/表示本例中该位置无不平衡情况。

表3.2.1中，k_1、k_2、k_3 分别为轨道电路接收端、列车分路点前方、轨道电路发送端钢轨的电流不平衡系数。不平衡系数 k 可由式(3.1.1)计算，其中 I_1、I_2 为两侧钢轨中牵引电流大小。

$$k=[(I_1-I_2)/(I_1+I_2)]=\Delta I/(I_1+I_2) \quad (3.2.1)$$

将三个位置中干扰最明显处两钢轨电流 i_1、i_2 进行FFT傅里叶分析，可求得钢轨中25 Hz信号分量与50 Hz牵引分量的比值，即信号干扰比。观察结果可得，在本例的道岔区段轨道电路中，不平衡系数与干信比变化趋势均与跳线1位置 a 呈负相关。

3.2.3 道岔跳线位置设置优化策略

仿真结果表明，跳线位置对道岔区段钢轨牵引电流不平衡度具有显著影响。下面讨论通过优化跳线位置改善岔区不平衡问题的方法。仿真及计算平台选取MATLAB/Simulink，同时，仿真过程需考虑列车分路动态因素。重点关注三个钢轨电流观测点的不平衡系数(均为列车不同分路位置下不平衡系数的加权平均值)，即列车分路所在的轨道电路接收端、列车分路点前方钢轨、另一接收端：k_1、k_2、k_3，作为降低传导性干扰的定量判据。

以跳线1位置优化为例，钢轨电流不平衡系数函数与两个自变量有关：跳线1的位置与列车分路位置。以变电所在该道岔区段右侧，且机车在正线运行为例，结果如图3.2.6所示。

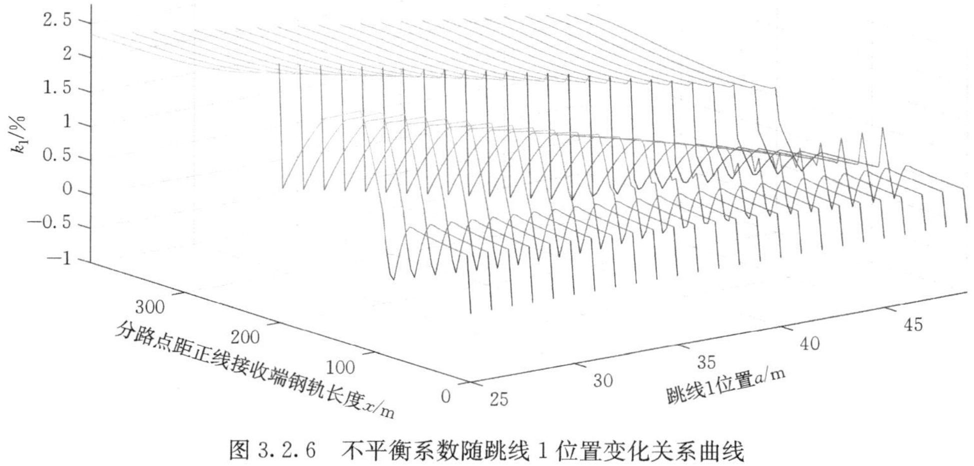

图3.2.6　不平衡系数随跳线1位置变化关系曲线

由图3.2.6可知，针对不同的钢轨电流观测点，不平衡系数的变化趋势不尽相同。变量间关系相对复杂，采用加权方式有利于整体分析与优化。令综合不平衡系数 K 为

$$K = w_1 k_1 + w_2 k_2 + w_3 k_3 \tag{3.2.2}$$

其中，w_1、w_2、w_3 分别为各钢轨电流观测点的不平衡系数权值，可根据经验分配权重，或通过层次分析法等决策算法评估不同变量的影响因素。记各组跳线位置变量统称为 x，仿真得到钢轨综合不平衡系数随各组跳线位置参数变化关系曲线如图 3.2.7 所示，其中，各跳线位置变量取值范围分别为：(1,25)m，(1,30)m，(1,41)m，(1,57)m。

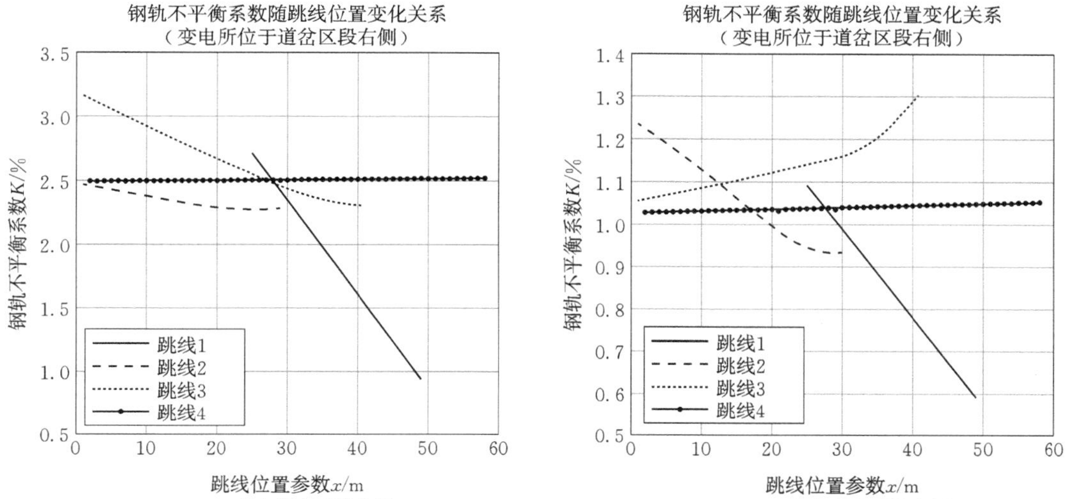

（a）变电所在区段右侧　（b）变电所在区段左侧

图 3.2.7　综合不平衡系数随各组跳线位置参数变化关系曲线

分析可得，在确保轨道电路正常工作的前提下：对跳线 1，其位置越接近于其前方轨缝，钢轨电流不平衡程度越小；对跳线 2，其位置应尽可能远离道岔终端；对跳线 3，其位置设置时应考虑变电所位置，变电所位于区段右侧时，跳线 3 应尽可能远离岔心始端，变电所位于区段左侧时则相反；对跳线 4，其位置与电流不平衡关系并不明显。进一步考虑四组跳线设置在最不利情况下叠加，此时不平衡系数接近 11%；若对各跳线按本节优化策略处理，可使得不平衡系数最低降至 4%以下，有效降低钢轨电流的不平衡度。

3.3　站内迂回电路建模分析

为降低钢轨电位并减小牵引电流对轨道电路的干扰，横向连接线在区间和站内得到了广泛使用。然而，横向连接线的使用可能形成“第三轨”迂回电路，对轨道电路构成潜在威胁。本节通过建模计算对迂回电路展开分析。

3.3.1　迂回电路干扰类型

目前，几种迂回电路的存在形式可总结如下：

(1)站内或区间由扼流变压器中心连接板或空芯线圈中点、吸上线、牵引回流线构成的迂回电路，如图 3.3.1 和图 3.3.2 所示。

(2)站内通过相邻区段扼流变压器中心连接板和两端咽喉上、下行正线等电位线构成的迂回电路，借助相邻区段扼流变压器中心连接板和上、下行正线一处等电位线，另一咽喉区间的横向连接线或上、下行区间空芯线圈连接贯通地线构成的迂回电路，如图 3.3.3 所示。

(3)站内或区间借助横向连接线、贯通地线构成多个迂回电路，如图 3.3.4 所示。

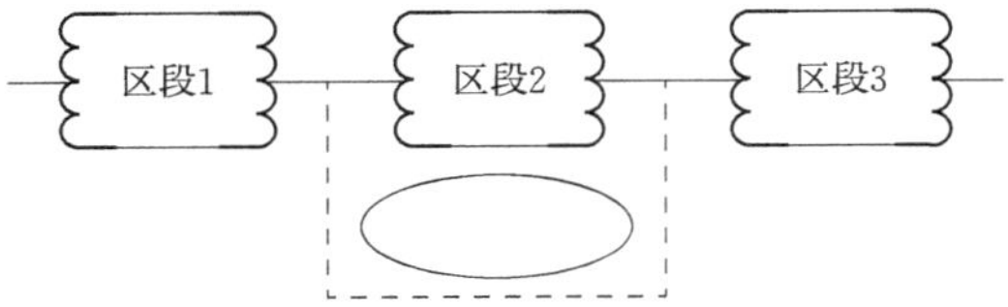

图 3.3.1　回流线与扼流变压器中点构成的迂回电路

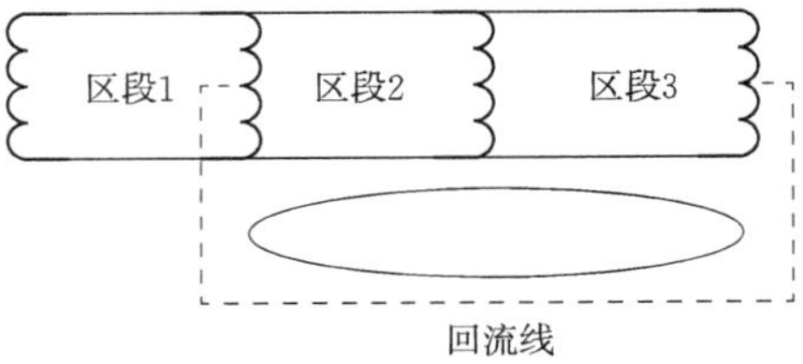

图 3.3.2　回流线与空芯线圈中点构成的迂回电路

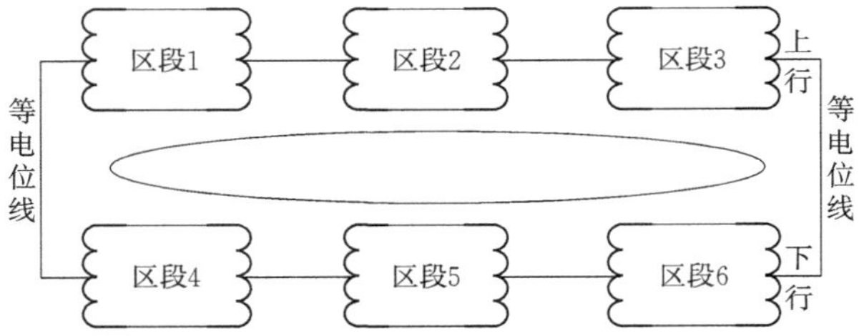

图 3.3.3　上下行等电位线构成的迂回电路

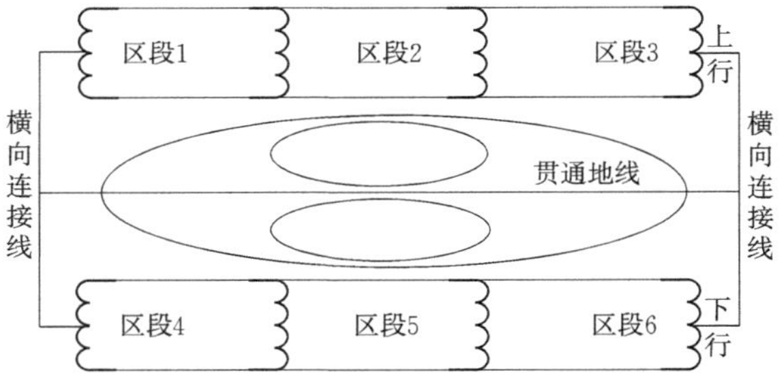

图 3.3.4　横向连接线和贯通地线构成的多个迂回电路

各种横向连接的使用平衡了牵引电流，有效降低了钢轨电位，但是带来的问题也不容忽视。尤其是影响列车安全可靠运行的信号系统存在安全隐患。因此，有必要将铁路系统作为整体来考虑，对迂回电路形成的因素进行分析计算，在此基础上，对牵引供电系统和信号系统设计进行统筹规划，建立更加完善的标准体系。

3.3.2　迂回电路等效电路和模型

不失一般性，选取一种基本的迂回电路模型进行研究，其简化电路结构如图 3.3.5 所示。当轨道电路区段 1 发生断轨时，信号会通过横向连接线与邻线钢轨形成迂回电路形成“第三轨效应”，对区段 1 接收端的接收电压产生影响，有可能使轨道电路失去断轨检查功能。

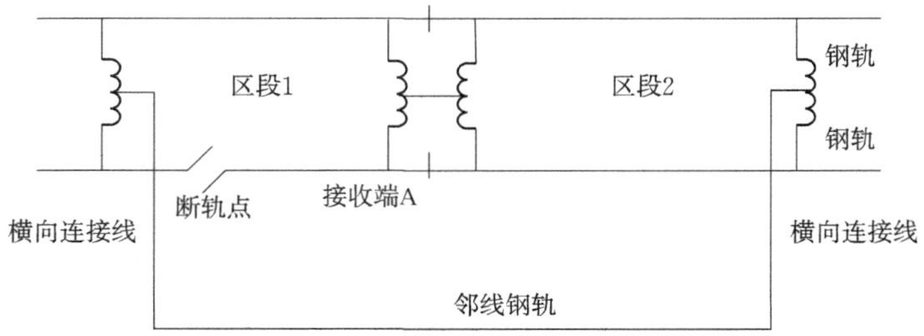

图 3.3.5　迂回电路简化电路结构

1. 模型建立

建立等效电路如图 3.3.6 所示。其中，Z_{11} 和 Z_{22} 分别表示本区段和相邻区段完全横向连接中扼流变压器中点和大地的输入阻抗；U_1、I_1 分别为此轨道电路区段的输入电压电流；U_2、I_2 分别为此轨道电路区段的输出电压电流；I_4 为“第三轨”中的等效电流。区段 1 轨道电路的长度用 L 表示，迂回电路的等效长度用 $L+2L_3$ 表示。其中 U_{1a}、U_{2a}、U_{1b}、U_{2b}、U_{3a}、U_{3b}、U_{4a}、U_{4b} 分别为迂回电路等效导线的对地电压。根据模型电气关系用微分方程描述等效电路，经过计算得出此轨道电路的四端网络。

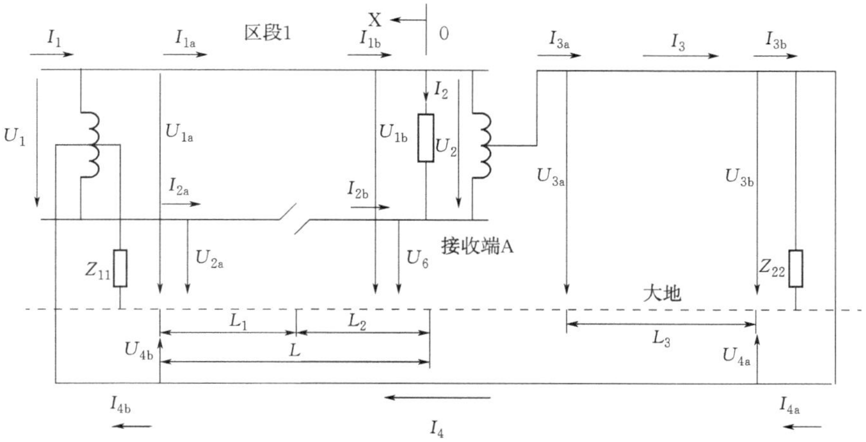

图 3.3.6 迂回电路等效电路

在区段 1 轨道电路中，信号沿钢轨的变化规律可根据四端网原理推算。轨道电路可等效为具有均匀分布参数的四端网络电路，对于长度为 L 的均匀传输线，其一次参数和二次参数是固定的，可推知其四端网络参数与传输线长度 L 有关。四端网络 $\mathbf{A}$ 为

$$\mathbf{A}=\mathbf{A}(L)=\begin{bmatrix}\operatorname{ch}(\gamma L) & Z_c\operatorname{sh}(\gamma L)\\ \operatorname{sh}(\gamma L)/Z_c & \operatorname{ch}(\gamma L)\end{bmatrix} \tag{3.3.1}$$

根据四端口网络理论，如果已知输入端电压，输出端接负载 Z_z，则可以求出四端网络的输出电流 I_Z、输入阻抗 Z_S 及输入电流 I_S。

断轨时，轨道电路等效四端口网络如图 3.3.7 所示，钢轨折断相当于在断轨点介入了一个等效阻抗 Z_e。

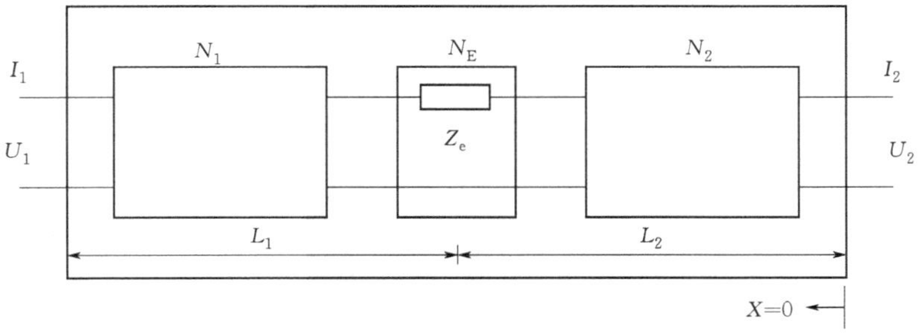

图 3.3.7 断轨时轨道电路等效四端网络

等效阻抗 Z_e 取值可参考如下：

$$Z_e=\begin{cases}2EZ_B\sqrt{1+2p} & \text{(有轨道扼流变压器时)}\\ 2EZ_B\sqrt{1+2p}\,[\operatorname{cth}(\gamma_1 L_1)+\operatorname{cth}(\gamma_1 L_2)] & \text{(无轨道扼流变压器时)}\end{cases} \tag{3.3.2}$$

其中，E 为大地常数；p 为表面导电系数。四端网 N_1 和 N_2 分别代表断轨点左端和右端的钢轨线路区段 L_1 和 L_2。N_1、N_2、N_E 系数矩阵连乘可得到整个钢轨线路在断轨时的四端网系数；Z_B 为钢轨的特性阻抗。

2. 模型求解

在迂回电路中，电压电流变化为

$$\begin{cases} U_X = B_1 \cdot \mathrm{ch}(\gamma_1 x) + B_2 \cdot \mathrm{sh}(\gamma_1 x) \\ I_X = \dfrac{2}{Z_b}[B_1 \cdot \mathrm{sh}(\gamma_1 x) + B_2 \cdot \mathrm{ch}(\gamma_1 x)] \end{cases} \tag{3.3.3}$$

其中，B_1、B_2 为积分常数，根据轨道电路的边界条件求得。依照图 3.3.6，可得其边界条件式(3.3.4)～式(3.3.7)。

(1)$X=0$ 时：

$$\begin{cases} U_{1b} - U_{2b} = U_2 \\ I_{1b} - I_{2b} = 2I_2 \\ I_{1b} + I_{2b} - I_{3a} = 0 \\ U_{1b} + U_{2b} - 2U_{3a} = 0 \end{cases} \tag{3.3.4}$$

(2)$X=L_2$ 时：

$$\begin{cases} I_{1a} - I_{2b} = 0 \\ I_{2b} = 0 \\ I_{2a} = 0 \\ U_{1b} - U_{1a} = 0 \end{cases} \tag{3.3.5}$$

(3)$X=-L_3$ 时：

$$\begin{cases} I_{3b} - I_{4a} - \dfrac{U_{4a}}{Z_2} = 0 \\ U_{3b} - U_{4a} = 0 \end{cases} \tag{3.3.6}$$

(4)$X=-(L+2L_3)$时：

$$\begin{cases} U_{1a} + U_{2a} - 2U_{4b} = 0 \\ (I_{1a} + I_{2a}) \cdot Z_1 - I_{4b} \cdot Z_1 + U_{4b} = 0 \end{cases} \tag{3.3.7}$$

在轨道电路区段 1 中，虽然有一条钢轨发生断路，但由于对地漏泄电流的存在，每一微分段中的两条钢轨中的电流仍然是大小相等方向相反的，因此轨道电路区段 1 中的钢轨阻抗 Z 与单轨条钢轨阻抗 Z_1 和互感阻抗 Z_M 关系为：$Z=2\times(Z_1-Z_m)$。

在断轨条件下，邻线钢轨构成了轨道区段 1 的信号迂回电路。其中每一微分段的两条钢轨的电流大小和方向都是相同的，因此这三个区段中的钢轨并联阻抗为：$0.5\times(Z_1+Z_m)$。

根据轨道电路断轨条件下通过邻线钢轨形成迂回电路的边界条件求得四端网系数表达式为

$$\begin{cases} A = N_1 \cdot \mathrm{sh}(\gamma L_2) \cdot \mathrm{ch}(\gamma L_1) + \mathrm{ch}(\gamma L) \\ B = Z_b \cdot [N_1 \cdot \mathrm{ch}(\gamma L_2) \cdot \mathrm{ch}(\gamma L_1) + \mathrm{sh}(\gamma L)] \\ C = \dfrac{1}{Z_b} \cdot [N_1 \cdot \mathrm{sh}(\gamma L_2) \cdot \mathrm{sh}(\gamma L_1) + \mathrm{sh}(\gamma L)] \\ D = N_1 \cdot \mathrm{ch}(\gamma L_2) \cdot \mathrm{sh}(\gamma L_1) + \mathrm{ch}(\gamma L) \end{cases} \tag{3.3.8}$$

式中，Z_b 为钢轨线路的特性阻抗。

$$N_1 = \frac{E\sqrt{1+2p} \cdot [k_4 \cdot \mathrm{ch}(\gamma_1 L) + k_1 \cdot \mathrm{ch}(\gamma_1 L) + 2\mathrm{sh}(\gamma_1 L) + k_3 \cdot \mathrm{sh}(\gamma_1 L)]}{k_5 \cdot k_6 \cdot k_7 \cdot \mathrm{ch}(\gamma_1 L)} +$$

$$\frac{E\sqrt{1+2p}\cdot k_2\cdot[\mathrm{sh}(\gamma_1 L)+2\mathrm{ch}(\gamma_1 L)]-2}{k_5\cdot k_6\cdot k_7\cdot \mathrm{ch}(\gamma_1 L)}$$

$$k_1=\mathrm{ch}[\gamma_1(L+2L_3)]+2\mathrm{ch}[(\gamma_1 L_3)\cdot\mathrm{sh}[\gamma_1(L+L_3)]$$

$$k_2=\mathrm{sh}[\gamma_1(L+2L_3)]+2\mathrm{sh}[(\gamma_1 L_3)\cdot\mathrm{sh}[\gamma_1(L+L_3)]$$

$$k_3=\mathrm{sh}[\gamma_1(L+2L_3)]+2\mathrm{ch}[(\gamma_1 L_3)\cdot\mathrm{ch}[\gamma_1(L+L_3)]$$

$$k_4=\mathrm{ch}[\gamma_1(L+2L_3)]+2\mathrm{sh}[(\gamma_1 L_3)\cdot\mathrm{ch}[\gamma_1(L+L_3)]$$

$$k_5=\mathrm{sh}(\gamma_1 L_1)+2\mathrm{ch}(\gamma_1 L_1)$$

$$k_6=k_1\mathrm{ch}(\gamma_1 L_2)+k_2\mathrm{sh}(\gamma_1 L_2)$$

$$k_7=k_3\mathrm{ch}(\gamma_1 L_2)+k_4\mathrm{sh}(\gamma_1 L_2)$$

$$E=\sqrt{1+\frac{4Z_{\mathrm{m}}}{Z}}$$

$$L=L_1+L_2$$

其中，γ_1 为接地系统的传播常数；γ 为钢轨线路中的传播常数；Z_{m} 为钢轨线路互感引起的阻抗。

根据式(3.3.8)可以得到通过迂回电路的接收端电压和电流，即

$$\begin{cases}V_1=A\cdot V_2+B\cdot I_2\\ I_1=C\cdot V_2+D\cdot I_2\end{cases}\tag{3.3.9}$$

3.3.3 迂回电路仿真分析

在断轨或器材断线条件下，主要考虑电气特性变化。完全断离时，发送端信号仅通过迂回电路传输到轨道接收端形成干扰，而电气断离时一部分信号仍会通过断离点传输到接收端扼流变压器与迂回电路信号叠加对接收端造成干扰。根据结构模型，轨道电路长度 L 和迂回电路长度 L_{yh} 及横向连接线间距 L_{h} 关系为 $L+L_{\mathrm{yh}}=2L_{\mathrm{h}}$。

1. 完全断离条件下迂回电路干扰分析

站内 ZPW-2000 轨道电路一般不超过 650 m，完全横向连接间距大于 1 200 m，特殊情况不小于 1 000 m。取一段长 400 m 的 ZPW-2000A 型轨道电路为例，设断轨位置为轨道区段的中点，模拟电缆 10 km。参照相关规则，考虑最不利条件下，即发送电源最大、道床电阻分别取最小 0.6 Ω·km，最大无穷大情况下，接收端轨出电压应不大于轨道电路可靠分路电压 140 mV。利用 MATLAB 平台，仿真计算完全断轨条件下，不同载频、道床电阻、迂回长度及断轨阻抗等因素与接收端电压的关系，得到不同载频时迂回电路长度与接收端残压的关系如图 3.3.8 所示。

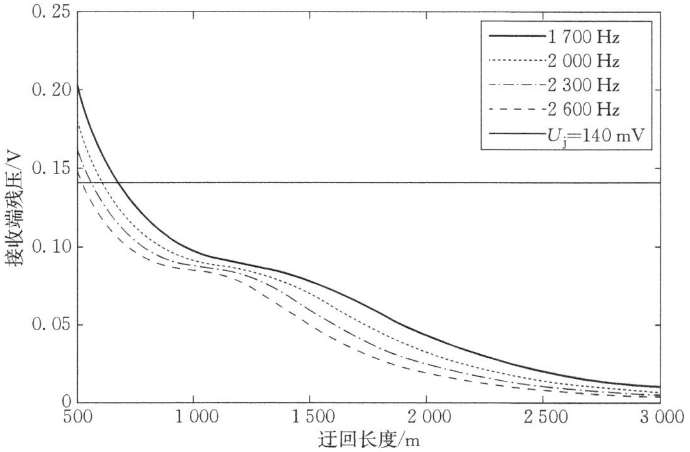

图 3.3.8 迂回电路与接收端残压关系(道床电阻 0.6 Ω·km)

由图 3.3.8 可知，迂回电路越短，轨道接收端干扰越大；高频信号随迂回电路的长度增加衰减较大，而信号频率越低，迂回电路对轨道接收端干扰越大。

由图 3.3.9 可知，道床电阻值较低时，其微弱变化都会对轨道电路接收端干扰产生较大变化，而其较高且趋向于无穷大时，迂回电路干扰曲线变化较小。

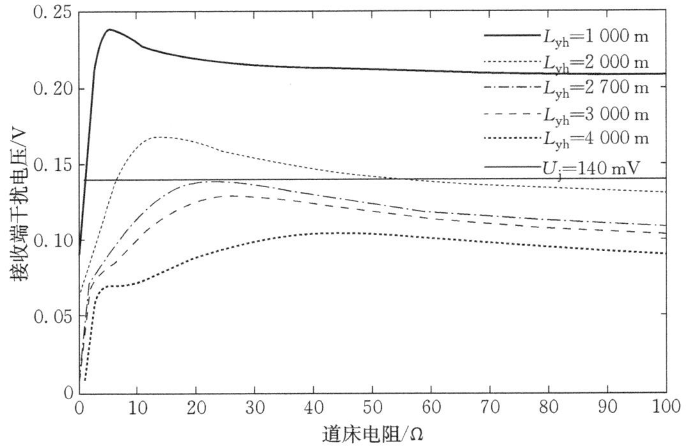

图 3.3.9　不同道床电阻条件下与迂回电路与接收端残压关系

道床电阻 $R_d=\infty$、轨道电路长度 L 分别取 100 m、400 m、700 m、1 000 m 时，轨道电路接收端叠加电压大小仿真如图 3.3.10 所示。

可知，道床电阻 $R_d=\infty$时，轨道电路越短，叠加在接收端的干扰越大。

2. 电气断离条件下迂回电路干扰分析

下面分析断轨阻抗对迂回电路的影响，以 1 700 Hz 载频 400 m 轨道电路为例道床电阻分别取 $R_d=0.6\ \Omega\cdot\text{km}$ 和 $R_d=\infty$。迂回电路干扰叠加断轨残压后，共同作用于接收端如图 3.3.11 所示。

由图 3.3.10 可知，道床电阻 $R_d=0.6\ \Omega\cdot\text{km}$ 时，断轨残压是主要的干扰源，基本恒定，与迂回电路干扰叠加作用于接收端。

由图 3.3.11 可知，道床电阻 $R_d=\infty$时，迂回电路干扰是主要的干扰源。比较图 3.3.11 和图 3.3.12 可知，断轨残压与迂回电路干扰都与道床电阻有关，二者随道床电阻的变化此消彼长。

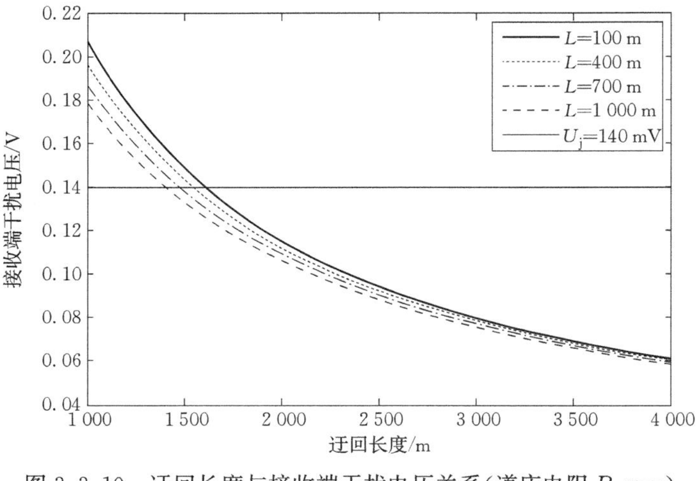

图 3.3.10　迂回长度与接收端干扰电压关系（道床电阻 $R_d=\infty$）

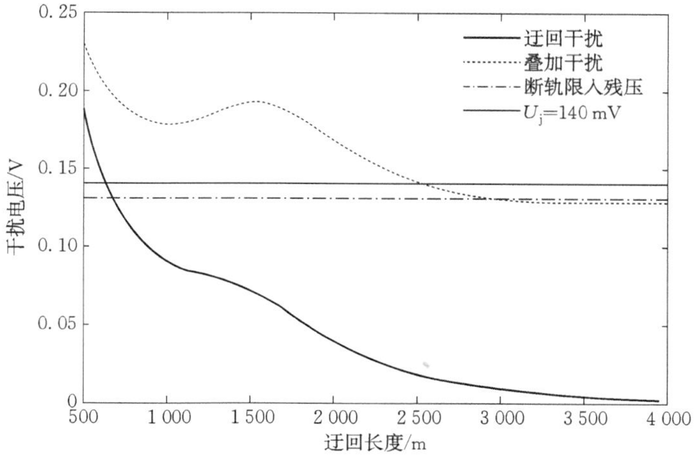

图 3.3.11　迂回电路干扰叠加断轨残压(道床电阻 R_d=0.6 Ω·km)

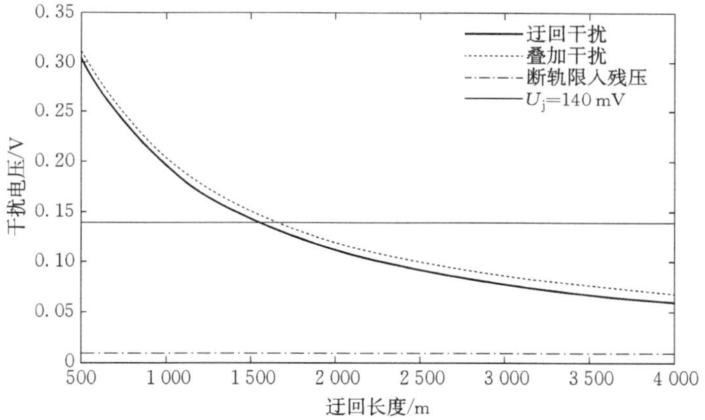

图 3.3.12　迂回电路干扰叠加断轨残压(道床电阻 R_d=∞)

针对道床电阻对接收端干扰的影响，选取电气断轨条件下道床电阻、迂回电路长度为参数，接收端残压关系仿真如图 3.3.13 所示。

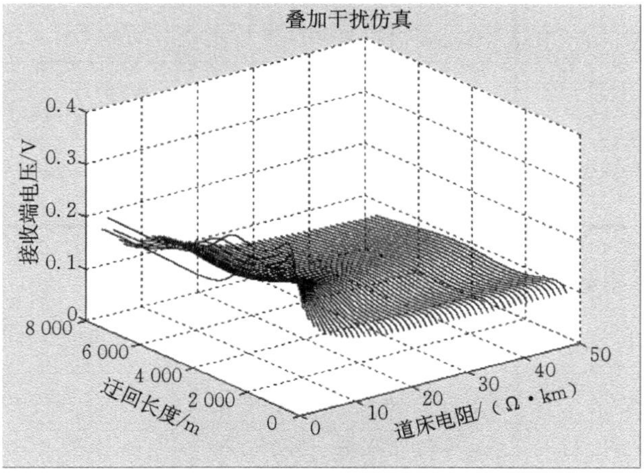

图 3.3.13　电气断轨条件下道床电阻、迂回电路与接收端残压的关系

可知，在道床电阻较小时，断轨残压与迂回电路干扰叠加后对接收端干扰较大。

综上，电气断轨时，道床电阻是一个重要的影响因素。若断轨残压与迂回电路干扰叠加电压大于轨道电路继电器可靠落下阈值，则无法保证断轨检查。

3.4 站内牵引回流切断对轨道电路影响分析

绝缘节是站内轨道电路的重要组成部分，对列车位置的检查及轨道信号的电气隔离起着重要作用，因此，避免绝缘节故障是保障高速铁路正常运行的重要环节。为保证站内轨道电路可靠工作，对于平行或邻近的轨道电路不能构成迂回通道，工程设计中需要在站内侧线通过绝缘节的设置将牵引回流切断，故采用单侧的回流连接方式，即所谓“一头堵”。在高速铁路环境下，列车行驶在无砟轨道上，牵引电流更大，钢轨的单位漏泄阻抗更高，因而造成钢轨的电位更高；高铁站内大量采用大号码道岔，允许列车运行速度更大，故列车在侧线发车或者从侧线通过车站时，易形成较大的牵引电流，将导致绝缘节两端出现明显电位差。高速列车轮对通过牵引电流切断点时，由于绝缘节两端存在显著的电位差，易造成拉弧现象，进而对绝缘节及钢轨造成损害。本节从建模计算和案例分析两个方面，对绝缘节电位差及其危害进行详细分析。

3.4.1 站内回流切断点绝缘节电位差计算

为考察列车运行时高铁典型车站条件下站场内牵引电流和电位的分布，以获取绝缘节两端的电位差，不失一般性，选取某站站场及其邻接区间的牵引供电系统进行建模（以下简称完整模型），车站包括正线和侧线，即全站场。该站为双线，有两条侧线，车站长 1.849 km，邻接区间下行方向取 7.151 km，上行方向取 6 km，故选取的线路总长为 15 km。

1. 模型搭建

车站及邻接区间的股道均使用 P60，即 60 kg/m 钢轨，接触线采用 CTHA-150 银铜合金线，正馈线采用 LGJ-240 钢芯铝绞线，保护线采用 LGJ-95 铜芯铝绞线，贯通地线采用 TJ-95 的铝合金绞线。计算得到各输电导线单位自阻抗见表 3.4.1。

表 3.4.1 钢轨及输电导线的型号和单位自阻抗

钢轨及各输电导线	导线型号	有效电阻/(Ω/km)	等效半径/mm	单位自阻抗/(Ω/km)
钢轨 R	P60	0.135 0	12.850 0	0.117 5+j0.54 48
接触线 T	CTHA-150	0.116 9	5.707 5	0.173 7+j0.568 9
正馈线 F	LGJ-240	0.120 9	10.288 5	0.170 9+j0.716 7
保护线 P	LGJ-95	0.299 2	7.600 0	0.349 2+j0.735 7
贯通地线 G	TJ-95	0.200 0	4.690 0	0.250 0+j0.750 0

进一步地，求得各输电导线与钢轨之间的单位互阻抗为

$$\begin{aligned} Z_{TR} &= 0.049\,1+j0.321\,3 \\ Z_{FR} &= 0.048\,6+j0.295\,6 \\ Z_{PR} &= 0.049\,3+j0.352\,8 \\ Z_{GR} &= 0.050\,1+j0.680\,5 \end{aligned} \tag{3.4.1}$$

其中，Z_{TR}、Z_{FR}、Z_{PR}、Z_{GR} 分别为接触线、正馈线、保护线和贯通地线与钢轨的单位互阻抗（单位为 Ω/km）。

参照 2.3.3 小节中单线模型，对高速铁路站场及其邻接区间在全并联双线条件下牵引供电系统进行建模。根据现场实际情况将系统进行等效，即复线牵引网的上下行接触线在 AT 所、牵引变电所及分区所等地方均为并联；上下行钢轨通过扼流变压器的中点每隔一定距离进行横向连接，并且上下行钢轨每隔一定距离将与贯通电线及保护线进行一次横向连接，站内股道的侧线与正线在进站和出站的地方均进行一次横向连接。取节点间隔为 250 m，由此建立的高速铁路站场及其邻接区间双线全并联牵引供电系统的数学模型如图 3.4.1 所示。

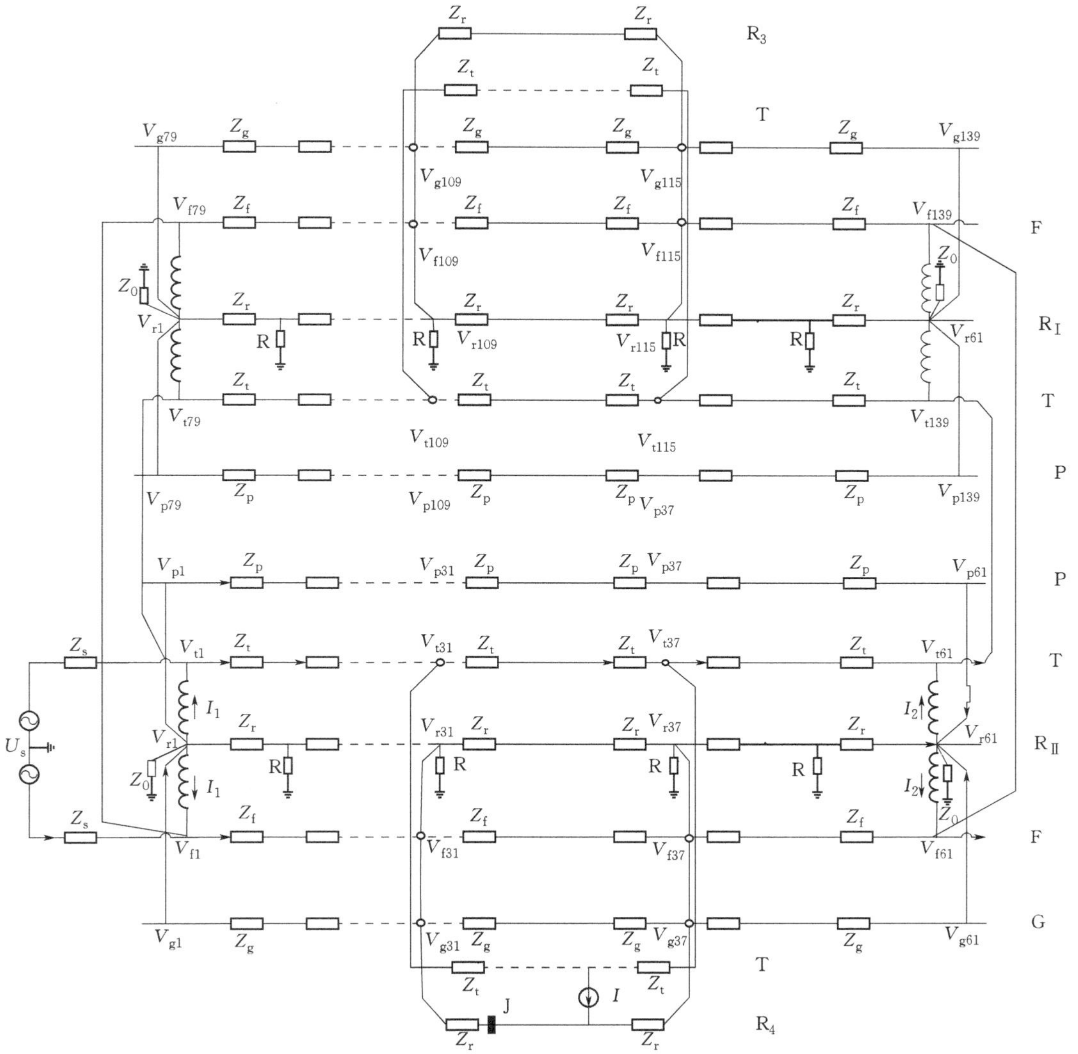

图 3.4.1　高速铁路站场及其邻接区间双线全并联牵引供电系统的数学模型

图 3.4.1 中：Z_0 为 AT 变压器对地漏抗；Z_S 为牵引变电所二次侧等效阻抗；R 为每节点单位长度道砟漏泄电阻；V 为节点电压；Z 为各导线的节点阻抗，其中下角标 r、g、f、p、t 分别代表钢轨、贯通地线、正馈线、保护线和接触线，数字代表对应的节点号；J 为机械绝缘节；$R_Ⅰ$ 和 $R_Ⅱ$ 分别为下行、上行正线钢轨；R_3 和 R_4 分别为下行、上行侧线钢轨。以节点 1 为原点，给定列车位于坐标 x 处，其运行电流为 I，I_1 和 I_2 分别为 AT 变压器中电流。

2. 绝缘节两端电位差计算方程

根据图 3.4.1 所示的模型，建立整体模型的节点方程。考虑保护线及贯通地线，每隔 1.5 km 进行一次横向连接，即下行正线和侧线在 31 和 37 这两点间进行横连、上行正线和侧线在 109 和 115 这两点间进行横连。定义 I_{gr}、I_{pr}、I_{trl} 和 I_{fr} 分别为贯通地线、保护线、接触线和正馈线与钢轨间互感作用形成的等效电流源；I_{tr1} 和 I_{tr2} 分别为列车所在位置处接触线中左侧和右侧两个方向的电流值；V_{tn} 为列车位置处的节点电压，Z_{tx} 和 Z_{ty} 分别为列车所在位置处接触线左侧和右侧的阻抗，从而可得到如下的各节点电压与电流的关系方程，其中节点 3～30、33～36 和 39～60 的方程省略。

节点 1：$\left(\dfrac{1}{Z_r}+\dfrac{1}{Z_0}+\dfrac{1}{R}+\dfrac{1}{Z_g}+\dfrac{1}{Z_p}\right)V_{rt}-\dfrac{1}{Z_r}V_{r2}-\left(\dfrac{1}{Z_p}+\dfrac{1}{Z_g}\right)V_{r7}+2I_1-I_{pr1}-I_{tr1}-I_{fr1}-I_{gr1}=0$

节点 2：$-\dfrac{1}{Z_r}V_{r1}+\left(\dfrac{2}{Z_r}+\dfrac{1}{R}\right)V_{r2}-\dfrac{1}{Z_r}V_{r3}=0$

节点 31：

$$-\frac{1}{Z_r}V_{r30}+\left(\frac{2}{Z_r}+\frac{1}{R}+\frac{1}{R}+\frac{2}{Z_p}+\frac{2}{Z_g}\right)V_{r31}-\left(\frac{1}{Z_p}+\frac{1}{Z_g}\right)V_{r25}-\left(\frac{1}{Z_p}+\frac{1}{Z_g}\right)V_{r37}-\frac{1}{Z_r}V_{r32}-\frac{1}{Z_r}V_{r63}=0$$

节点 32：$-\dfrac{1}{Z_r}V_{r31}+\left(\dfrac{2}{Z_r}+\dfrac{1}{R}\right)V_{r32}-\dfrac{1}{Z_r}V_{r33}=0$

节点 37：

$$-\frac{1}{Z_r}V_{r36}+\left(\frac{2}{Z_r}+\frac{1}{R}+\frac{1}{R}+\frac{2}{Z_p}+\frac{2}{Z_g}\right)V_{r37}-\left(\frac{1}{Z_p}+\frac{1}{Z_g}\right)V_{r31}-\left(\frac{1}{Z_p}+\frac{1}{Z_g}\right)V_{r43}-\frac{1}{Z_r}V_{r38}-\frac{1}{Z_r}V_{r67}=0$$

节点 38：$-\dfrac{1}{Z_r}V_{r37}+\left(\dfrac{2}{Z_r}+\dfrac{1}{R}\right)V_{r38}-\dfrac{1}{Z_r}V_{r39}=0$

节点 61：$\left(\dfrac{1}{Z_r}+\dfrac{1}{Z_0}+\dfrac{1}{R}+\dfrac{2}{Z_g}+\dfrac{2}{Z_p}\right)V_{r61}-\dfrac{1}{Z_r}V_{r60}-\left(\dfrac{1}{Z_p}+\dfrac{1}{Z_g}\right)V_{r55}+2I_2-I_{pr1}-I_{tr2}-I_{fr1}-I_{gr1}=0$

根据列车所在位置处及 AT 变压器处各导线的电流关系，有如下电流方程：

$$\begin{aligned}
I_{tr1}&=\frac{(V_{tn}-V_{t1})Z_{TR}}{Z_{tx}Z_r}\\
I_{tr2}&=\frac{(V_{t61}-V_{tn})Z_{TR}}{Z_{ty}Z_r}\\
I_{pr1}&=\frac{(V_{p61}-V_{p1})Z_{PR}}{60Z_pZ_r}\\
I_{fr1}&=\frac{(V_{f61}-V_{f1})Z_{FR}}{60Z_fZ_r}\\
I_{gr1}&=\frac{(V_{g61}-V_{g1})Z_{GR}}{60Z_gZ_r}
\end{aligned}\tag{3.4.2}$$

显然，在 AT 变压器处，有

$$\begin{aligned}
2V_{r1}-V_{t1}-V_{f1}&=0\\
2V_{r61}-V_{t61}-V_{f61}&=0
\end{aligned}\tag{3.4.3}$$

由上述各节点的电压与电流关系方程，可分别计算获得绝缘节两端的电压，进而求得相应的电位差。

3. 计算结果及分析

仿真参数如下：$U_S=25\,000$(V)；AT 变压器对地漏抗取 $Z_0=0.1+j0.45(\Omega)$；牵引变电所二次侧等效阻抗取 $Z_S=0.5(\Omega)$；上下行钢轨之间的横向连接间距 1.5 km，无砟轨道的对地漏泄电阻取最不利条件(设计容许最大限值)100 Ω·km,即 $R=400(\Omega)$;每 1.5 km 除上下行钢轨横连外,钢轨也与保护线进行横连;当列车在车站侧线上发车时,列车牵引电流分别取 200 A、300 A、500 A、800 A,节点方程中其他参数不变,以绝缘节所在位置为坐标零点,绝缘节右侧轨道距绝缘节距离为正,计算得到不同列车牵引电流条件下绝缘节两端电位差的结果曲线如图 3.4.2 所示。

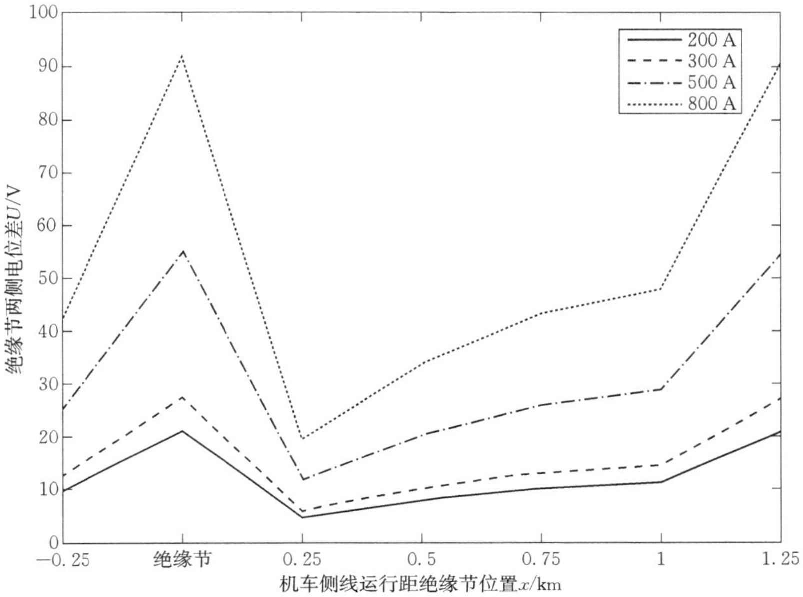

图 3.4.2 列车不同运行位置绝缘节两侧电位差结果曲线

可知,列车运行到绝缘节所在位置时,会造成绝缘节两端的电位差达到最大值;绝缘节两端的电位差与列车牵引电流存在密切联系,随着列车牵引电流的增加,绝缘节两端的电位差将随之增大;当列车牵引电流减小至 200 A 时,绝缘节两端的电位差可降至 20 V 以下。由此可见,当列车在侧线运行时,将列车牵引电流控制在 200 A 以内,则可以有效地控制绝缘节两端的电位差。

此外,道床电阻也会影响绝缘节两端电位差的大小。通过仿真可知,对于同一位置,道砟漏泄电阻越大,绝缘节两端的电位差也相应增大,甚至可能超过 60 V 的安全接触电压,但由于道砟漏泄电阻主要随气候而改变,实际中无法通过调节该值来控制绝缘节两端的电位差。

为实现有效解决绝缘节电位差过大带来的烧损问题,可考虑设置回流匹配器来连接机械绝缘节两端扼流变压器的解决方案,使其既对 50 Hz 牵引电流呈现低阻抗,又使其对轨道电路信号有效隔离,从而不会形成迂回通道条件,从根源上避免拉弧现象和绝缘节烧损。

3.4.2 绝缘节烧损案例分析

我国高速铁路开通运行后,多条线路出现多起站内机械绝缘节及钢轨烧损的现象,其共性是:地点在侧线空扼流变压器中心未进行连接,即牵引回流切断点(又称"一头堵")区段;在轮轨接触位置可观测到放电拉弧现象,绝缘有碳化烧损痕迹,轨端绝缘性能下降,影响轨道电路工作状态,而且绝缘更换维修时间长,影响行车效率。

1. 模拟测试方案及测试简析

由于在高速铁路运营条件下组织现场测试非常困难,况且直接测试钢轨中电流也不具备可行性,因此,难以通过实际测试来获取绝缘节烧损的电压电流数据及其定量关系。鉴于以上原因,利用真实的钢轨绝缘,模拟列车运行场景,复现绝缘烧损现象,对相关数据、现象进行测量记录,从而确定引起此现象的原因。实验方案通过模拟站内回流切断点处的线路及列车运行环境，可测量绝缘节处的电压、电流数据，同时获得二者之间的相关性；通过测试数据和物理特性来共同验证此现象的电弧本质，还可捕捉产生电弧的定量数据及临界值，以及不同电压电流条件下电弧的强烈程度，进一步了解对绝缘节和钢轨的影响程度。实验电路连接示意如图 3.4.3 所示。

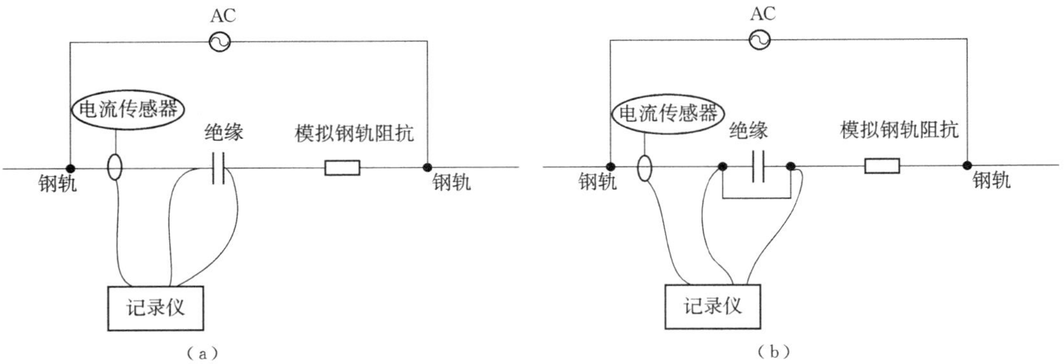

图 3.4.3　钢轨绝缘节测试连接示意

首先，图 3.4.3 中利用真实钢轨和绝缘节构成与现场一致的基础环境，利用可控的交流电源来模拟动车组运行时的牵引电流。图 3.4.3(a)代表绝缘节两端未导通时的状态，图 3.4.3(b)代表绝缘节两端由导体导通的状态，对应的实际情况是，动车组轮对经过绝缘节时，在这两种状态之间反复切换。切换过程中，调整电压和电流，利用电流传感器和记录仪，同步记录绝缘节两端的电压、电流数据，捕捉此过程中产生的闪弧等现象。其次，模拟测试的容量或电压电流指标是方案设计的关键参数。钢轨电位和电流存在相关性，轨中牵引电流大小主要取决于机车功率，钢轨对地电位与轨中电流及钢轨对地电阻有关，不同钢轨间可能存在电位差或电压，确定系统输出电压不低于 110 V，输出电流不小于 350 A。

按实验电路连接后，逐步增大绝缘节两端电压，利用导体接通和切断绝缘节两侧钢轨，同步连续记录绝缘节两端的电压和电路中的电流，主要数据和现象见表 3.4.2。

表 3.4.2　绝缘节两端电压电流数据及现象

绝缘节两端电压值/V	电弧电流稳定值/A	电弧电流峰值/A	实验现象	备　注
20	13.7	36	1 级：有零星的火星	模拟阻抗 0.646 Ω
54	30.1	53	2 级：较明显的火星	模拟阻抗 0.646 Ω
70.7	56.6	120	3 级：火星溅射	模拟阻抗 0.646 Ω
77.8	56.6	140	4 级：明显电弧	模拟阻抗 0.646 Ω
110	127.6	350	5 级：有耀眼的白光	模拟阻抗 0.646 Ω
110	367.4	680	5 级：有耀眼的白光	模拟阻抗 0.293 Ω

注：为便于描述，放电强度根据目测光强度划分 5 级，从 1 到 5 逐渐加强。

表 3.4.2 中显示的实验数据和现象与现场记录的情况基本吻合。现场记录数据在电压 90～100 V、电流 350 A 左右，相当于功率 30 kV·A 条件时，一般会出现明显的电弧现象；而在实验模拟中，可发现绝缘节两端电压在 100 V、电流在 300 A 左右时电弧明显，绝缘节两端钢轨被电弧的高温侵蚀的现象也很明显，这些均与现场观测现象一致。

实验过程中拍摄到的电弧照片如图 3.4.4 所示，与现场拍摄到的电弧照片现象非常相似。

从实验的数据可以看到，绝缘节两端的电压在 20 V 以下时，电路中的电弧几乎消失，验证了相关理论的结论。若将两电极接触后再拉开来建立电弧，维持 10 mm 长的电弧只需要 20 V 的电压。由于电弧放电会引起材料的转移，在触头分开也就是轮对接通绝缘节两端钢轨再离开时，由于电流的热效应使触头最后接触的一点局部熔化，形成液态桥，当触头分开并小于某一临界值时，阳极受高速电子的冲击而损耗，材料会从阳极转向阴极，并在非常短的间隙产生电弧，而此时要求的电压一般为 10～20 V，电流仅为 1 A。一般情况下，电弧是在电路断开的过程中产生的，电路在闭合时由于节点在一瞬间就闭合了，从负极接点飞出的电子流的数值不大，持续时间短，因此基本不会产生电腐蚀。

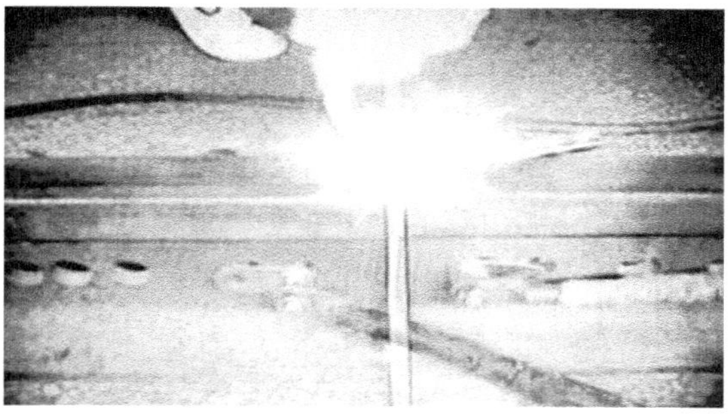

图 3.4.4 电压 110 V 和峰值电流 350 A 时的闪弧现象

2. 特征和机理分析

由于交流电弧的伏安特性是复杂的动态特性，电弧产生和维持的物理过程相当复杂，较为完善的是 Cassie 电弧模型和 Mayr 电弧模型。交流电弧的伏安特性曲线如图 3.4.5 所示，其波形带有周期性，即仅研究其半周期内的特性，可以将波形分为两个部分，电弧电流过零点区域 Z1(9～11 ms)和电弧过零点前的大电流区域 Z2(11～18 ms)。Cassie 电弧模型适用于大电流区域，Mayr 电弧模型适用于电流过零点区域。下面根据两模型分别对两个区域的电弧进行特征分析，由于模型中的参数跟电弧电压、电流范围紧密相关，换言之，不同的测量数据所对应的参数也不一样。验证思路是：首先选取波形待分析区域中 3 组特征测试数据，代入各自模型公式中，计算得到适用于本次测试的参数值；之后对本次测试的其他多组数据利用此模型获得理论计算值，通过比较对应时间点的实际测量值与理论计算值，来判定实测波形与理论波形的符合度。

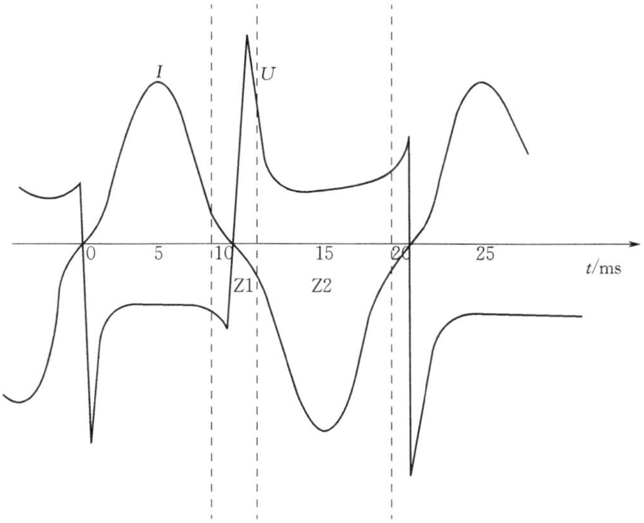

图 3.4.5 交流电弧电压电流的理论波形

Cassie 电弧模型可用微分方程表示为

$$\frac{1}{g}\frac{\mathrm{d}g}{\mathrm{d}t}=\frac{1}{\tau}\left(\frac{u^2}{E_0^2}-1\right) \tag{3.4.4}$$

式中，g 表示电弧电导，单位 S；u 表示电弧电压，单位 V；τ 表示电弧时间常数，是单位体积电弧中的能量常数与散出功率常数的比值；E_0 表示静态时电弧的电压梯度，是单位体积电弧的阻抗常数与散出功率常数的乘积。

在电弧过零点前的大电流区域 Z2，电弧为低阻抗状态，此时电路阻抗远大于电弧阻抗，因而电路控制了电弧电流的大小 i，可以得到电弧阻抗 R，即

$$\frac{1}{R^2}=\frac{1}{R_s^2}\left[1-2\frac{t}{\tau}+2\left(\frac{t}{\tau}\right)^2\right]+\left[\frac{1}{R_0^2}-\frac{1}{R_s^2}\right]e^{-\frac{2t}{\tau}} \tag{3.4.5}$$

式中，R_0 是 t 为零时刻的电弧阻抗。

电弧的电压随时间变化为

$$u=\sqrt{2}E_0\frac{\frac{t}{\tau}}{\sqrt{1-2\frac{t}{\tau}+\left(\frac{t}{\tau}\right)^2}} \tag{3.4.6}$$

$$R_s=\frac{\sqrt{2}E_0}{i\omega\tau} \tag{3.4.7}$$

式中，ω 是供电电压角频率。

根据式(3.4.5)、式(3.4.6)、式(3.4.7)可以得出电弧大电流区域的伏安特性如图 3.4.5 中 Z2 区域所示，这个阶段电弧阻抗较小，电弧电压基本维持一定值不变，电流波形是带有畸变的正弦波。

在电弧的电流过零点区域 Z1，电弧阻抗较大，这时的电弧电压和电流由电路和电弧同时决定，可以采用 Mayr 电弧模型进行分析，其模型可表达为

$$R\frac{d}{dt}\left(\frac{1}{R}\right)=\frac{1}{\tau}\left(\frac{ui}{p}-1\right) \tag{3.4.8}$$

式中，p 是单位体积电弧中能量散出功率常数，其他参数的含义与 Cassie 电弧模型中相同。

通过求解式(3.4.8)可以得到电弧电压正比于电弧阻抗的平方根。在这个阶段电弧为高阻抗状态，电弧电压取决于电路电压 E，此时式(3.4.8)求解可得出电弧阻抗为

$$R=e^{\frac{t}{\tau}}\left[R_0-\frac{1}{p\tau}\int_0^t E^2(t)e^{-\frac{t}{\tau}}d\tau\right] \tag{3.4.9}$$

式中，由于电弧时间常数 τ 较小，所以 $e^{-\frac{t}{\tau}}$ 的值也较小，通常可以忽略电压 E 的影响，此时的电弧阻抗随着时间按指数规律上升，其上升速度取决于 τ 和电弧散出功率常数 p。因此，随着电弧阻抗的改变，电压存在着脉冲式的跃变，如图 3.4.5 中 Z1 区域所示。下面结合实验测得数据和波形，对其特性进行进一步分析对比。

从电弧模型和电压电流的理论波形可以看出，交流电弧的电流在大电流区域是畸变的正弦波形，它的变化率要比正弦波的变化率大，而在过零点附近则变化缓慢。交流电弧的电压有非常特殊的形式，在半周期开始时，电弧电压迅速地上升到最大值，此电压值为电弧的点燃电压，然后进入电弧大电流区域，电压迅速下降到一个较低数值，保持该电压值直到进入电弧过零点阶段，之后快速下降到零。

不失一般性，在实验中出现电弧的过程中，以绝缘节两端电位差在 110 V、电路模拟阻抗在 0.293 Ω 时的波形为例进行分析，记录仪同步记录的电压电流典型波形如图 3.4.6 所示。下面结合电弧模型，分析实验得到的数据。

首先分析大电流区域的伏安特性。电弧阻抗可根据式(3.4.5)求得，实验中采用 50 Hz 交流电压，即 ω 为确定值。其中，电弧时间常数 τ 和静态时电弧的电压梯度 E_0 是重要参数，在对测量得到

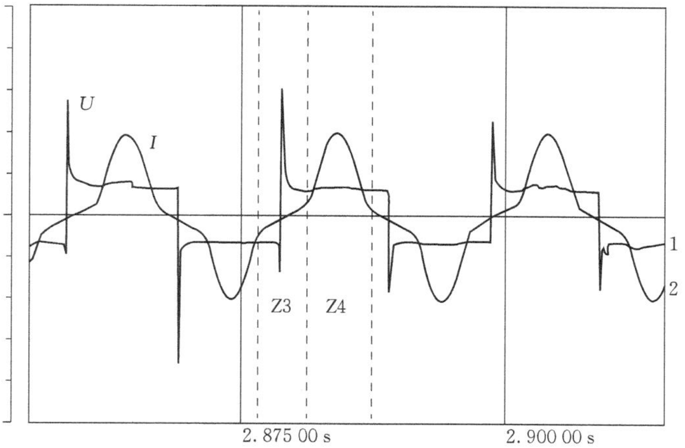

图 3.4.6 实验中电弧出现时电压电流的典型波形

的数据进行筛选后，选用了该区域中 3 组电压、电流数据，利用式(3.4.5)、式(3.4.6)，在仿真平台 MATLAB 上，求出 τ 和 E_0，之后对结果计算均值得到 $\tau=8.829\,9\times10^{-4}$，$E_0=33.468\,8$(V)。在得到静态时的电弧电压梯度和电弧时间常数后，利用式(3.4.4)、式(3.4.5)、式(3.4.6)计算不同时刻的电弧电压、电流、阻抗，并与实际测量得到的其他数据进行对比，见表 3.4.3。

表 3.4.3 电弧大电流区域数据对比

时间/s	电弧电压/V		电弧电流/A		电弧阻抗 R/Ω	
	计算值	测量值	计算值	测量值	计算值	测量值
2.881 82	35.464 4	33.187 5	220.050 0	150.000 0	0.161 165	0.214 583
2.882 66	36.321 8	34.375 0	367.238 8	343.750 0	0.098 905	0.100 000
2.883 44	36.713 2	35.468 7	451.979 2	467.968 8	0.081 128	0.075 930
2.883 98	36.371 6	36.093 7	503.876 4	499.218 8	0.072 184	0.072 300
2.884 52	36.43 20	35.368 75	493.223 6	487.500 0	0.073 865	0.072 756
2.885 06	35.865 8	35.781 25	470.263 9	431.250 0	0.076 267	0.082 971
2.886 26	35.476 4	33.031 2	320.324 3	207.812 5	0.110 575	0.154 135

可以看出在大电流区域电压基本维持不变，平均维持在 36.092 2 V。电弧阻抗较小，在 2.882 66～2.885 06 s 之间时基本维持在 0.1 Ω 以下。由于阻抗远小于电路阻抗，所以电弧电流基本等于电路电流，但是由于电弧阻抗的影响，电弧的电流波形是带有畸变的正弦波。从表 3.4.3 可以看出实测的电流波形，电流变化趋势与模型计算得到的基本一致，以 2.883 98 s 为分界点，小于该点，电流呈上升趋势，大于该点后电流呈下降趋势。在 Cassie 电弧模型计算中，为简化，τ 和 E_0 采用了定值，但实际上 τ 和 E_0 与电弧能量、散出功率及电流大小有关，测量数据与计算数据存在一定的误差。

与 Cassie 电弧模型中参数类似，Mayr 电弧模型中的电弧时间常数 τ 与散出功率 p 需要针对测量数据确定，在通过模型分析计算过零点区域的数据时，同样从测量得到的数据中选取 3 组，通过方程(3-3-9)求得 τ 和 p，再取均值得到 $\tau=2.828\,2\times10^{-5}$，$p=29.765\,7$。

在得到电弧时间常数和散出功率常数后，利用式(3.3.8)、式(3.3.9)计算电弧电压、电流、阻抗，并与实际测量得到的其他数据(列出 4 组)进行对比，见表 3.4.4。

表 3.4.4 电弧电流过零点区域数据对比

时间/s	电弧电压/V		电弧电流/A		电弧阻抗 R/Ω	
	计算值	测量值	计算值	测量值	计算值	测量值
2.878 73	22.769 5	32.656 25	11.765 36	15.625	1.935	2.090 0
2.879 06	57.745 6	87.343 75	10.329 8	15.625	5.590 2	5.590 0
2.879 39	165.562 5	102.812 5	10.253 2	11.500 3	16.147 4	8.940 0
2.879 62	228.218 6	138.437 5	8.624 13	9.371 5	26.462 1	14.766 7

表 3.4.4 对图 3.4.6 中电流过零点 Z3 区域内的数据进行了计算对比，可以看出实测的电弧阻抗数据与计算得到的数据相似，都是随着时间呈现指数增长的趋势。实测与计算得到的电流数据，相对于大电流区域明显要小。根据 Mayr 电弧模型，在该区域电弧电压与阻抗的平方根之间存在着正比关系，测量数据与此基本相符。与在 Cassie 电弧模型下计算相似，参数 τ 和 p 都是随着时间有变化的，加之电弧本身固有的离散性，以及测量仪器的精度影响，所以，计算得到的数据与实验测量得到的数据还是存在一定差异的，但从总的趋势和规律可以看出，测量结果基本与模型相符。

总之，将实验得到的波形与理论波形比照后，容易看出模拟实验产生的电弧特性与理论模型的特性符合得很好。可以清晰看到电弧出现时电弧电压的迅速上升过程，电流由于电弧的高阻态处于过零点阶段，之后电弧电压迅速下降并保持较低值，直到在半周期结束时迅速下降到零。

根据以上原因，为消除和削弱电弧产生的条件，可以从多方面采取对策，包括：①科学合理设置电流切断点，降低绝缘节两端电位差。②通过阻抗匹配器连接切断点，既保持牵引电流畅通，又有效隔离轨道电路信号；或评估取消电流切断点对轨道电路迂回电路的影响。③优化提升绝缘材料性能。④改进动车组启动策略，减小冲击干扰能量。

4

信号电缆接地和抗电磁干扰分析

本章内容概述

信号电缆是轨道电路及铁路信号控制信息传输的通道，其抗电磁干扰能力关乎铁路安全高效的运行。本章重点介绍通过建立信号电缆干扰耦合数学模型分析干扰耦合机理，进一步结合铁路信号电缆工程应用背景，探究造成轨旁信号电缆纵向电动势的原因，讨论相应的接地方式。

4.1 信号电缆干扰耦合机理和防护

在电子（弱电）电力（强电）共存的系统中，电子设备（如轨道电路设备）易受到电力系统（如铁路中的牵引供电设备）的干扰，典型场景是牵引供电回路通过串扰影响信号电缆。串扰指的是相邻导线间无意的电磁耦合，根据传输线长度l 和传输信号波长λ 的关系，可以把传输线分为长线和短线。若 $l \leqslant (\lambda/20)$，这样的传输线称之为短线；若 $l > (\lambda/20)$，则称之为长线。因此，低频时，传输线通常属于短线，此时电缆间的串扰可用集总参数模型来分析；高频时，传输线往往属于长线，这种情况下则需要用分布参数模型来分析。

4.1.1 集总参数模型

对于传输线为短线的情况，即传输线的长度远小于波长的情况，某一时刻电压、电流在传输线各个位置上的值基本相等，因此在建立传输线间串扰模型时，电压、电流受传输线长度的影响可以被忽略，在整个传输线上可以采用一个值。以此为基础建立的传输线间串扰等效电路模型为集总参数模型。

1. 非屏蔽信号电缆

分析电力电缆对非屏蔽信号电缆的干扰，可以用一个简化的三导体模型，如图 4.1.1 所示。其中，G 表示干扰（发射）电缆；R 表示敏感（接收）电缆；E 表示大地导体。电压源 V_S 通过骚扰电缆与负载 R_L 相连构成发射回路，负载 R_{FE} 和 R_{NE} 与敏感电缆组成接收电路。发射回路通过电场和磁场的方式与接收回路相互作用，从而在接收回路中产生感应电压和感应电流。

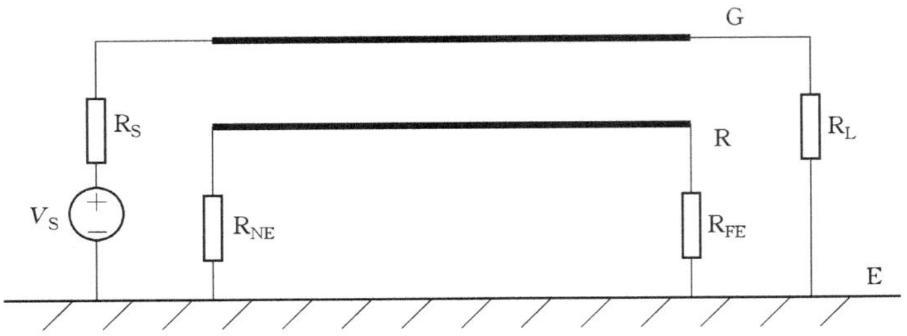

图 4.1.1　三导体传输线模型

三导体传输线的集总参数模型如图 4.1.2 所示，其中，L_G 和 L_R 分别为骚扰电缆和敏感电缆的自电感，而 L_m 为这两者间的互电感；C_G 和 C_R 分别为骚扰电缆和敏感电缆对地的电容，而 C_m 为这两者间的互电容。

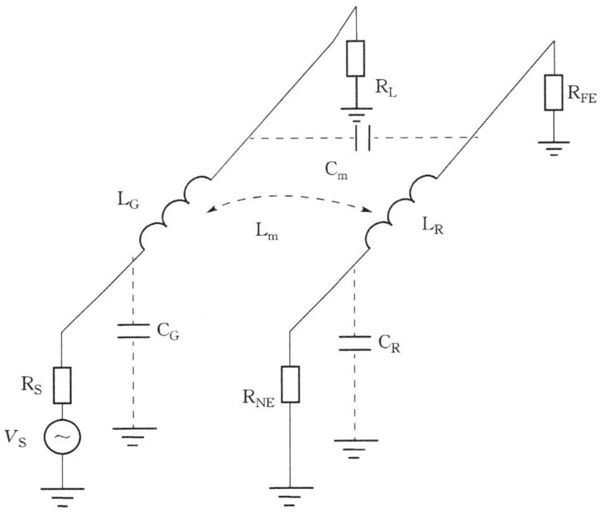

图 4.1.2　集总参数模型

(1)容性耦合

在图 4.1.2 所示的集总参数模型中，通过互电容产生的耦合称为容性耦合。发射回路导线中的电压越高，则容性耦合越明显，其等效电路如图 4.1.3 所示。

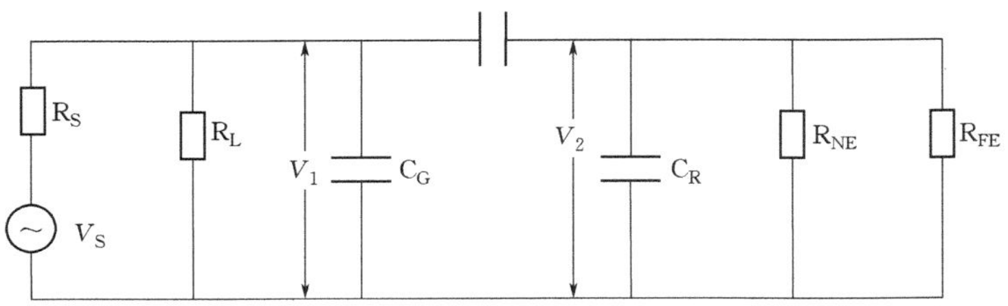

图 4.1.3　容性耦合等效电路图

如果骚扰源 V_S 的角频率为 ω，根据图 4.1.3，由电容耦合在接收电路导线上产生的电压 V_2 为

$$V_2=\frac{\mathrm{j}\omega C_m R}{1+\mathrm{j}\omega R(C_m+C_R)}V_1 \tag{4.1.1}$$

其中，$R=R_{NE}\parallel R_{FE}$。

当频率较低时，式(4.1.1)可以简化成

$$V_2=\mathrm{j}\omega C_m RV_1 \tag{4.1.2}$$

当频率较高时,式(4.1.1)则可写成

$$V_2=\frac{C_m}{C_m+C_R}V_1 \tag{4.1.3}$$

根据式(4.1.2),当频率较低时,容性耦合量随频率以 20 dB/10ω 的速率上升,而根据式(4.1.3)可知,高频时耦合量基本不变。另外由式(4.2.1)看出,可以通过增加导体间距(即减少 C_m)、降低导体距地高度(即增加 C_R)的方式降低容性耦合。

(2)感性耦合

如果一个回路的电流为 I,该电流的矢量磁场 $\boldsymbol{H}$ 在回路上所产生的磁通为 Ψ,则该回路的自感 L 定义为

$$L=\frac{\Psi}{I} \tag{4.1.4}$$

$$\Psi=\int\mu\boldsymbol{H}\cdot\mathrm{d}\boldsymbol{S}=\int\boldsymbol{B}\cdot\mathrm{d}\boldsymbol{S} \tag{4.1.5}$$

其中,$\mu=\mu_0\mu_r$ 为回路所在媒质的磁导率,$\mu_0=4\pi\times10^{-7}$,为真空磁导率,μ_r 为该媒质的相对磁导率。对于真空或自由空间,$\mu_r=1$。$\boldsymbol{B}$ 为磁场 $\boldsymbol{H}$ 所对应的磁通密度;d$\boldsymbol{S}$ 为回路的矢量面元。

根据法拉第电磁感应定律,回路中磁通发生变化时,会导致回路中产生感应电动势 e,即

$$e=\frac{\mathrm{d}\Psi}{\mathrm{d}t} \tag{4.1.6}$$

代入式(4.1.4),得

$$e=L\frac{\mathrm{d}I}{\mathrm{d}t} \tag{4.1.7}$$

对于幅值为 I_m,角频率为 ω 的交流电 $I=I_m e^{\mathrm{j}\omega t}$,则有

$$\mathrm{e}=\mathrm{j}\omega LI \tag{4.1.8}$$

对于两个相邻的回路,回路 1 和回路 2,两者的电流分别为 I_1 和 I_2。I_1 在回路 2 上所产生的磁通为 Ψ_{12},I_2 在回路 1 上所产生的磁通为 Ψ_{21},则有

$$L_m=\frac{\Psi_{12}}{I_1}=\frac{\Psi_{21}}{I_2} \tag{4.1.9}$$

其中,L_m 为这两个相邻回路间的互感。

通过两个电路之间的互电感产生的耦合称为感性耦合。电流大的电路(源电路)往往通过感性耦合的方式影响其邻近电路(接收电路),其等效电路如图 4.1.4 所示。

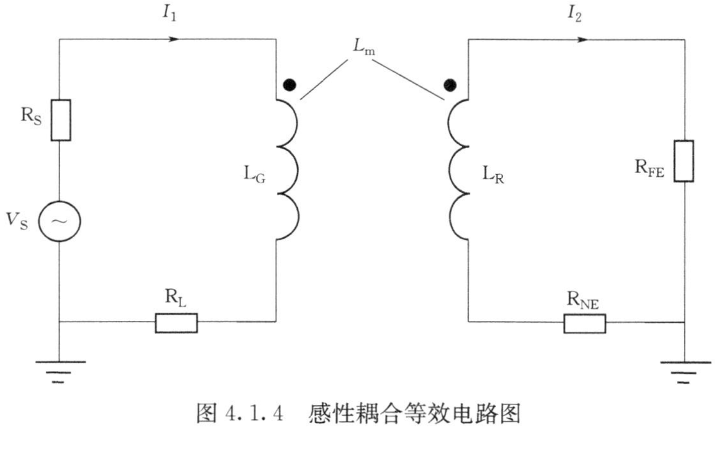

图 4.1.4 感性耦合等效电路图

根据式(4.1.8),源电路中电流 I_1 在接收电路中产生的感应电压为

$$V_2=\mathrm{j}\omega L_m I_1 \tag{4.1.10}$$

由此在接收回路中产生的电流 I_2 为

$$I_2=\frac{\mathrm{j}\omega L_m I_1}{R_{NE}+R_{FE}+\mathrm{j}\omega L_R} \tag{4.1.11}$$

由式(4.1.11)可以看出,感性耦合与容性耦合类似,当频率较低时,其耦合量随频率以 20 dB/10ω 的速率上升,而高频时耦合量基本不变。当发射回路中信号频率和电流不变时,可以通过增加导体间距及降低导体距地高度(即减少互电感 L_m)等方法来降低感性耦合。

(3)容性耦合和感性耦合综合考虑

事实上,感性耦合和容性耦合是同时存在的,可以通过计算近端负载 R_{NE} 或远端负载 R_{FE} 上的叠加电压来综合考虑两者的影响。容性耦合相当于耦合的干扰电流并联于接收回路中,频率较低时其大小为 $\mathrm{j}\omega C_m V_1$,而感性耦合相当于耦合的干扰电压串联于接收回路中,低频时大小为 $\mathrm{j}\omega L_m I_1$,如图 4.1.5 所示。

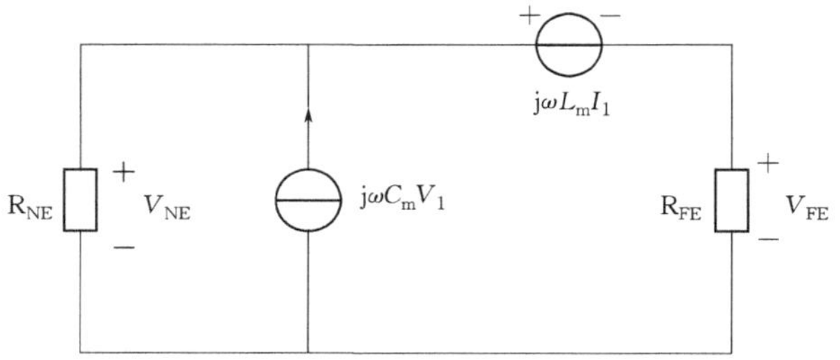

图 4.1.5　容性耦合和感性耦合综合影响

由图 4.1.5 通过计算可得

$$V_{NE}=\frac{R_{NE}}{R_{NE}+R_{FE}}\mathrm{j}\omega L_m I_1+\frac{R_{NE}R_{FE}}{R_{NE}+R_{FE}}\mathrm{j}\omega C_m V_1 \tag{4.1.12}$$

$$V_{FE}=-\frac{R_{FE}}{R_{NE}+R_{FE}}\mathrm{j}\omega L_m I_1+\frac{R_{NE}R_{FE}}{R_{NE}+R_{FE}}\mathrm{j}\omega C_m V_1 \tag{4.1.13}$$

式(4.1.12)和式(4.1.13)的第一项为感性耦合,第二项为容性耦合,其中:

$$V_1\approx\frac{R_L}{R_S+R_L}V_S \tag{4.1.14}$$

$$I_1\approx\frac{1}{R_S+R_L}V_S \tag{4.1.15}$$

代入(4.1.12)和式(4.1.13)中可得

$$V_{NE}=\frac{R_{NE}}{R_{NE}+R_{FE}}\mathrm{j}\omega L_m\frac{1}{R_S+R_L}V_S+\frac{R_{NE}R_{FE}}{R_{NE}+R_{FE}}\mathrm{j}\omega C_m\frac{R_L}{R_S+R_L}V_S \tag{4.1.16}$$

$$V_{FE}=-\frac{R_{FE}}{R_{NE}+R_{FE}}\mathrm{j}\omega L_m\frac{1}{R_S+R_L}V_S+\frac{R_{NE}R_{FE}}{R_{NE}+R_{FE}}\mathrm{j}\omega C_m\frac{R_L}{R_S+R_L}V_S \tag{4.1.17}$$

分析式(4.1.16)和式(4.1.17),在近端负载上容性耦合和感性耦合是同相的,而在远端负载上是反相的,因此近端负载上的耦合电压要大于远端负载上的耦合电压。注意:上述分析只是在低频情况,即传输线为电短传输线的时候成立。

骚扰回路与敏感回路之间的串扰可以定义为输出电压 V_{NE} 或 V_{FE} 与输入电压 V_S 之比,V_{NE}/V_S 为近端串扰,V_{FE}/V_S 为远端串扰。其中:

$$\frac{V_{NE}}{V_S}=\mathrm{j}\omega\left(\frac{R_{NE}}{R_{NE}+R_{FE}}\frac{L_m}{R_S+R_L}+\frac{R_{NE}R_{FE}}{R_{NE}+R_{FE}}\frac{C_m R_L}{R_S+R_L}\right) \tag{4.1.18}$$

$$\frac{V_{FE}}{V_S}=j\omega\left(-\frac{R_{FE}}{R_{NE}+R_{FE}}\frac{L_m}{R_S+R_L}+\frac{R_{NE}R_{FE}}{R_{NE}+R_{FE}}\frac{C_mR_L}{R_S+R_L}\right) \tag{4.1.19}$$

根据式(4.1.18)和式(4.1.19),对于近端串扰,当 $L_m>C_mR_{FE}R_L$ 时,感性耦合强于容性耦合,反之则是容性耦合占主导地位。类似地,对于远端串扰,当 $L_m>C_mR_{NE}R_L$ 时,感性耦合强于容性耦合,反之则是容性耦合占优。因此对于低阻抗回路,通常是感性耦合占主导地位,而对于高阻抗回路,则可能是容性耦合占优。

2. 屏蔽信号电缆

为了降低串扰,敏感回路的信号电缆通常采用屏蔽电缆,如图 4.1.6 所示,虚线表示屏蔽层可能使用的接地线。

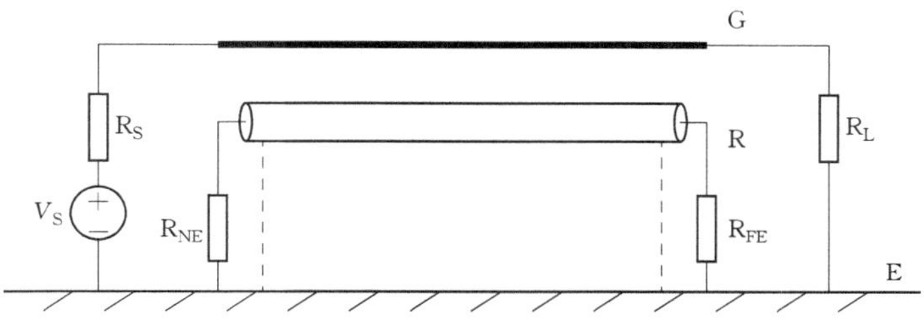

图 4.1.6 屏蔽电缆模型

(1)电场屏蔽

如果只考虑容性耦合,则图 4.1.6 在屏蔽层不接地情况下所对应的电路模型如图 4.1.7 所示。其中,C_{GR} 为敏感回路屏蔽电缆芯线在屏蔽层外的部分与源电路间的等效电容;C_{GS} 为源电路与屏蔽层间的等效电容;C_{RS} 为电缆芯线与屏蔽层间的等效电容;C_R 为屏蔽电缆芯线在屏蔽层外的部分与地之间的等效电容;C_S 为电缆屏蔽层对地的等效电容。

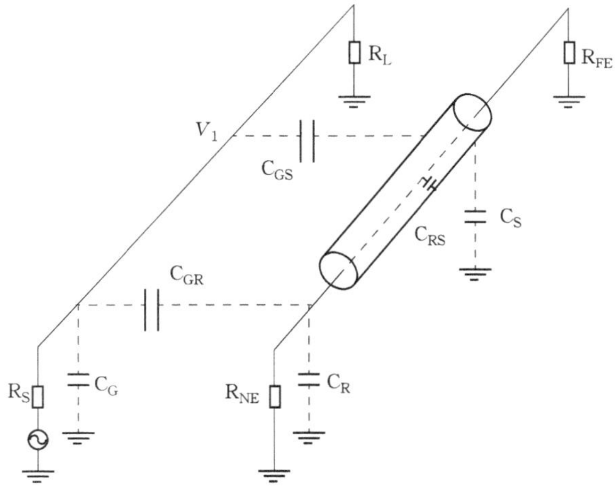

图 4.1.7 屏蔽电缆屏蔽层不接地时的容性耦合模型

当电缆芯线被屏蔽层完全屏蔽时,其对地电容 C_R 及与源电路的互电容 C_{GR} 均为 0,此时 R_{NE} 上的容性耦合为

$$V_{NE}^{CAP}=\frac{j\omega RC}{1+j\omega RC}V_1 \tag{4.1.20}$$

其中

$$R=\frac{R_{NE}R_{FE}}{R_{NE}+R_{FE}},C=\frac{C_{RS}C_{GS}}{C_{RS}+C_{GS}}$$

当频率足够低时，式(4.1.20)可以简化为

$$V_{NE}^{CAP} \approx j\omega RCV_1 \tag{4.1.21}$$

观察式(4.1.21)可知，屏蔽电缆屏蔽层不接地时的容性耦合随着频率的增加以 20 dB/10ω 的速率上升，这与非屏蔽电缆的情况一样，而一般来说 $C_{RS} \gg C_{GS}$，所以 $C \approx C_{GS}$，此时容性耦合与没有屏蔽层的非屏蔽电缆的情况相比基本没变。

如果将屏蔽层接地，$C_{GS}=0$，屏蔽层上的电压始终为 0，理论上容性耦合也为 0。可见，对于屏蔽信号电缆，屏蔽层不接地，则起不到电场屏蔽的作用。只要屏蔽层接地，就能起到良好的电场屏蔽作用。

(2)磁场屏蔽

屏蔽电缆感性耦合的电路模型如图 4.1.8 所示。其中，I_G 为干扰源回路中的电流；L_{GR} 为干扰源回路与屏蔽电缆芯线间的互感；L_{GS} 为干扰源回路与屏蔽电缆屏蔽层间的互感。

电流 I_G 在敏感(接收)回路中产生交变磁通，由此在屏蔽电缆芯线上产生感应电压 V_{GR} 为

$$V_{GR}=j\omega L_{GR} I_G \tag{4.1.22}$$

同时在屏蔽层上也会感应出电压，其大小为

$$V_{GS}=j\omega L_{GS} I_G \tag{4.1.23}$$

当屏蔽层双端接地时，屏蔽层上的感应电压会在屏蔽层上产生感应电流 I_S，其大小为

$$I_S=\frac{V_{GS}}{R_{SH}+j\omega L_{SH}} \tag{4.1.24}$$

式中，R_{SH} 为屏蔽层的电阻；L_{SH} 为屏蔽层与接地平面所构成回路的自电感。作为二次效应，这个电流也会在屏蔽电缆芯线与接地平面构成的接收回路中产生一个感应电压 V_{SR}，其大小为

$$V_{SR}=j\omega L_{SR} I_S \tag{4.1.25}$$

式中，L_{SR} 为屏蔽层回路与电缆芯线回路间的互感。此种情况下的等效电路如图 4.1.9 所示。

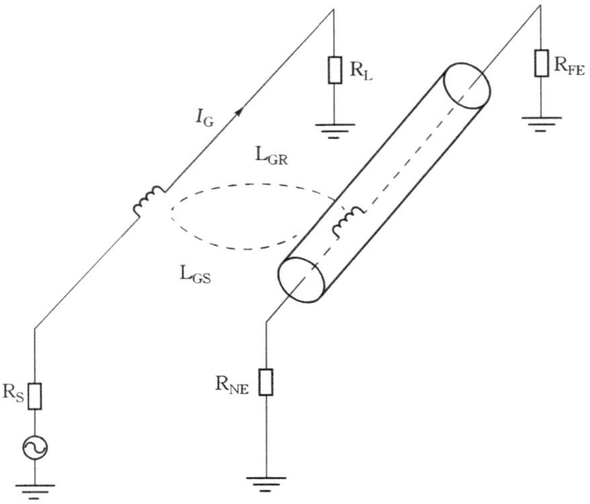

图 4.1.8　有屏蔽层时的感性耦合模型

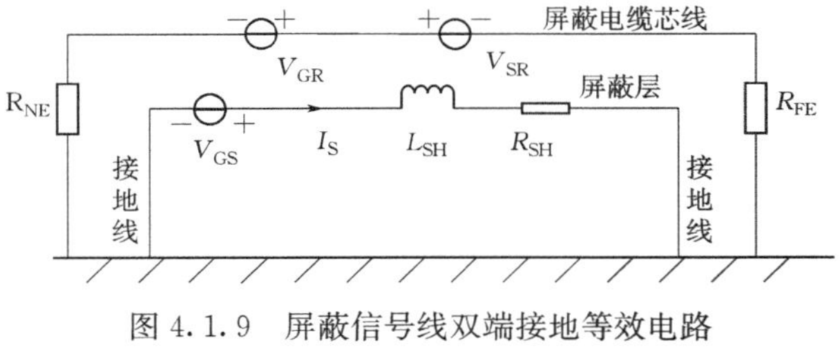

图 4.1.9　屏蔽信号线双端接地等效电路

此时，屏蔽电缆芯线上总的感应电压为

$$V^{IND}=V_{GR}-V_{SR}=j\omega L_{GR} I_G - j\omega L_{SR} I_S \tag{4.1.26}$$

由屏蔽电缆的知识可知，当屏蔽层是圆柱面且屏蔽层上电流均匀分布时，屏蔽层回路与电缆芯线回路的互电感等于屏蔽层回路的自感，即

$$L_{SR}=L_{SH} \tag{4.1.27}$$

同时，干扰回路与电缆芯线回路的互感等于干扰回路与电缆屏蔽层回路间的互感，即

$$L_{GR}=L_{GS} \tag{4.1.28}$$

将式(4.1.24)、式(4.1.27)、式(4.1.28)代入式(4.1.26)中，得

$$V^{\mathrm{IND}}=\frac{R_{\mathrm{SH}}}{R_{\mathrm{SH}}+\mathrm{j}\omega L_{\mathrm{SH}}}\mathrm{j}\omega L_{\mathrm{GR}}I_{\mathrm{G}} \tag{4.1.29}$$

因此，近端负载上的感应电压为

$$V_{\mathrm{NE}}^{\mathrm{IND}}=\frac{R_{\mathrm{NE}}}{R_{\mathrm{NE}}+R_{\mathrm{FE}}}\cdot\frac{R_{\mathrm{SH}}}{R_{\mathrm{SH}}+\mathrm{j}\omega L_{\mathrm{SH}}}\mathrm{j}\omega L_{\mathrm{GR}}I_{\mathrm{G}} \tag{4.1.30}$$

定义屏蔽层的截止频率为

$$\omega_{\mathrm{c}}=\frac{R_{\mathrm{SH}}}{L_{\mathrm{SH}}} \tag{4.1.31}$$

则$\frac{R_{\mathrm{SH}}}{R_{\mathrm{SH}}+\mathrm{j}\omega L_{\mathrm{SH}}}=\frac{\omega_{\mathrm{c}}}{\omega_{\mathrm{c}}+\mathrm{j}\omega}$。

当$\omega\ll\omega_{\mathrm{c}}$时，$\frac{\omega_{\mathrm{c}}}{\omega_{\mathrm{c}}+\mathrm{j}\omega}\approx1$，式(4.1.30)可以写成

$$V_{\mathrm{NE}}^{\mathrm{IND}}=\frac{R_{\mathrm{NE}}}{R_{\mathrm{NE}}+R_{\mathrm{FE}}}\mathrm{j}\omega L_{\mathrm{GR}}I_{\mathrm{G}} \tag{4.1.32}$$

该结果与(4.1.12)的第一项一致，可见屏蔽层并没有起到屏蔽作用。

当$\omega\gg\omega_{\mathrm{c}}$时，式(4.1.30)可以写成

$$V_{\mathrm{NE}}^{\mathrm{IND}}=\frac{R_{\mathrm{NE}}L_{\mathrm{GR}}I_{\mathrm{G}}}{R_{\mathrm{NE}}+R_{\mathrm{FE}}}\omega_{\mathrm{c}} \tag{4.1.33}$$

可以发现，此时串扰电压与频率无关，为一个定值。同时，由式(4.1.33)还可以看出，屏蔽层的截止频率ω_{c}越小，近端负载上的感应电压越小，屏蔽层的屏蔽效果越好。

上述分析表明，即使在屏蔽层双端接地的情况下，也需要$\omega\gg\omega_{\mathrm{c}}$，屏蔽层才能起到消除感性耦合的作用。工程上，通常认为大于5倍截止频率时，屏蔽层能起到良好的磁场屏蔽作用。一般屏蔽电缆的5倍截止频率都小于10 kHz。给定某屏蔽电缆屏蔽层每米的电阻为24.55 mΩ，电感为0.68 μH，因此该屏蔽电缆的截止频率为24.55/(2π×0.68)=5.75 (kHz)。

屏蔽层双端接地的屏蔽效果也可用如下方式定性地说明。对于图4.1.10(a)，屏蔽电缆芯线与地构成环路的电感为L_{R}，屏蔽层与地构成环路的电感为L_{SH}，并且$L_{\mathrm{R}}=L_{\mathrm{SH}}$。屏蔽层的电阻为$R_{\mathrm{SH}}$。由于电流方向总是沿着阻抗最小的路径，当干扰磁场频率较低时，即$\omega L_{\mathrm{R}}=\omega L_{\mathrm{SH}}\ll R_{\mathrm{S}}$时，无论屏蔽层是否双端接地，感应电流的路径为屏蔽电缆芯线与大地构成的回路，此时整个环路的阻抗最小，为$R_{\mathrm{NE}}+R_{\mathrm{FE}}+\omega L_{\mathrm{R}}$，干扰磁场磁通面积如图4.1.10(b)所示。当干扰磁场频率较高时，即

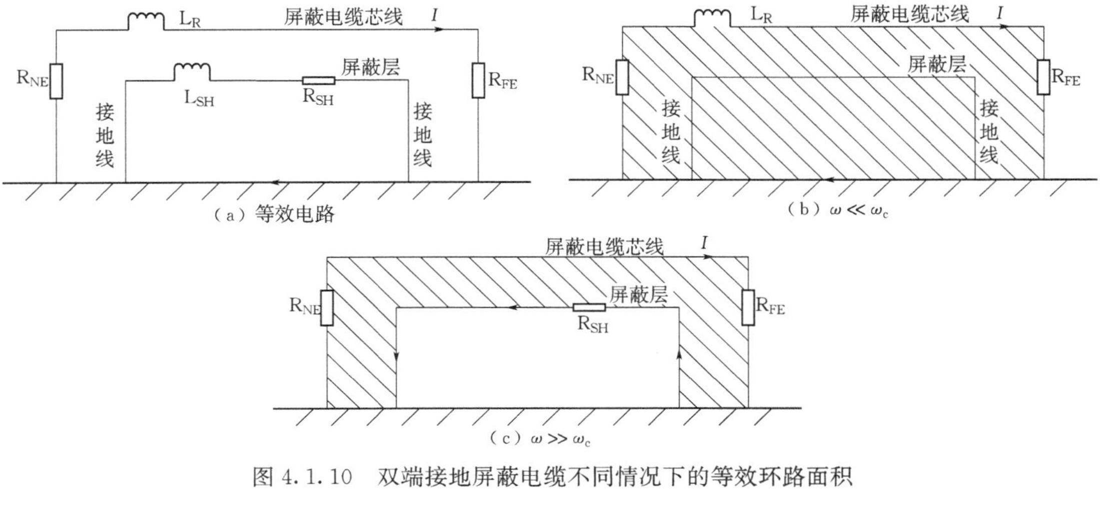

图4.1.10　双端接地屏蔽电缆不同情况下的等效环路面积

$\omega L_R=\omega L_{SH}\gg R_S$，在屏蔽层双端接地的情况下，感应电流 I_S 的路径为屏蔽电缆芯线—屏蔽层接地线—屏蔽层—屏蔽层接地线—屏蔽电缆芯线，此时 L_R 与 L_{SH} 几乎为 0，整个环路的阻抗最小，约为 $R_{NE}+R_{FE}+R_S$，干扰磁场磁通面积如图 4.1.10(c)所示。根据式(4.1.5)，磁通面积越小，则在相同交变磁场作用下产生的感应电动势越小。可见高频情况下，双端接地的屏蔽层是通过减少磁通面积而达到降低磁场耦合作用的。

屏蔽层单端接地或不接地时，屏蔽层与地不构成回路，这样即使在频率大于屏蔽层 5 倍截止频率的情况下，接收回路上感应电流的路径也只能是屏蔽电缆芯线与大地构成的回路，屏蔽层起不到通过减小回路面积而降低磁场耦合的作用。

总之，对于屏蔽信号电缆，如果屏蔽层不接地，则屏蔽层既起不到电场屏蔽的作用，也起不到磁场屏蔽的作用。如果屏蔽层单端接地，则屏蔽层可以起到电场屏蔽的作用，但仍然不具备磁场屏蔽的作用。只有当屏蔽层双端接地，并且在干扰频率大于屏蔽层 5 倍截止频率的情况下，屏蔽层才能起到良好磁场屏蔽的作用。

4.1.2 分布参数模型

随着频率的升高，λ 不断减小，当 $l>(\lambda/20)$，即当传输线的尺寸与电磁波波长可比拟或前者大于后者时，传输线被称为长线。当传输线为长线时，电压、电流某一时刻在整个传输线尺度上不是一个值，例如当单一频率的正弦信号通过长线传输线时，传输线上各个位置的电压或电流呈正弦分布。因为导体上的电压(电流)不再是均匀分布，所以用集总参数模型来求解线间耦合会造成很大误差，此时，应该把传输线分为若干微分单元，并考虑每一微分单元上的电压、电流变化。以此为基础建立的传输线间串扰等效电路模型为分布参数模型。

1. 非屏蔽信号电缆

传输线为长线时，以三导体传输线模型为例，导线均沿 z 方向放置，其高频下分布参数模型如图 4.1.11 所示。

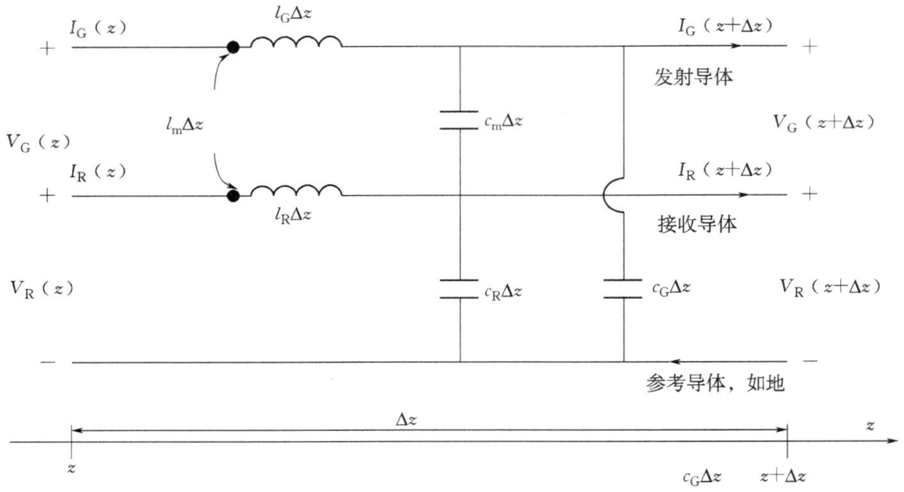

图 4.1.11　三导体传输线分布参数模型

图 4.1.11 中，l_G 和 c_G 分别为发射电路单位长度的自电感和自电容；l_R 和 c_R 分别为接收电路单位长度的自电感和自电容；l_m 和 c_m 分别为发射导体和接收导体之间单位长度的互电感和互电容。用分布电感和分布电容沿长度 L 积分即可得到传输线总的电感和电容。

当 $\Delta z\to 0$ 时，根据电路分析原理，传输线上电压电流方程可写为

$$
\begin{aligned}
\frac{\partial V_{\mathrm{G}}(z,t)}{\partial z}&=-l_{\mathrm{G}}\frac{\partial I_{\mathrm{G}}(z,t)}{\partial t}-l_{\mathrm{m}}\frac{\partial I_{\mathrm{R}}(z,t)}{\partial t}\\
\frac{\partial V_{\mathrm{R}}(z,t)}{\partial z}&=-l_{\mathrm{m}}\frac{\partial I_{\mathrm{G}}(z,t)}{\partial t}-l_{\mathrm{R}}\frac{\partial I_{\mathrm{R}}(z,t)}{\partial t}\\
\frac{\partial I_{\mathrm{G}}(z,t)}{\partial z}&=-(c_{\mathrm{G}}+c_{\mathrm{m}})\frac{\partial V_{\mathrm{G}}(z,t)}{\partial t}+c_{\mathrm{m}}\frac{\partial V_{\mathrm{R}}(z,t)}{\partial t}\\
\frac{\partial I_{\mathrm{R}}(z,t)}{\partial z}&=c_{\mathrm{m}}\frac{\partial V_{\mathrm{G}}(z,t)}{\partial t}-(c_{\mathrm{R}}+c_{\mathrm{m}})\frac{\partial V_{\mathrm{R}}(z,t)}{\partial t}
\end{aligned}
\tag{4.1.34}
$$

上述方程可以写成矩阵方程为

$$
\begin{aligned}
\frac{\partial}{\partial z}\boldsymbol{V}(z,t)&=-\boldsymbol{L}\frac{\partial}{\partial t}\boldsymbol{I}(z,t)\\
\frac{\partial}{\partial z}\boldsymbol{I}(z,t)&=-\boldsymbol{C}\frac{\partial}{\partial t}\boldsymbol{V}(z,t)
\end{aligned}
\tag{4.1.35}
$$

其中，

$$
\begin{aligned}
\boldsymbol{V}(z,t)&=\begin{bmatrix}V_{\mathrm{G}}(z,t)\\ V_{\mathrm{R}}(z,t)\end{bmatrix}\\
\boldsymbol{I}(z,t)&=\begin{bmatrix}I_{\mathrm{G}}(z,t)\\ I_{\mathrm{R}}(z,t)\end{bmatrix}
\end{aligned}
\tag{4.1.36}
$$

单位长度分布参数矩阵为

$$
\begin{aligned}
\boldsymbol{L}&=\begin{bmatrix}l_{\mathrm{G}} & l_{\mathrm{m}}\\ l_{\mathrm{m}} & l_{R}\end{bmatrix}\\
\boldsymbol{C}&=\begin{bmatrix}c_{\mathrm{G}}+c_{\mathrm{m}} & -c_{\mathrm{m}}\\ -c_{\mathrm{m}} & c_{\mathrm{R}}+c_{\mathrm{m}}\end{bmatrix}
\end{aligned}
\tag{4.1.37}
$$

(1)分布电感

图 4.1.12 为图 4.1.11 所示地平面上两平行电缆(即三导体传输线)的横截面。图中，r_{wG} 为发射导线半径；Ψ_{G} 为发射导线与地所构成回路单位长度上的磁通；I_{G} 为该回路上的电流；$-I_{\mathrm{G}}$ 为 I_{G} 关于地面的镜像电流；r_{wR} 为接收导线半径；Ψ_{R} 为接收导线对地回路单位长度的磁通；I_{R} 为该回路上的电流；$-I_{\mathrm{R}}$ 为 I_{R} 关于地面的镜像电流；h_{G} 为发射导线距地高度；h_{R} 为接收导线距地高度；s 为发射导线与接收导线距离；s_1 为发射导线与接收导线在地面投影的距离；s_2 为接收导线与发射导线关于地面镜像的距离；s_3 为发射导线镜像与接收导线在地面投影的距离。

假设 r_{wG} 和 r_{wR} 均远小于 h_{G} 和 h_{R}。电感的大小是由穿过回路中的磁通及回路中通过的电流决定的。因此对于图 4.1.12，有

$$
\boldsymbol{\Psi}=\boldsymbol{L}\boldsymbol{I}
\tag{4.1.38}
$$

其中，

$$
\boldsymbol{\Psi}=\begin{bmatrix}\Psi_{\mathrm{G}}\\ \Psi_{\mathrm{R}}\end{bmatrix},\boldsymbol{L}=\begin{bmatrix}l_{\mathrm{G}} & l_{\mathrm{m}}\\ l_{\mathrm{m}} & l_{\mathrm{R}}\end{bmatrix},\boldsymbol{I}=\begin{bmatrix}I_{\mathrm{G}}\\ I_{\mathrm{R}}\end{bmatrix}
\tag{4.1.39}
$$

则有

$$
\begin{aligned}
\Psi_{\mathrm{G}}&=l_{\mathrm{G}}I_{\mathrm{G}}+l_{\mathrm{m}}I_{\mathrm{R}}\\
\Psi_{\mathrm{R}}&=l_{\mathrm{m}}I_{\mathrm{G}}+l_{\mathrm{R}}I_{\mathrm{R}}
\end{aligned}
\tag{4.1.40}
$$

为计算单位长度电缆的电感，首先考虑如图 4.1.13 所示的单根载流导线。

根据安培定律，离导线径向距离 r 处的磁场强度为

$$
H=\frac{I}{2\pi r}
\tag{4.1.41}
$$

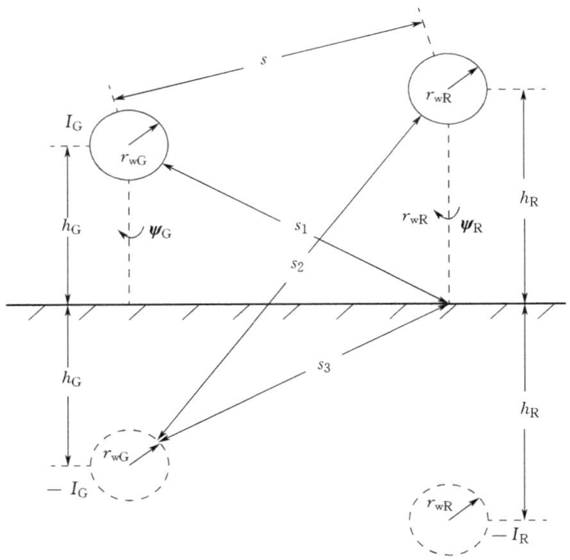

图 4.1.12　两平行电缆与地(即第三根导体)之间的磁通 $\boldsymbol{\Psi}$

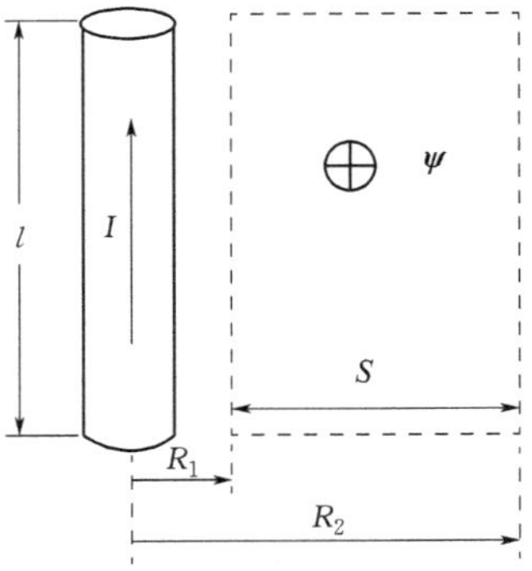

图 4.1.13　单根载流导线的磁通

那么,导线外长度为 1、宽度为 R_2-R_1 的矩形的磁通为

$$\Psi=\int_{R_1}^{R_2}\frac{\mu_0 I}{2\pi r}\mathrm{d}r=\frac{\mu_0 I}{2\pi}\ln\left(\frac{R_2}{R_1}\right) \tag{4.1.42}$$

单根导线和地平面构成电流回路时,地平面上回流对此电流回路磁通的贡献可以用单根导线的镜像电流在此回路上产生的磁通代替。发射导线与地回路的单位长度自电感为

$$l_G=\frac{\Psi_G}{I_G}=\frac{\mu_0}{2\pi}\ln\left(\frac{2h_G}{r_{wG}}\right) \tag{4.1.43}$$

同理,接收导线对地回路单位长度的自电感为

$$l_R=\frac{\mu_0}{2\pi}\ln\left(\frac{2h_R}{r_{wG}}\right) \tag{4.1.44}$$

两者单位长度的互电感为

$$l_m=\frac{\mu_0}{2\pi}\ln\left(\frac{s_1}{s}\right)+\frac{\mu_0}{2\pi}\ln\left(\frac{s_2}{s_3}\right)=\frac{\mu_0}{2\pi}\ln\left(\frac{s_2}{s}\right) \tag{4.1.45}$$

因为 $s_1=s_3$,则有

$$s_2=\sqrt{s^2+4h_G h_R} \tag{4.1.46}$$

所以,式(4.1.45)又可写为

$$l_m=\frac{\mu_0}{4\pi}\ln\left(1+\frac{4h_G h_R}{s^2}\right) \tag{4.1.47}$$

注意式(4.1.43)~式(4.1.47)只适用于无限大地平面上的细长圆柱导体这种理想情况。对于带状传输线、PCB 板上传输线等具体情况,需要查阅相关资料得到相应的分布电感表达式。

(2)分布电容

与分布电感类似,对于不同类型的传输线,传输线间及传输线对地的分布电容的表达式也各不相同。典型的,对于无线大地平面上的细长圆柱导体,其单位长度的对地电容为

$$C=\frac{2\pi\varepsilon_0}{\ln\frac{2h}{r}} \tag{4.1.48}$$

其中，$\varepsilon_0=\frac{1}{36\pi}\times10^{-9}$(F/m)，为真空介电常数。对于真空以外的其他类型媒质，其介电常数为 $\varepsilon=\varepsilon_0\varepsilon_r$，$\varepsilon_r$ 为该媒质的相对介电常数；h 为导线距地高度；r 为导线半径；$h\gg r$。

对于导线半径均为 r 的两平行细长圆柱导体，其单位长度的互电容为

$$C_m=\frac{\pi\varepsilon_0}{\ln\frac{s}{r}} \tag{4.1.49}$$

其中，s 为平行导线间的距离，$s\gg r$。

对于处于均匀介质中的传输线系统而言，分布电感矩阵和分布电容矩阵有如下关系：

$$\boldsymbol{LC}=\boldsymbol{CL}=\mu\varepsilon\boldsymbol{E} \tag{4.1.50}$$

其中，μ 和 ε 分别为均匀介质的磁导率和介电常数；$\boldsymbol{E}$ 为单位矩阵。因此在已知分布电感矩阵的情况下，也可以得到分布电容矩阵为

$$\boldsymbol{C}=\mu\varepsilon\boldsymbol{L}^{-1}=\frac{\boldsymbol{L}^{-1}}{v^2} \tag{4.1.51}$$

其中，$v=1/\sqrt{\mu\varepsilon}$，为均匀平面波相速度，也是传输线上电磁波传播的速度。

那么，对于三导体传输线就有如下关系：

$$\begin{bmatrix} c_G+c_m & -c_m \\ -c_m & c_R+c_m \end{bmatrix}=\frac{1}{v^2(l_Gl_R-l_m^2)}\begin{bmatrix} l_R & -l_m \\ -l_m & l_G \end{bmatrix} \tag{4.1.52}$$

进而可以得到传输线的分布电容为

$$\begin{aligned} c_m&=\frac{l_m}{v^2(l_Gl_R-l_m^2)} \\ c_G+c_m&=\frac{l_R}{v^2(l_Gl_R-l_m^2)} \\ c_R+c_m&=\frac{l_G}{v^2(l_Gl_R-l_m^2)} \end{aligned} \tag{4.1.53}$$

对于角频率为 ω 的单频正弦稳态激励，式(4.1.35)可变为

$$\begin{aligned} \frac{\mathrm{d}}{\mathrm{d}z}\boldsymbol{V}(z)&=-\mathrm{j}\omega\boldsymbol{LI}(z) \\ \frac{\mathrm{d}}{\mathrm{d}z}\boldsymbol{I}(z)&=-\mathrm{j}\omega\boldsymbol{CV}(z) \end{aligned} \tag{4.1.54}$$

2. 屏蔽信号电缆

当受扰线为屏蔽电缆时，相当于在三导体模型中增加了一个屏蔽层导线，形成四导体传输线，其分布参数模型如图 4.1.14 所示。

图中，l_{GG} 为干扰线(即发射线)单位长度自电感；l_{RR} 为受扰屏蔽电缆芯线(即接收线)单位长度自电感；l_{SS} 为受扰屏蔽电缆屏蔽层单位长度自电感；l_{GR} 为干扰线与屏蔽电缆芯线单位长度互电感；l_{GS} 为干扰线与屏蔽电缆屏蔽层之间单位长度互电感；l_{RS} 为屏蔽电缆芯线与屏蔽层之间单位长度互电感；c_{GG} 为干扰线单位长度自电容；c_{SS} 为屏蔽层单位长度自电容；c_{GS} 为干扰线与屏蔽层之间单位长度互电容；c_{RS} 为屏蔽电缆芯线与屏蔽层之间单位长度互电容；r_S 为屏蔽层单位长度直流电阻。

与式(4.1.54)类似，四导体的传输线方程可写为

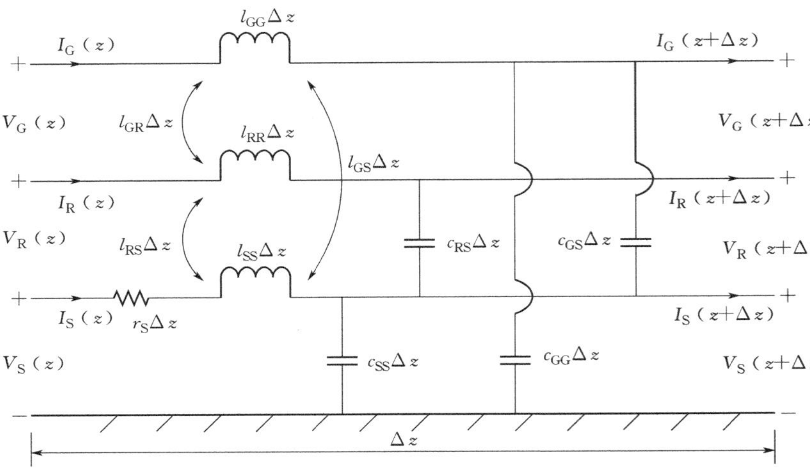

图 4.1.14　四导体传输线分布参数模型

$$\frac{\mathrm{d}}{\mathrm{d}z}\boldsymbol{V}(z)+\boldsymbol{ZI}(z)=0$$
$$\frac{\mathrm{d}}{\mathrm{d}z}\boldsymbol{I}(z)+\boldsymbol{YV}(z)=0 \tag{4.1.55}$$

其中，
$$\boldsymbol{V}(z)=\begin{bmatrix}V_G(z)\\V_S(z)\\V_R(z)\end{bmatrix},\boldsymbol{I}(z)=\begin{bmatrix}I_G(z)\\I_S(z)\\I_R(z)\end{bmatrix} \tag{4.1.56}$$

式中，$V_G(z)$和 $I_G(z)$分别为干扰线上某点的电压和电流；$V_S(z)$和 $I_S(z)$分别为屏蔽层上某点的电压和电流；$V_R(z)$和 $I_R(z)$分别为受扰线芯线上某点的电压和电流。

阻抗矩阵和导纳矩阵分别为 $\boldsymbol{Z}$ 和 $\boldsymbol{Y}$，并且有

$$\boldsymbol{Z}=\boldsymbol{R}+\mathrm{j}\omega\boldsymbol{L}$$
$$\boldsymbol{Y}=\mathrm{j}\omega\boldsymbol{C} \tag{4.1.57}$$

其中，电感矩阵为

$$\boldsymbol{L}=\begin{bmatrix}l_{GG}&l_{GS}&l_{GR}\\l_{GS}&l_{SS}&l_{RS}\\l_{GR}&l_{RS}&l_{RR}\end{bmatrix} \tag{4.1.58}$$

电容矩阵为

$$\boldsymbol{C}=\begin{bmatrix}c_{GG}+c_{GS}&-c_{GS}&0\\-c_{GS}&c_{SS}+c_{GS}+c_{RS}&-c_{RS}\\0&-c_{RS}&c_{RR}+c_{RS}\end{bmatrix} \tag{4.1.59}$$

传输线的电阻矩阵为

$$\boldsymbol{R}=\begin{bmatrix}0&0&0\\0&r_S&0\\0&0&0\end{bmatrix} \tag{4.1.60}$$

通过求解式(4.1.54)和式(4.1.55)这样的微分方程来计算传输线间的串扰，步骤比较复杂，可以参考相关文献，这里不再过多讨论。实际工程应用中，尤其是在频率比较低、即传输线为“短线”的情况下，往往采用集总参数模型就能得到比较精确的结果。集总参数模型中传输线的自电感、互电感、对地电容、分布电容这些参数，可以通过式(4.1.43)、式(4.1.45)、式(4.1.48)、式(4.1.49)的计算结果乘以传输线的长度获得。

4.1.3 仿真及实验结果分析

1. 受扰线为非屏蔽信号电缆

图 4.1.15 为地平面上两平行导线横截面示意。两根导线的长度 L 均为 4 m，每根导线两端的负载均为 50 Ω。干扰线半径为 r_{wG}，受扰线半径为 r_{wR}，$r_{wG}=r_{wR}=1.22$(mm)。在两者距离地面高度 $h_G=h_R=0.1$(m)的条件下，分别对电缆间距 S 为 0.1 m、0.3 m 和 0.5 m 时受扰电缆的远端串扰进行测试，并与分布参数串扰模型的仿真结果进行对比，如图 4.1.16 所示。

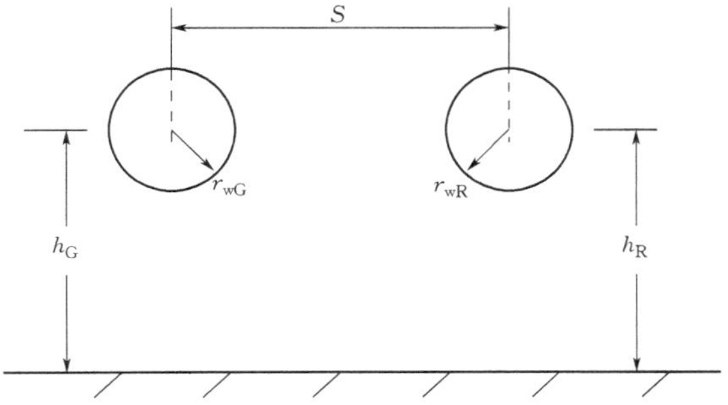

图 4.1.15 干扰线与非屏蔽电缆横截面

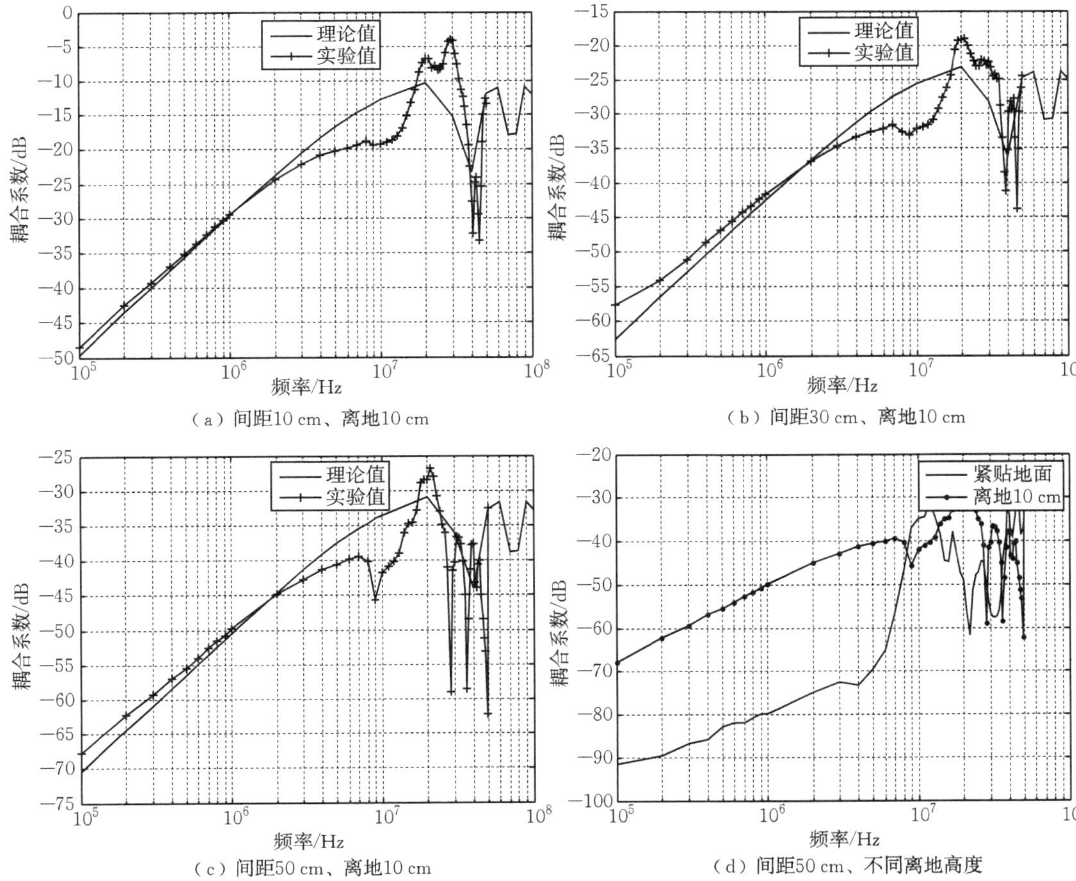

(a) 间距10 cm、离地10 cm

(b) 间距30 cm、离地10 cm

(c) 间距50 cm、离地10 cm

(d) 间距50 cm、不同离地高度

图 4.1.16 非屏蔽电缆远端串扰实验与仿真数据

由图 4.1.16(a)～图 4.1.16(c)可以发现，测试结果与仿真模型非常吻合。当频率小于 20 MHz 时，耦合系数以 20 dB/10ω 的速率递增，而频率大于 20 MHz 时，串扰量不再随着频率的增加而增加。同时可以看到，串扰随着间距的增大而变小，这与理论分析也是相符合的。另外，图 4.1.16(d)的结果显示串扰随着导线距地高度的降低而显著减小，也说明了可以通过减小受扰回路面积的方式来有效降低串扰。

2. 受扰线为屏蔽信号电缆

在图 4.1.17 所示的模型中，两根导线的长度 L 均为 4 m，每根导线两端的负载均为 50 Ω。干扰线半径为 r_{wG}=1.22(mm)，受扰屏蔽电缆芯线半径为 r_{wR}=1.37(mm)，屏蔽层半径 r_{SH}=4.19(mm)，屏蔽层厚度 t_{SH}=0.2(mm)，屏蔽层直流电阻率为 10 mΩ/m，干扰线和受扰线距离地面高度 h_G=h_R=0.1(m)。

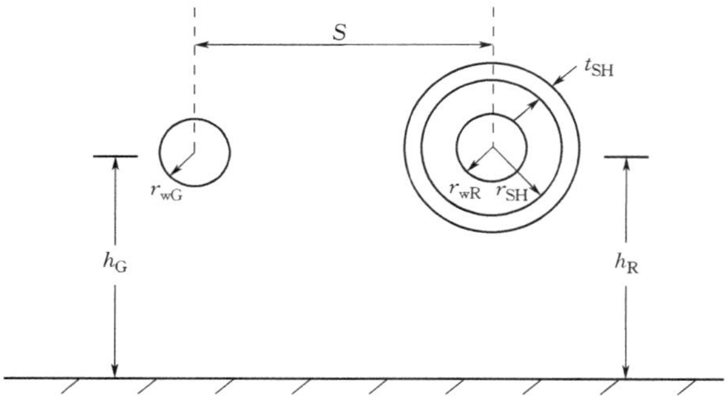

图 4.1.17　干扰线与屏蔽信号电缆横截面

分别针对屏蔽层双端接地、单端接地、双端浮地三种情况下，屏蔽电缆芯线远端串扰进行测试。测试结果如图 4.1.18 所示。

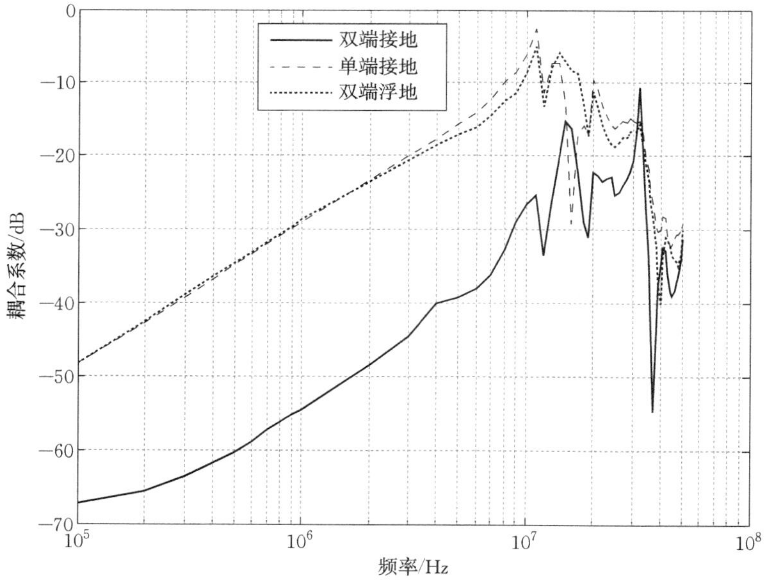

图 4.1.18　屏蔽电缆屏蔽层不同接地方式对远端串扰的影响

由图 4.1.18 可以看出，在频率 100 kHz 以上(远大于常用屏蔽电缆的 5 倍截止频率)，屏蔽层双端接地起到了很好地屏蔽效果，这是因为双端接地的屏蔽层可以有效减少受扰回路面积。在 100 kHz～10 MHz 的频率范围，屏蔽层双端接地比不接地或单端接地的串扰耦合系数小 25 dB 左右。

将图 4.1.15 所示的非屏蔽电缆串扰模型与图 4.1.17 所示的屏蔽电缆串扰模型进行对比，在电缆距地高度均为 0.1 m 的情况下，屏蔽层单端接地或者不接地，与受扰线为裸线时的耦合系数基本相同，如图 4.1.19 所示。可见，屏蔽层并没有起到屏蔽作用，这是因为单端接地或浮地屏蔽层没有与大地构成回路，所以没有改变受扰回路的面积。

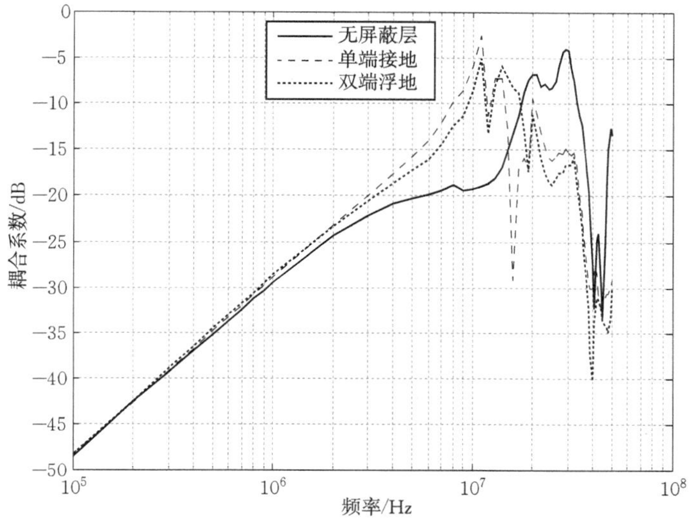

图 4.1.19　非屏蔽电缆与屏蔽电缆屏蔽层单端接地及浮地方式的远端串扰对比

4.1.4　信号电缆干扰防护

在前面介绍的信号电缆串扰模型中，信号电缆芯线的两端通过电阻接地，用大地作为回流导体。对于这种结构，如果信号电缆为屏蔽电缆，则屏蔽层双端接地可以对电场及高频磁场干扰起到良好的抑制效果；若屏蔽层单端接地，则仅能实现电场屏蔽。无论是屏蔽层单端接地，还是双端接地，对低频磁场（小于几千赫兹）干扰的抑制均不明显。

降低干扰源和受扰线之间感性耦合的基本原则是减少两者之间的互感，通常可以采用减少受扰线的回路面积来实现。前面讲的屏蔽层双端接地的屏蔽电缆对高频磁场的抑制，本质也是通过减少受扰芯线的回路面积来实现的。在实际应用中，信号电缆通常为多芯结构，并用成对的芯线传输各种信号，即通过单独的导线而不是大地作为信号的回流路径。对于这种情况，通过把两条信号传输线绞合在一起的方式来实现磁场屏蔽，如图 4.1.20 所示。图中干扰回路中电流 i 产生的磁场，均匀地穿过被干扰回路（双绞线）中的每个小绞合回路，即两个相邻绞合结之间的回路。小绞合回路的面积相同，所以感应电压也相同，但由于两条导线在绞合结位置方向交错，所以相邻小绞合回路的感应电压相互抵消接近为零。双绞线对低频及高频磁场均能起到良好的屏蔽作用。不过，为了实现电场屏蔽，仍然需要采用屏蔽电缆接地的方式。

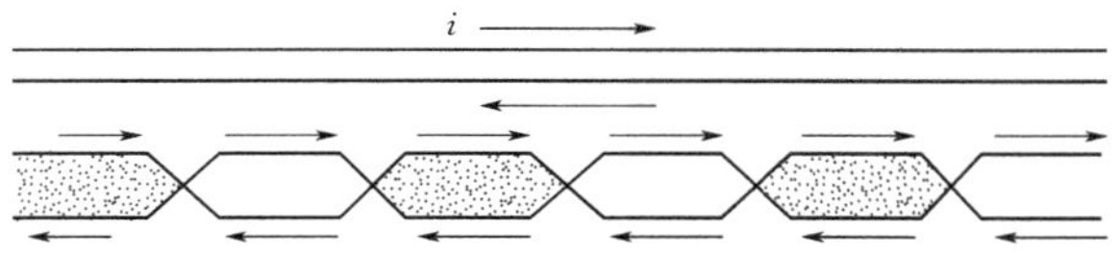

图 4.1.20　双绞线的磁场屏蔽原理

综上所述，为了实现电场及磁场屏蔽，信号电缆应优先考虑使用屏蔽双绞线，屏蔽层单端接地或双端接地均可，而对于采用大地作为回流的系统，屏蔽层宜双端接地。

4.2 信号电缆及接地

4.2.1 铁路信号电缆及特性

铁路信号电缆主要包括铁路信号电缆和铁路数字信号电缆两大类。一般导电芯线由若干根直径为 1.0 mm 的软铜线(专用电缆除外)组成，其允许工作电压不得低于工频 500 V 或直流 1 000 V。

1. 铁路信号电缆

铁路信号电缆指的是额定电压交流 500 V 或直流 1000 V 及以下传输铁路信号、音频信号或某些自动装置用固定敷设电缆。铁路信号电缆按护套类型包括塑料护套(PTY03、PTY23 等)、综合护套(PTYA23、PTYA22)、铝护套(PTYL23、PTYL22)信号电缆；电缆规格用电缆芯数表示为：4、6、8、9、12、14、16、19、21、24、28、30、33、37、42、44、48、52、56、61。参考 TB/T 2476.1—2017《铁路信号电缆　第 1 部分：一般规定》，电缆主要电气指标见表 4.2.1。

表 4.2.1　铁路信号电缆电气性能

序号	项　　目	单位	指标	长度换算关系(L 为被测电缆长度，单位为 km)
1	直流电阻(20 ℃)			
1.1	每根导体直流电阻	Ω/km	≤23.5	实测值×L
1.2	工作线对导体电阻不平衡[a]	—	≤2%	—
2	绝缘电阻(DC 500 V，20 ℃) 每根绝缘线芯对其他绝缘线芯接屏蔽及金属套	MΩ·km	≥3 000	实测值×L
3	绝缘介质强度(50 Hz，2 min)			
3.1	线芯间	V	1 000	—
3.2	所有线芯对屏蔽与金属套	V	1 800	—
4	工作电容(0.8～1.0 kHz)			
4.1	四线组工作电容	nF/km	≤50	实测值/L
4.2	对线组工作电容	nF/km	≤70	实测值/L
4.3	每根绝缘线芯对连接到地的其他绝缘线芯间电容	nF/km	≤100	实测值/L
5	电容耦合系数 0.8～1.0 kHz			
5.1	k_1 平均值	pF/km	≤141	实测值×$\sqrt{1/L}$
	最大值	pF/km	660	实测值/L
5.2	k_9～k_{12} 平均值	pF/km	≤170	实测值×$\sqrt{1/L}$
	最大值	pF/km	460	实测值/L
5.3	四芯电缆 k_1，指标为最大值	pF/km		
6	对外来地电容不平衡 0.8～1.0 kHz			
6.1	e_{a1}、e_{a2} 平均值	pF/km	≤660	实测值/L
	最大值	pF/km	2 600	实测值/L
6.2	四芯电缆 e_{a1}、e_{a2} 指标为最大值	pF/km		

注：[a]为导体电阻不平衡指工作线对两根导体的电阻之差与其电阻之和的比值。

2. 铁路数字信号电缆

铁路数字信号电缆用于铁路信号系统中有关设备和控制装置之间的连接，可实现 1 MHz（模拟信号）、2 Mbit/s（数字信号）、额定电压交流 750 V 或直流 1100 V 及以下系统控制信息及电能的传输，具有屏蔽性能和高抗干扰能力。电缆的规格以缆芯芯数表示，包括：4、6、8、9、12、14、16、19、21、24、28、30、33、37、42、44、48、52、56、61。内屏蔽铁路数字信号电缆的规格为：8B、12A、12B、14A、14B、16A、16B、19A、19B、21A、21B、24A、24B、28A、28B、30A、30B、33A、37A、42A、44A、48A。根据用途不同，还有应答器、计轴数字信号电缆。参照 TB/T 3100.1—2017《铁路数字信号电缆 第 1 部分：一般规定》，其主要电气指标见表 4.2.2。

表 4.2.2 铁路数字信号电缆电气性能指标

序号	项目	单位	指标	长度换算关系（L 为被测电缆长度，单位为 km）
1 1.1 1.2	直流电阻 20 ℃ 每根导体直流电阻 工作线对导体电阻不平衡[a]	Ω/km	22.5±1.0≤1%	实测值/L —
2 2.1	绝缘电阻 DC 500 V，20 ℃ 每根绝缘线芯对其他绝缘线芯接屏蔽及金属套	MΩ·km	≥10 000	实测值×L
3 3.1 3.2	绝缘介质强度 50 Hz，2 min 线芯间 所有线芯对屏蔽与金属套	V	1 000 2 000	—
4 4.1 4.2 4.3	电容 0.8～1.0 kHz 四线组工作电容 对线组工作电容 每根绝缘线芯对连接到地的其他绝缘线芯间电容	nF/km	28±3 35±4 ≤70	实测值/L
5 5.1 5.2 5.3	电容耦合系数 0.8～1.0 kHz k_1 平均值 最大值 k_9～k_{12} 平均值 最大值 四芯电缆 k_1 指标为最大值 屏蔽组/非屏蔽组分别计算平均值和最大值	pF/km	≤81 330 ≤119 230	实测值×$\sqrt{1/L}$ 实测值/L 实测值×$\sqrt{1/L}$ 实测值/L
6 6.1 6.2 6.3	对外来地电容不平衡 0.8～1.0 kHz e_{a1}、e_{a2} 平均值 最大值 四芯电缆 e_{a1}、e_{a2} 指标为最大值 允许有 10% 盘数的 e_{a1}、e_{a2}≤1 294 pF/km 屏蔽组/非屏蔽组分别计算平均值和最大值	pF/km	≤330 800	实测值/L

续上表

序号	项　　目	单位	指标	长度换算关系 （L 为被测电缆长度，单位为 km）
7	1 000 kHz 回路间近端串音衰减[b]　300 m 及以上 组内 组间	dB	≥37 ≥42	—
8	1 000 kHz 回路间远端串音防卫度 组内 组间	dB/km	≥39 ≥49	实测值+10 lg$L$
9	特性阻抗[c]　20 ℃ 1.7 kHz 2.0 kHz 2.3 kHz 2.6 kHz 1 000 kHz	Ω	396±24 367±22 343±21 325±20 155±16	—
10	线对衰减[d]　20 ℃ 1.7 kHz 2.0 kHz 2.3 kHz 2.6 kHz 1 000 kHz	dB/km	≤0.70 ≤0.75 ≤0.80 ≤0.83 ≤9.00	实测值/L
11	相角 1.7 kHz 2.0 kHz 2.3 kHz 2.6 kHz	(°)	−39±3.9 −38±3.8 −37±3.7 −36±3.6	—

注：[a] 导体电阻不平衡，即工作线对两根导体的电阻之差与其电阻之和的比值。

[b] 当长度小于 300 m 时，近端串音换算公式为实测值+10 lg{$[1-(10^{-(\alpha\times L/5)})]/[1-10^{-(\alpha\times 0.3/5)}]$}，式中，$\alpha$ 为线对衰减，dB/km。

[c] 20 ℃时的特性阻抗温度系数在 1.7～2.6 kHz 时为 0.002，1/℃。

[d] 20 ℃时的衰减温度系数为 0.002，1/℃。

集中联锁和自动闭塞区间的干线电缆应采用综合护套、铝护套信号电缆和数字信号电缆，ZPW-2000A 系列轨道电路及电码化等必须使用数字信号电缆。有特殊要求的设备，如计轴设备、应答器等应采用专用数字信号电缆。

音频信号设备的传输通道（含维修电话线）应采用信号电缆中的星绞组或对绞组芯线；用于音频数据传输时，必须采用通信电（光）缆或信号电缆中特设的低频通信四芯组电缆芯线。

4.2.2　信号电缆敷设及接地工程

交流电力牵引区段的接触网和贯通地线对于敷设在钢轨旁的轨道电路等信号电缆是非常典型的影响源。接触网和贯通地线与邻近信号电缆近似平行放置，接触网和贯通地线与信号电缆之间存在电位差，前者通过容性耦合对信号电缆产生容性干扰。另外流经接触网或贯通地线的电流在其周围产生磁场，进而通过感性耦合在信号电缆上产生感性干扰。这种在相邻的导线间由于近场感应而产生的干扰称为串扰。

信号电缆敷设须符合下列要求：

(1)电缆埋设深度，站内一般不小于 700 mm，区间不小于 1 200 mm；横穿线路时，防护用钢管或混凝土管的管顶距路基面不得小于 0.4 m。

(2)电缆径路应选择地形平坦和土质良好地带。

(3)电缆径路应避开酸、碱、盐聚集、石灰质、污水、土质松软和承受重压可能发生大量塌陷危险的地带，以及道岔的岔尖、辙叉心、钢轨接头、接触网的杆塔基础等处所。

(4)电缆径路应尽量保持直线。如有弯曲时，电缆的允许弯曲半径：非铠装电缆不应小于电缆外径的 10 倍；铠装电缆不应小于电缆外径的 15 倍；内屏蔽电缆不应小于电缆外径的 20 倍。

(5)贯通地线与信号电缆同沟时，应埋设于电缆(槽)下方土壤中，距电缆(槽)底部不得小于 300 mm。信号电缆与电力电缆不得同沟，应分开敷设；必须交叉时应采取物理隔离措施。

为了防护电气化干扰，信号电缆多采用屏蔽电缆外加金属护套的方式。屏蔽电缆、金属护套的接地方式直接影响到信号电缆的抗干扰性能，因此铁路有关标准明确规定了铁路信号电缆，尤其是室外信号电缆的接地方式。例如：TB 10621—2014《高速铁路设计规范》14.11.4 规定"室外电缆铝护套、钢带以及内屏蔽护套应分段单端接地"。TB 10007—2017《铁路信号设计规范》18.3.12 中也有相同的规定。

采用金属护套或屏蔽层单端接地的方式并不能完全解决信号电缆的电磁干扰问题，现场在发生信号电缆受干扰的情况时，应避免盲目改变接地方式、增加屏蔽层或更换电缆等方式，否则将事倍功半。

4.3 轨旁信号电缆接地工程案例分析

铁路现场的干扰源多为大功率电气设备，其终端负载的等效阻抗较小，而通常受到干扰的信号电缆终端负载大多数在几百欧姆以下，如 CAN 总线的负载阻抗通常为 120 Ω。另外，通常情况下地面平行电缆间单位长度(每米)的互感为 μH 级，互容为 pF 级，大多数情况下干扰线与受扰线之间的耦合以感性耦合为主。

4.3.1 纵向电动势

信号电缆作为传递铁路信号控制信息的物理载体和重要组成部分，相当于铁路系统的神经网络。尤其工作在室外时，易受外界电磁干扰的影响。为了保证人身安全，国际及国内有关标准要求通信导线的纵向感应电动势(longitudinal electromotive force，LEF)不应超过 60 V。纵向电动势是指在强电线中有交变电流通过时，由于感性耦合作用，在其邻近的通信导线上产生沿其长度纵向分布的感应电动势。纵向电动势的测量方法如图 4.3.1 所示。

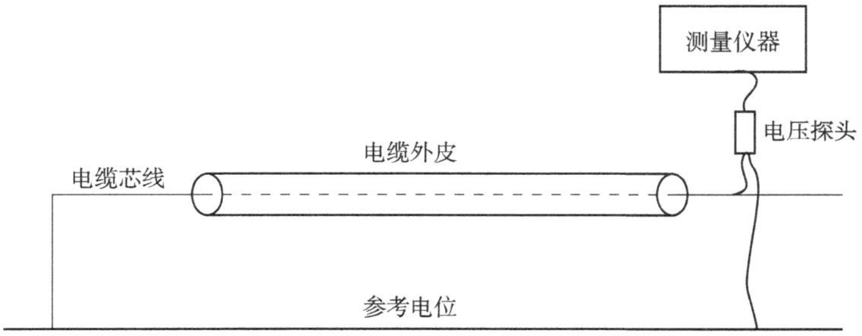

图 4.3.1 纵向电动势测量原理图

工程上，根据磁感应耦合，干扰线路在信号电缆芯线上感应的电动势可表示为

$$e=\omega Ill_{\mathrm{m}}S \tag{4.3.1}$$

其中，ω 为干扰电流角频率；I 为干扰电流；l 为电缆线路与干扰线路的平行接近长度；l_{m} 为单位长度干扰线路和电缆之间的互感，即互感系数；S 为电缆综合屏蔽系数，定义为无屏蔽层或屏蔽层单端接地时电缆芯线测得的感应电动势与屏蔽层双端接地时电缆芯线测得的感应电动势之比。S 受屏蔽层（电缆护套）的材质、厚度，接地方式，以及干扰频率等多种因素影响，其取值在 0～1 之间。

自由空间中有限长度的平行电缆间单位长度的互感系数可近似计算为

$$l_{\mathrm{m}}=2\left(\ln\frac{2l}{d}-1+\frac{d}{l}\right)\times10^{-7} \tag{4.3.2}$$

其中，d 为电缆间的距离；l 为电缆长度。

我国的高速铁路和重载铁路均为电力牵引，牵引功率和牵引电流显著增大，电磁干扰也相应趋于严重；另外，由于采用了综合接地系统，轨旁信号电缆与贯通地线平行敷设于钢轨附近的电缆槽内，其长度达到几公里甚至十几公里。贯通地线不仅是牵引电流回流的通道之一，在接触网故障或钢轨回流不畅时，也将出现较大的暂态电流。另外，相对于贯通地线，接触网、回流线及钢轨与电缆槽内信号电缆的距离较远，并且接触网与回流线和钢轨中电流方向相反，与信号电缆芯线的感性耦合部分抵消，因此，贯通地线中的牵引回流是导致邻近信号电缆产生纵向电动势的主要原因。

信号电缆单端接地时，根据前面的介绍，屏蔽层起不到磁场的屏蔽作用，因此屏蔽系数 S 取 1，根据式(4.3.1)，芯线感应电动势计算公式变为

$$e=\omega Ill_{\mathrm{m}} \tag{4.3.3}$$

信号电缆通过贯通地线双端接地时，信号电缆屏蔽层和贯通地线构成连续的电流通道，贯通地线中的部分牵引回流会流经信号电缆屏蔽层，如图 4.3.2 所示。此时，两接地点之间的电缆芯线会受到屏蔽层上电流及贯通地线电流的双重影响。

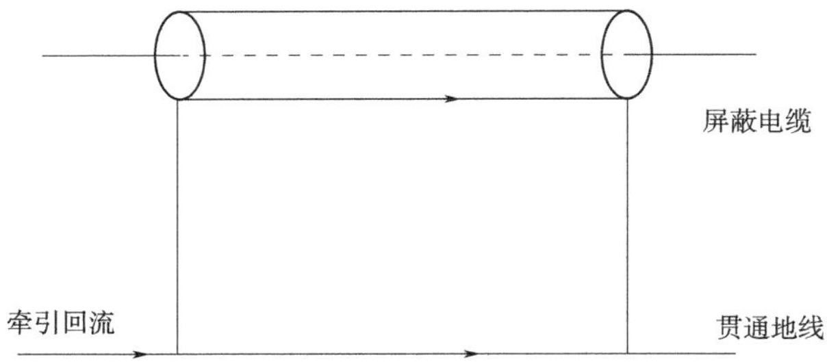

图 4.3.2　轨旁信号电缆双端接地时牵引回流分布

如果贯通地线中总的牵引电流为 I，屏蔽层上的电流为 I_{s}，则分流系数为

$$\eta=\frac{I_{\mathrm{s}}}{I} \tag{4.3.4}$$

如果信号电缆屏蔽层（或金属护套）单位长度直流电阻 R_{s}，贯通地线单位长度直流电阻为 R_2，则

$$\eta=\frac{R_2}{R_{\mathrm{s}}+R_2} \tag{4.3.5}$$

贯通地线和信号电缆屏蔽层中电流在信号电缆芯线上感应的电动势计算公式为

$$e=\omega I(1-\eta)ll_{\mathrm{m1}}S+\omega I\eta ll_{\mathrm{m2}} \tag{4.3.6}$$

其中，l_{m1} 为贯通地线和电缆间的互感系数；l_{m2} 为电缆屏蔽层与芯线间的互感系数；l 为两接地点之间的长度。式(4.3.6)的第一项为贯通地线电流在信号电缆芯线上感应的电动势，第二项为信号电缆屏蔽层电流在芯线上感应的电动势。

4.3.2 纵向电动势计算示例

【例】某电气化铁路轨旁贯通地线与信号电缆的间距为 0.2 m。信号电缆的半径为 10 mm，其表面的金属护套通过与贯通地线相连实现接地。贯通地线的电阻率为 0.2 Ω/km，电缆金属护套的电阻率为 0.4 Ω/km，其等效屏蔽系数为 0.3。当贯通电线上的电流为 60 A 时，分别计算单端接地及双端接地(两接地点间距 1 km)时，1 km 长的信号电缆芯线上的纵向电动势为多少？

【解】根据式(4.3.2)，贯通地线与信号电缆芯线间的互感系数为

$$l_{m1}=2\times\left(\ln\frac{2\times10^3}{0.2}-1+\frac{0.2}{10^3}\right)\times10^{-7}=1.64\times10^{-6}\,(\mathrm{H/m})$$

信号电缆金属护套与其芯线间的互感系数为

$$l_{m2}=2\times\left(\ln\frac{2\times10^3}{0.01}-1+\frac{0.01}{10^3}\right)\times10^{-7}=2.24\times10^{-6}\,(\mathrm{H/m})$$

单端接地时，金属护套不起屏蔽作用，即屏蔽系数为 1，此时，金属护套上也没有电流。根据式(4.3.1)信号电缆芯线上的纵向电动势为

$$e=\omega Ill_m=2\pi\times50\times60\times1\,000\times1.64\times10^{-6}=30.9(\mathrm{V})$$

双端接地时，金属护套对贯通地线起到分流作用，根据式(4.3.5)，分流系数为

$$\eta=\frac{0.2}{0.2+0.4}=\frac{1}{3}$$

电缆芯线同时受到其金属护套电流和贯通地线电流的影响，根据式(4.3.6)，有

$$\begin{aligned}e&=\omega I(1-\eta)ll_{m1}S+\omega I\eta ll_{m2}\\&=2\pi\times50\times40\times1\,000\times1.64\times10^{-6}+2\pi\times50\times20\times1\,000\times2.24\times10^{-6}\\&=20.6+14.1=34.7(\mathrm{V})\end{aligned}$$

上面的计算结果说明，轨旁信号电缆采用屏蔽层双端接地时，虽然可以使其屏蔽层起到对贯通地线电流的磁场屏蔽作用，但贯通地线中的部分电流也会通过该屏蔽层分流，这部分电流由于屏蔽层与芯线间的互感而导致芯线中产生额外的纵向电动势，反而使感应的纵向电动势较屏蔽层单端接地时的大。另外，如果双端接地的两个接地点之间的贯通地线发生故障，如断裂或接续不良，则贯通地线中的大部分牵引电流会通过屏蔽层实现回流，严重时会导致屏蔽电缆过热而烧损，因此，轨旁信号电缆的金属护套或屏蔽层应采用单端接地的方式。

轨旁信号电缆与贯通地线均埋于轨旁电缆槽内，两者没有距地高度，也不宜将大地看作回流通道，因此其互感不能用式(4.1.45)计算，但可以用式(4.3.2)进行估算。有限长度埋地电缆间的互感，还受电缆长度、土壤电导率及埋地深度等多种因素的影响，相关计算非常复杂，更精确的计算公式可以参考相关文献。

5

雷电特性及信号防雷电路设计

本章内容概述

本章首先介绍分析了雷电的主要特性，提出针对性的抑制措施。接着介绍了防雷元件和典型防雷电路的应用设计，最后对并联MOV、并联GDT及两级防雷电路的性能进行了理论分析和仿真，并提出应用原则。

5.1 雷电过电压特性及抑制措施

雷电是一种常见的自然现象，自从有文字记载以来，就不断记录了雷电给人类带来的灾难，如建筑物毁坏、财物损坏、人身伤害、设备干扰等。

5.1.1 雷电过电压特性

雷电破坏作用与其峰值电压及波形有密切关系，而雷电波频谱则是研究雷电波传输及雷电防护的重要依据。根据这些数据可以估算通信或信号系统频带范围内雷电冲击的幅度和能量大小，进而确定防雷措施。世界各地雷电脉冲波形的实测统计结果也大致相似。为了便于分析，把实测的雷电脉冲波形用逼近法加以整理并取正值，便得到典型曲线，如图5.1.1所示。

无论是雷电电流脉冲还是雷电电压脉冲，都是随时间近似指数函数规律上升至峰值，然后又近似指数函数规律下降，因此它们被称为双指数函数曲线，并可表示为

$$I(t)=AI_0(e^{-\alpha t}-e^{-\beta t}) \tag{5.1.1}$$

$$U(t)=AU_0(e^{-\alpha t}-e^{-\beta t}) \tag{5.1.2}$$

其中，I_0是雷电流峰值；U_0是雷电电压峰值；α是波前衰减系数；β是波尾衰减系数；A为调节系数。

根据雷电造成物品损害的入侵途径，可分为直击雷和感应雷两种类型。直击雷主要是通过雷电流直接击中建筑物、室外设备或各种电缆等方式入侵，而感应雷则是带电雷云通过静电感应，或是雷电流通过电磁感应的方式，在周围的导体上感应出过电压。由雷电感应产生的过电压会影响电子设

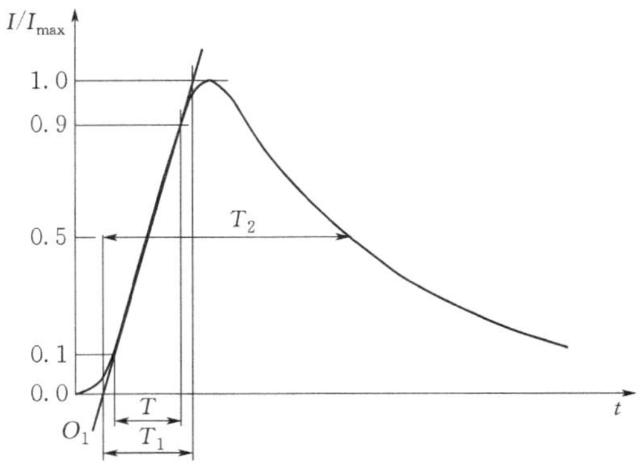

（a）雷电电流脉冲

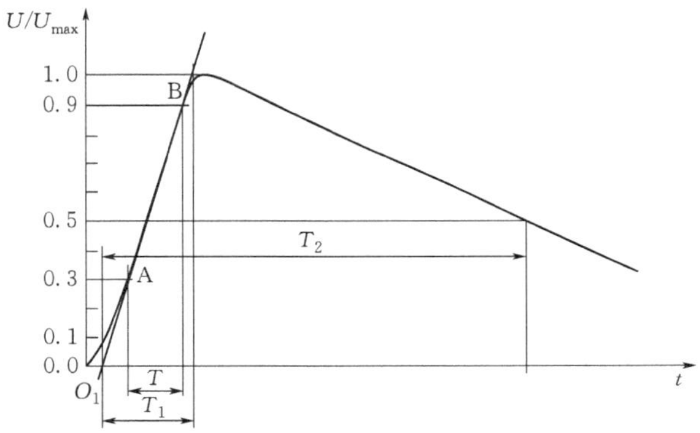

（b）雷电电压脉冲

T_1—波前时间；T_2—半峰值时间。

图 5.1.1 雷电脉冲波形

备的正常工作，也可能使设备受到损坏，还可能会对周围的物体产生二次放电。虽然雷电感应没有直击雷的破坏性大，但其发生的概率比直击雷高得多。直击雷通常只会对击中的目标造成危害，而雷电感应则可以在较大范围内的多个局部同时产生感应过电压现象，并且这种感应过电压可以通过电缆、信号线等传输到很远的距离，从而扩大了雷害范围。

直击雷或感应雷容易导致设备的电源线和信号线上产生浪涌（冲击）电压。为了验证设备或防雷元件的防雷性能，常用对 8/20 μs 冲击电流波（对应输出为短路情况，开路情况下则对应为 1.2/50 μs 冲击电压波）、10/700 μs 冲击电压波等进行雷电抗扰度测试，其中 8 μs 和 10 μs 分别为这两种波的波前时间，20 μs 和 700 μs 则分别为其半峰值时间。

8/20 μs 冲击电流波主要用于电源端口和短距离信号端口的测试，10/700 μs 冲击电压波则用于长距离信号端口测试，本文后续内容也基于这两种波形进行研究。这两种波形所对应双指数函数模型的参数见表 5.1.1。

表 5.1.1 不同浪涌波形的双指数函数参数

波形/μs	A	α	β
8/20	2.45	7.714×10^4	2.489×10^5
10/700	1.026	1.028×10^3	2.579×10^5

雷电波形是脉冲信号，具有很宽的频带，其带宽可以用 $1/(\pi t_r)$ 来估算，其中，t_r 为脉冲的上升沿时间。脉冲的前沿越陡峭，则脉冲包含的高频能量越大。理论估计雷电脉冲的主要能量集中在 100 kHz 以内的低频范围内，只要防止 100 kHz 以下频率的雷电波侵入，就能把雷电波的能量消减 90%以上，这对于防雷工程的设计具有重要的指导意义。

5.1.2 感应雷过电压抑制措施

1. 相线与地线间并联电容法

当天空出现带电雷云的时候，其下方的地面由于静电感应的作用而产生与它相反的电荷。显然，如果带电雷云下方有架空电线，则也会感应到相反的电荷，设其电量为 Q。架空线对大地之间的电容为 C_e，该电容很小，通常只有百分之几微法。

发生对地雷击后，雷云与大地之间的电荷迅速中和，但架空线与大地之间由于有较大的电阻，其感应电荷不能及时消除，这就使架空线与大地之间形成感应高电压，其大小为

$$V_g=\frac{Q}{C_e} \tag{5.1.3}$$

通常采用架空线引入房尾端与大地之间接入保护电容器的方法来抑制感应过电压，即使其电容量 C 只有 1 μF，也可以使架空线路的引入高电压降低到原来的几十分之一。这时的感应电压为

$$V_g=\frac{Q}{C_e+C} \tag{5.1.4}$$

如果接入电容的容量再大些，感应电压将可以降到更低，但此种方法会导致相线与地之间存在一定的漏流。例如，220 V、50 Hz 的工频交流电压会在 1 μF 的对地电容上产生 69 mA 的漏流。

2. 变压器隔离法

上面讲的感应电压是由于静电感应造成的，属于直流电压。雷击放电过程，会通过电磁感应在周围的金属物体，如导线上产生瞬态过电压或过电流。为了抑制交流电源线上的感应过电压，通常在电源输入端安装 1∶1 的变压器。没有感应过电压时，该变压器正常工作，其变比为 1。当强大的雷电波输入变压器时，由于雷电流比变压器额定电流高很多倍，使得激励的磁场强度过大而导致变压器铁芯饱和，变压器的变比远小于 1，雷电高电压基本不能传输到变压器的副边，从而保护了用电设备。

3. 浪涌保护器（surge protection device，SPD）

浪涌保护器是用于限制瞬态过电压和泄放电涌电流的装置，它至少包含一个非线性元件，常用的有气体放电管（gas discharge tube，GDT）、金属氧化物压敏电阻（metal-oxide varistor，MOV）、瞬变电压抑制器（transient voltage suppressor，TVS）等。

通常在设备的电源端口及信号端口安装 SPD 的方式来抑制浪涌对设备的损害。泄放雷电流、限制浪涌（电涌）电压这两个作用都是由 SPD 中的非线性元件完成的。SPD 通常与被保护设备并联，在瞬态电涌未到来以前，SPD 呈现高阻状态，对被保护电路没有受影响，而当瞬态电涌到来时，SPD 迅速转变为低阻状态，将电涌电流旁路，并将被保护设备两端的电压限制在较低的水平。当电涌能量释放后，SPD 又迅速地自动恢复为高阻状态。

5.2 信号防雷技术

本节首先介绍了常用浪涌抑制器件的性能参数和各自的优缺点，组合 SPD、应用场合及典型结构，最后说明信号设备及轨道电路防雷设计基本原则。

5.2.1 浪涌抑制器件

1. 压敏电阻特性及仿真

压敏电阻通常用由金属氧化物（主要是氧化锌 ZnO）材料组成，金属氧化物压敏电阻是目前在电子产品中使用最广泛的浪涌抑制器件。压敏电阻的主要特点是：当压敏电阻上的电压低于一定阈值，其阻值很大，可以近似地认为是开路状态，但当其两端的电压超过该阈值时，电阻的阻值会大幅度降低以泄放浪涌能量。

压敏电阻实物及符号表示如图 5.2.1 所示。

压敏电阻的主要技术参数有：

（1）压敏电压：压敏电阻上通过 1 mA 直流电流时的电压，用 U_N 或 $U_{1\,mA}$ 表示。压敏电压通常作为压敏电阻是否导通的标志电压，因此有时也被称为击穿电压。

（2）残压：是指浪涌电流流过压敏电阻时，它两端电压的峰值。

（3）钳位电压：指压敏电阻通过规定幅值、规定波形（如 8/20 μs）浪涌电流时其两端的电压峰值。钳位电压是残压的特例，是压敏电阻抑制瞬态过电压能力的特征指标。

（4）通流容量（kA）：通流容量也称通流量，是指在规定的条件（规定的时间间隔和次数，施加标准的冲击电流）下，允许通过压敏电阻上的最大脉冲电流值。

（a）压敏电阻实物

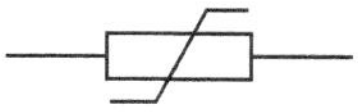

（b）压敏电阻符号

图 5.2.1　压敏电阻

(5)响应时间:是指从暂态过电压开始作用于器件两端的时刻,到元件实际导通之间的延迟时间。

压敏电阻的伏安特性如图 5.2.2 所示。

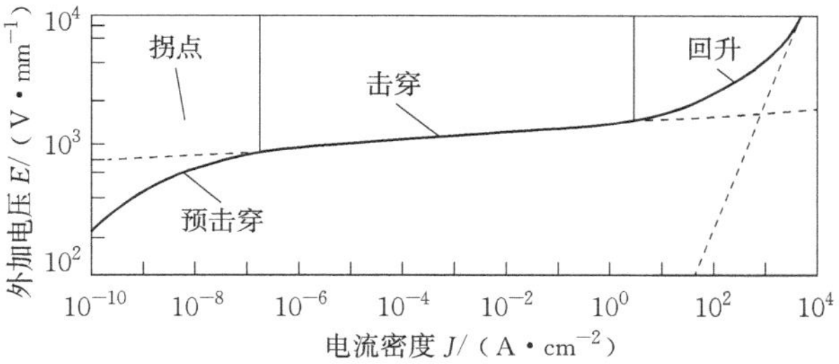

图 5.2.2　压敏电阻典型的伏安特性

压敏电阻特性曲线分为三个区域,分别为预击穿区、击穿区和上升区。

(1)预击穿区:在此区域内,外加电压小于压敏电阻的压敏电压,通过的电流仅为微安级,此时压敏电阻的阻值很大,可以看作开路。

(2)击穿区:压敏电阻两端电压大于其压敏电压,压敏电阻两端电压微小的变化就能够引起电流的急剧变化。在击穿区的伏安特性可表示为

$$I=(U/K)^{a} \tag{5.2.1}$$

其中,K 为常数;a 是决定 I—U 曲线非线性度的系数,$a\geqslant 1$。

(3)上升区:当过电压继续增大,压敏电阻的伏安特性主要由晶粒电阻的伏安特性来决定,因此上升区的电流与电压基本呈线性关系。压敏电阻在该区域已经失去了抑制电压、吸收浪涌能量的能力。

采用压敏电阻作为设备的浪涌防护器件时,其压敏电压不能过高也不能过低。如果过高,则当较高浪涌电压来袭时,压敏电阻仍然处于开路状态,起不到分流的防护作用,造成被保护设备的损害;如果过低,压敏电阻可能在较低浪涌电压,甚至设备的工作电压下就处于导通状态,使设备不能正常工作。通常在直流回路中,应当有 $U_N\geqslant(1.8\sim2)U_P$,式中 U_P 为直流回路的额定工作电压;在交流回路中,应当有 $U_N\geqslant(2.2\sim2.5)U_C$,式中 U_C 为交流回路工作电压的有效值;在信号回路中,应当有 $U_N\geqslant(1.2\sim1.5)U_{max}$,式中 U_{max} 为信号回路的峰值电压。

压敏电阻对瞬变信号能量的吸收能力与其体积成正比:压敏电阻两端的电压正比于其厚度;通过的电流正比于其横截面积。

压敏电阻在导通前的阻值很大，其两极间可以等效为一个电容，其大小在几百皮法到几千皮法的数量级范围。在直流或工频情况下，该电容对被保护电路几乎没有影响，但在高频或数字电路中，该电容可能会导致信号的失真或产生谐振，因此压敏电阻很少用于高频或数字信号线路的保护。

在 Multisim、PSCAD 等电路仿真软件的元件库中有常用型号的压敏电阻。可以用这类仿真软件对压敏电阻的浪涌抑制效果进行仿真。以型号 20D390K 型压敏电阻为例，其主要参数见表 5.2.1。

表 5.2.1　20D390K 型压敏电阻主要参数

型号	压敏电压/V	最大钳位电压/V	响应时间/s	通流容量/kA	失效模式
20D390K	39(35～43)	77	纳秒级(10^{-9})	3	短路

使用 PSCAD 仿真软件，浪涌波形选择 10/700 μs 脉冲波，电压为 1 000 V，如图 5.2.3(a)所示。对于该脉冲波，20D390K 型压敏电阻的抑制效果如图 5.2.3(b)所示。

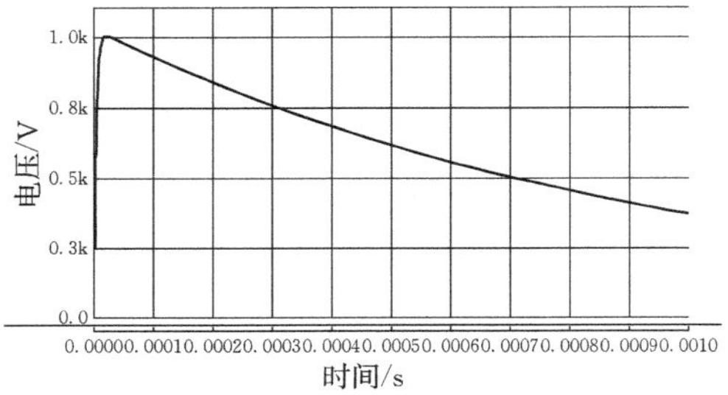

(a) 10/700 μs脉冲波

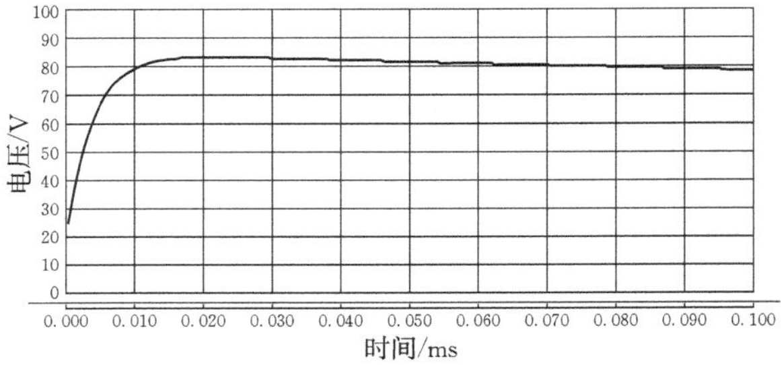

(b) 压敏电阻的抑制效果

图 5.2.3　压敏电阻对浪涌的抑制效果

压敏电阻残压的仿真结果为 83 V，与厂家给出的最大钳位电压 77 V 大体一致，验证了 PSCAD 软件对压敏电阻特性仿真的有效性。仿真结果同时表明压敏电阻能对浪涌电压起到良好的钳位作用。

压敏电阻的主要优点为：电压范围很宽，可从几伏到几千伏；通流量大，可从几十安培到几千安培；反应速度较快，一般小于 50 ns；无极性；一致性好，可以采取并联的方式以满足需要的通流量和能量泄放要求；抗多次雷击和开关浪涌能力强。

压敏电阻的缺点为：钳位电压较高，一般可以达到工作电压的 2～3 倍；随着受到浪涌冲击次数的增加，漏电流增加；寄生电容较大，一般为上千皮法，因而不适用于高速通信线路的浪涌防护。另外，压敏电阻的最大缺点是可能会出现短路故障，因此最好使用带劣化指示的压敏电阻。

2. 气体放电管特性及仿真

气体放电管内部有两个或数个带间隙的金属电极，金属电极表面经过特殊处理，间距一般小于 1 mm。通常采用陶瓷或玻璃密闭封装，内充低压惰性气体(如氩气或氖气等)，气体放电管的实物如图 5.2.4 所示，常用的符号如图 5.2.5 所示。

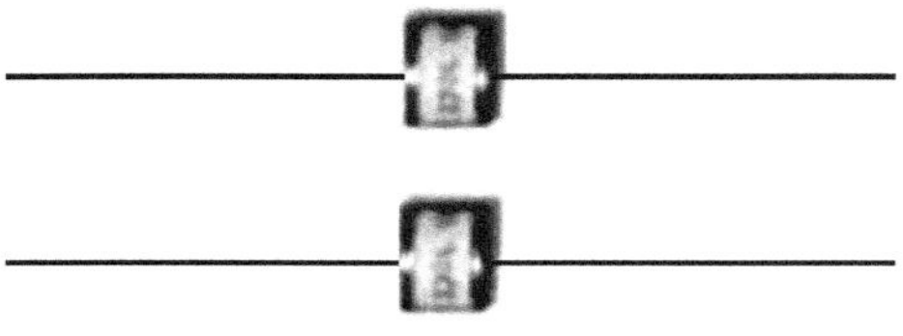
(a) 陶瓷封装二极放电管

(b) 陶瓷封装三极放电管

图 5.2.4　气体放电管实物

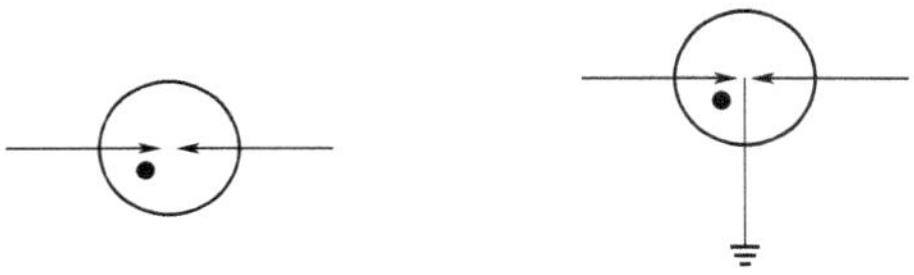

图 5.2.5 常用的表示气体放电管的符号

当极间电场强度超过气体的击穿强度时，就会引起间隙放电，由原来的绝缘状态转化为导电状态，导通后放电管两极之间电压维持在放电弧道所决定的残压水平，从而限制了极间电压，使与放电管并联的其他器件得到保护。

气体放电管的主要技术参数有：

(1)直流击穿电压。在上升陡度低于 100 V/s 的电压作用下，放电管开始放电的平均电压值。

(2)冲击击穿电压。对放电管施加一定上升速率的单次冲击电压(一般为 1 kV/μs)，致使放电管击穿时刻的电压值。

(3)冲击放电电流。将放电管通过规定波形和规定次数的脉冲电流，其直流放电电压和绝缘电阻不会发生明显变化的最大电流峰值。一般采用 8/20 μs 波形的脉冲电流，放电电流的冲击次数为 10 次。

(4)绝缘电阻。指放电管未放电时的极间电阻(一般为 100 V 直流偏置下测得的数值，不小于 10^9 Ω)。

(5)电容。在一定频率(一般是 1 MHz)下测得的极间电容值。放电管的寄生电容很小，极间电容一般在 1～10 pF。

(6)熄灭电压 U_e。气体放电管被击穿导通后，仅需很低的电压就能维持弧光放电。只有当其两端的电压低于某一阈值，电弧才不能维持而熄灭，该电压被称为熄灭电压。

冲击放电电流通过后，如果电源系统的工作电压高于熄灭电压，则放电管的电弧能持续存在。这种由电源系统流入的电流称为续流。因此，当气体放电管用于直流电路的防护中，一定注意其熄灭电压要高于直流工作电压。如果被保护设备工作电压高于熄灭电压，则能维持放电管的电弧，存在续流，这对放电管本身和被保护系统具有很大危害性。

真空放电管的击穿电压较气体放电管的击穿电压高，一般为 1 kV～1 MV，而气体放电管的击穿电压一般为 0.1～1 kV。因此，低压浪涌保护器件多采用气体放电管，其工作原理及电压—电流特性如图 5.2.6 所示。

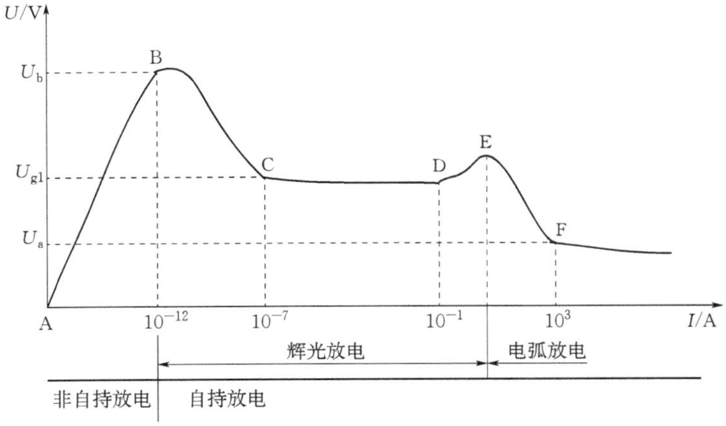

图 5.2.6 气体放电管的放电电压—电流特性

图中，在 AB 段，当电压达到 U_b，开始产生辉光放电，U_b 为静态击穿电压或直流击穿电压。U_b 取决于两电极间的距离、电极的表面积和内置气体气压等因素。在 CD 段，电压维持恒定值 U_{gl}，其典型值为 70～150 V，放电电流为 10^{-7}～0.1 A。在 DF 段，电流进一步增大，即转变为弧光放电，端电压下降为 U_a，通常为 10～25 V，而放电电流大于 10 A，等效电阻下降至 0.1 Ω 左右。

气体放电管的主要优点有：通流量大（一般为 10 kA 或以上，可持续几十微秒）、残压较低、绝缘电阻高、寄生电容小等。

气体放电管的主要缺点有：响应时间较慢（为微秒级）、放电时呈短路状态、容易存在续流等。

由于气体放电管的泄流能量较强，所以常用在多级防护中的前级防护。

由于气体放电管复杂的物理特性和工作机理，电路仿真软件的元件库里一般没有气体放电管，也很难搭建气体放电管的等效电路模型。因此，下面用测试的方法来验证气体放电管的浪涌抑制特性。选取型号为 2R230 的气体放电管，其主要参数见表 5.2.2。

表 5.2.2　2R230 型气体放电管主要参数

型　　号	直流击穿电压/V	响应时间/s
2R230	230（＋20%的误差）	微秒级（10^{-6}）

对该型号 GDT 施加 1 000 V 的浪涌冲击，其抑制效果如图 5.2.7 所示。

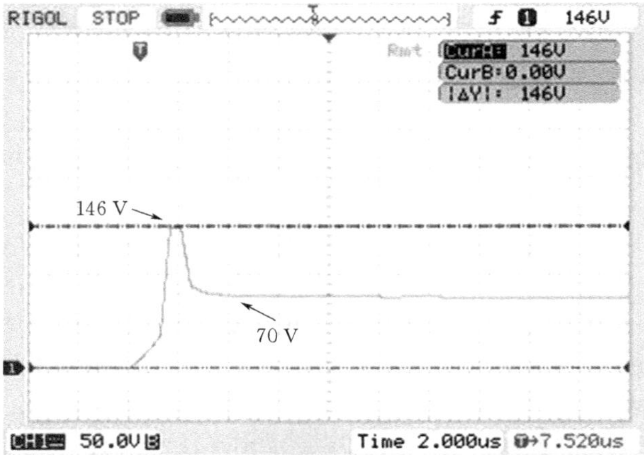

图 5.2.7　气体放电管对浪涌的抑制效果

根据测试结果可见，其冲击击穿电压较高，大约在 146 V，并且击穿后 GDT 两端的残压维持在 70 V 左右。气体放电管的响应时间较慢，大约为 1 μs。

5.2.2　防雷保护装置

为了防止感应雷过电压和过电流破坏电子或电气设备，通常需要加装防雷保护装置，也称防雷保安器，常采用浪涌抑制器件压敏电阻、放电管，或两者的串联组合，并具有劣化指示和报警功能。其中：

（1）采用压敏电阻（或者钳位二极管、瞬态二极管等类似元件）的 SPD 为电压限制型或钳位型 SPD，其特点是在无浪涌时呈高阻态，在浪涌冲击下导通后，其两端的电压限制在比较低的水平，实现电压的钳位。

（2）采用气体放电管（或者放电间隙、晶闸管等类似元件）的 SPD 为电压开关型 SPD，其特点是在无浪涌时呈高阻态，在浪涌冲击下导通后，其两端的阻抗急剧降低，近似短路，实现对浪涌电流的泄放。

（3）采用压敏电阻和气体放电管串联的 SPD 为组合型 SPD，如图 5.2.8 所示，其两个端子通常并联接在被保护设备输入线路两端。这种 SPD 广泛用于各类信号设备的雷电防护。采用这种结构可以弥补压敏电阻和气体放电管各自的缺点：

首先，压敏电阻由于自身存在较大的寄生电容，单独应用于交流电源系统的防护时，便会产生一定的泄漏电流。例如，在 220 V、50 Hz 的交流电源中安装一个寄生电容为 2 000 pF 的压敏电阻，经测试其可产生 0.14 mA（有效值）的泄漏电流，这样大的泄漏电流可能会影响系统的正常运行。由于放电管自身的寄生电容很小，只有几皮法，因此可以将压敏电阻与放电管串联起来，使得整个串联支路的总电容可以降低到几皮法。在这种串联电路中，放电管起着一个开关作用：当没有暂态过电压作用时，它能够将压敏电阻与系统隔离开，使压敏电阻中几乎无泄漏电流，从而减缓压敏电阻性能衰退。

其次，气体放电管属于开关型防雷器件。单独使用时，其在浪涌冲击下导通后，两端为近似短路状态，从而造成与之并联的被保护电路短路和工作异常。另外，气体放电管导通后存在续流效应。对于交流供电系统，在浪涌泄流后仍要维持近半个工频周期（再过零）的续流，长时间的续流可能会导致放电管触点烧毁。

组合型 SPD 则克服了上述缺点：没有浪涌时，气体放电管几乎为开路状态，串联回路上没有漏流。在浪涌冲击作用下，当串联的气体放电管和压敏电阻都导通时，整个串联支路的电压为压敏电阻的钳位电压，如参数选择合适，则可保证电源输出电压依然在正常范围。而在浪涌过后，压敏电阻会迅速恢复为高阻态，从而阻止了串联回路上气体放电管的续流。

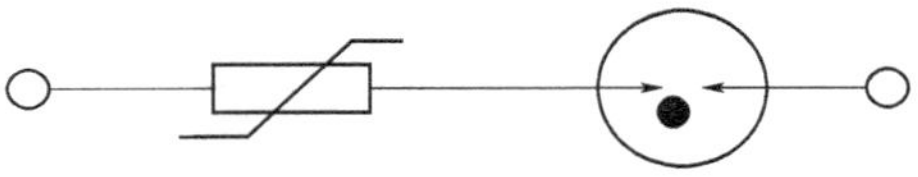

图 5.2.8 信号设备常用的 SPD 电路结构示意

限制电压是 SPD 的主要技术参数之一，定义为在规定波形和幅值作用下在 SPD 端子间测量得到的残压最大值。标准 TB/T 2311—2017《铁路通信、信号、电力电子系统防雷设备》规定测试限制电压时，电源 SPD 用幅值为 3 kA 的 8/20 μs 电流波形、铁路信号设备用 SPD 用幅值为 5 kV 的 10/700 μs 电压波形、模拟和数字信号用 SPD 用幅值为 1 kV 的 10/700 μs 电压波形。

按用途，SPD 可分为电源线防雷保护器（简称电源 SPD）和信号传输线防雷保护器（简称通道 SPD）两大类。其中，电源 SPD 包括：

（1）单相交流 SPD，用于单相交流工频电源 L（相线）—PE（保护地线）、N（中性线）—PE 的保护，有时也包括 L—N 的保护。

（2）三相交流 SPD，用于三相交流工频电源的 L—L、L—PE 和 N—PE 的保护。

（3）直流 SPD，用于直流电源各馈线对地线间的保护。

通道 SPD 包括：

（1）铁路信号设备用 SPD，用于与信号线缆连接的铁路信号系统通道保护。

（2）模拟和数字信号用 SPD，用于与模拟通信或数字通信线缆连接的通道保护。

5.2.3 信号设备及轨道电路防雷设计

信号设备雷电防护及电磁兼容综合设计的基本思想是：把铁路所有的信号设备看成一个整体（系统）来处理。根据电磁兼容原理，只有把局部、单一的防范措施提升到系统、整体防雷的高度，使得各级防雷器件互相协调工作，实现多级配合、层层泄流，才能使信号设备系统得到有效的保护。综合设计原则是：

（1）对信号设备实行分区、分级、分设备防护原则。雷击发生时，建筑物内外不同区域的雷电电磁脉冲强度有着显著变化。分区是指根据雷电电磁脉冲强度划分若干雷电保护区域（lightning protection zone，LPZ），如图 5.2.9 所示；分级是指同一个通道的设备从室外到室内，最后到设备终端分成多级防护；分设备是指根据不同的设备，选择不同规格不同等级的防雷保安器，使各个区域分界处的雷电冲击能量依次递减，最终保证设备所受到的冲击低于其承受水平，达到雷电防护的目的。

① $LPZ0_A$ 区：本区为建筑物（构筑物）直击雷防护装置保护范围之外的区域，即直击雷不设防区。本区内各类物体都可能遭到直接雷击，区内电磁场强度没有衰减。

② $LPZ0_B$ 区：本区为建筑物直击雷防护装置保护范围之内建筑物界面以外的区域，即直击雷防护区。本区内各类物体不可能遭直击雷击，但区内电磁场强度没有衰减。

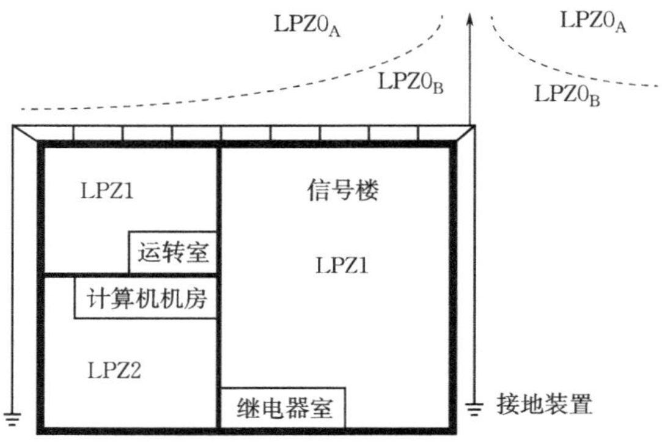

图 5.2.9　雷电保护区域划分示意

③ LPZ1 区：该区为信号设备本身所处建筑物内，靠近建筑物界面。该区内各物体不可能遭直接雷击，区内的感应电磁场强度根据机房屏蔽程度有不同的衰减。

④ 后续防雷区 LPZ2：必须进一步减少雷电电磁脉冲感应产生的雷电流或电磁场强度时，可设置后续防雷区，以保护敏感度水平高的设备。

（2）综合措施防护原则。基于微电子元件的信号设备防雷主要是防雷电电磁脉冲的影响，应充分运用屏蔽、等电位设置、合理布线、分区分级分设备设置防雷保安器、良好接地等技术措施和方法，实现全方位综合防护。

（3）故障—安全原则，即故障以后导向安全的原则。铁路系统内的大多数信号设备都会影响行车安全，因此当信号设备发生故障时，应以特殊的方式做出反应并导向安全。对于信号设备使用的防雷器，也应满足故障—安全的原则，即防雷器本身故障后不应影响设备工作。因此，当防雷器并联应用时，在任何情况下不得成为短路状态；在串联应用时，在任何情况下不得成为开路状态。

《铁路信号设备雷电及电磁兼容综合防护实施指导意见》（铁运〔2006〕26 号）给出了 25 Hz 相敏、ZPW-2000A 轨道电路防雷保安器配置（图略），按照分区、分级、分设备的防护原则，在室外、室内均进行了纵向（即共模、对地）、横向（即差模、线间）防护设计，根据不同区域确定防雷器件参数，体现分区分级防护原则。需要特别注意的是，防雷器件的选择必须考虑到不同设备正常工作时的电压范围，即分设备设计原则。

5.3　防雷电路模型和优化设计研究

本节首先基于 MOV 和 GDT 的工作机理，对各自的并联组合电路进行理论分析和测试验证，明确了不同类型防雷元件并联使用的指导原则。接着对两级防雷电路中退耦元件的作用进行研究，明确了电感和电阻两种退耦元件各自的作用及不同的应用场合。

5.3.1　MOV 并联性能分析

（1）压敏电阻的限制电压特性

压敏电阻电流区间的下限为 I_b，上限为 I_a，其对应的电压分别为 U_b 和 U_a。在这个电流区间内，压敏电阻的限制电压特性可表示为

$$U=U_b+R_Z\Delta I \tag{5.3.1}$$

其中，$\Delta I=(I-I_b)$。

式中，U、I 分别表示限制电压峰值及其所对应的电流峰值；R_Z 表示压敏电阻的动态电阻，表示压敏电阻的限制电压增量与对应的冲击电流增量之比，并且动态电阻 R_Z 不是个常量。

实验证明动态电阻 R_Z 随着电流的增大而减小，从而保证动态电阻与其电流的乘积保持在一定的阈值下，即压敏电阻具有一定的限制电压特性。

(2)多片压敏电阻并联电流分配的特性

假设两只同规格的压敏电阻器并联，流入该并联组合的总电流为 I_0。在理想情况下，两只器件中流过的电流都是 $I_0/2$，实际电流分别是 I_1、I_2，它们相对于 $I_0/2$ 的偏差，分别是 ΔI_1 和 ΔI_2，$\Delta I_1=\Delta I$、$\Delta I_2=-\Delta I$，两者的限制电压都是 U，于是有

$$U=U_{b1}+R_{Z1}\left(\frac{I_0}{2}+\Delta I-I_b\right) \tag{5.3.2}$$

$$U=U_{b2}+R_{Z2}\left(\frac{I_0}{2}-\Delta I-I_b\right) \tag{5.3.3}$$

其中，U_{b1} 是第一片压敏电阻的下限电流为 I_b 时的限制电压；U_{b2} 是第二片压敏电阻的下限电流为 I_b 的限制电压。

上述两式相等可得

$$\Delta I=\frac{U_{b2}-U_{b1}}{R_{Z1}+R_{Z2}}+\left(\frac{I_0}{2}-I_b\right)\frac{R_{Z2}-R_{Z1}}{R_{Z1}+R_{Z2}} \tag{5.3.4}$$

式(5.3.4)是并联两片压敏电阻中电流分配的基本依据，它说明了电流偏差 ΔI 是由于压敏电阻的动态电阻不相等(即 $R_{z1}\neq R_{z2}$)和下限限制电压不相等(即 $U_{b2}\neq U_{b1}$)两个因素造成的，并且其动态电阻越大，电流偏差反而越小。

将式(5.3.2)、式(5.3.3)两式进行相加，相加的结果再除以 2 得

$$U=\frac{U_{b1}+U_{b2}}{2}+\left(\frac{I_0}{2}-I_b\right)\frac{R_{Z1}+R_{Z2}}{2}+\Delta I\,\frac{R_{Z1}-R_{Z2}}{2} \tag{5.3.5}$$

其中，ΔI 是个小量值，$(R_{Z1}-R_{Z2})$也是一个小量值，其乘积可忽略不计，因此上式可表示为

$$U=\frac{U_{b1}+U_{b2}}{2}+\left(\frac{I_0}{2}-I_b\right)\frac{R_{Z1}+R_{Z2}}{2} \tag{5.3.6}$$

其物理意义是，当冲击电流 I_0 流入并联的两个压敏电阻时，该并联电路的下限限制电压与动态电阻值分别等于这两个压敏电阻相应物理量的均值。

两片并联的结果可以推广到 n 片压敏电阻的并联情况，组合后两端的电压为

$$U=\frac{\sum_{i=1}^{n}U_{bi}}{n}+\left(\frac{I_0}{n}-I_b\right)\frac{\sum_{i=1}^{n}R_{Zi}}{n} \tag{5.3.7}$$

由于并联电阻的分流作用，相同的冲击过电压到来时，流过每个压敏电阻的电流都比流过单个压敏电阻的低。同时，根据压敏电阻的 $U-I$ 特性，压敏电阻的通流小时残压值低，所以 MOV 并联后的残压值比单片 MOV 的残压值低。

压敏电阻并联的目的是获得更大的通流量，或者在冲击电流峰值一定的条件下减小电阻体中的电流密度，以降低限制电压。MOV 的最大通流量正比于其电阻体的直径，即

$$I_{tm}\propto D \tag{5.3.8}$$

式中，I_{tm} 表示 MOV 的最大通流量，D 表示 MOV 的直径。当要求获得较大的通流量(例如 50～200 kA)，并且压敏电压又比较低(例如低于 200 V)时，电阻体的直径/厚度比太大，在制造技术上有困难，而直径过大的电阻体不利于微型器件的安装，这时用较小直径的电阻片并联是增大通流、降低残压最合理的方法。由于高非线性，压敏电阻的并联需要特别小心谨慎，只有仔细选择参数相同的

电阻片，才能保证电流在各电阻片之间均匀分配。

采用 PSCAD/EMTDC 对并联 MOV 的防雷特性进行仿真，仿真电路如图 5.3.1 所示，浪涌波形采用铁路信号 SPD 测试常用的 10/700 μs 波形，电压幅值 1 000 V。选取 MOV 的型号为 20D390K，被保护的设备用 120 Ω 电阻等效代替。

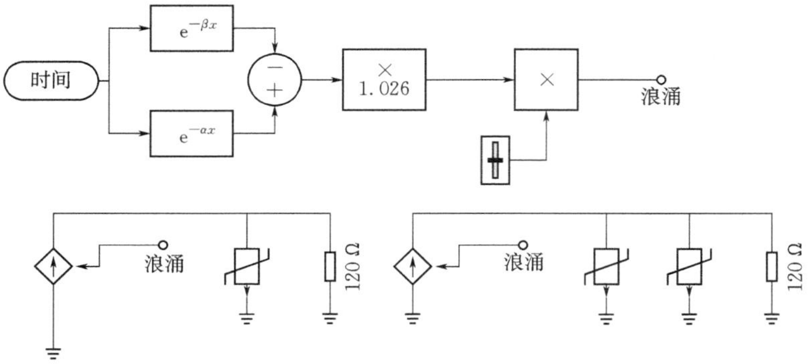

图 5.3.1　MOV 并联仿真电路

图中，α、β 分别为拟合标准浪涌波形的双指数函数的波前衰减系数和波尾衰减系数。

单片及并联 MOV 的电流峰值及瞬间能量的仿真结果见表 5.3.1。

表 5.3.1　并联 MOV 电流峰值及瞬间能量的影响

使用方式			电流峰值/A	瞬间能量/J
使用方式	电气量/单片		999	40 201
	并联	初级	499	13 127
		次级	499	13 127

从表 5.3.1 中可以看出，相比于单片使用 MOV，使用两个同样型号的 MOV 并联时，流过每个 MOV 的电流减半，瞬间能量降低 2/3 以上，从而大大延长了 MOV 的使用寿命，提高了保护模块的可靠性。

不同并联 MOV 数量对浪涌抑制情况的仿真结果如图 5.3.2 所示。图中仿真结果 1～仿真结果 6 分别表示被保护设备并联 1 片～6 片 MOV 的仿真结果。MOV 的并联数目越多，浪涌抑制效果越好。

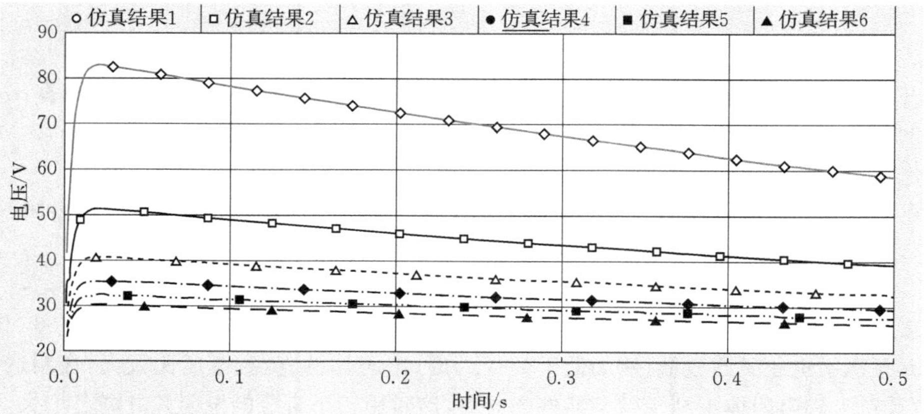

图 5.3.2　不同并联 MOV 数量的浪涌抑制仿真结果

钳位电压是 MOV 防护性能最好的体现，上述 6 种情况钳位电压的仿真及实测结果见表 5.3.2。

表 5.3.2 不同并联 MOV 数量对钳位电压的影响

并联片数/片	1	2	3	4	5	6
钳位电压/V 仿真结果	83	51	40	35	32	30
钳位电压/V 测试结果	86	70	63	61	58	—

仿真及测试结果均表明随着并联片数的逐渐增加，钳位电压逐渐降低，但是当并联片数超过 2 片以上后其减小效果变得有限。另外，受产品一致性的影响，当并联 MOV 数量超过 2 个时，其对钳位电压的影响效果要远低于理想情况。因此，从成本和保护效果两方面考虑，在多片并联使用中，MOV 采用 2～3 片为宜。从可靠性角度分析，采用单个 MOV 时，一旦该 MOV 损坏，被保护的设备将失去保护，而采用多个 MOV 并联保护时，其中一个损坏后，其他 MOV 仍能起到防护作用。

5.3.2 GDT 并联性能分析

当 GDT 的两个放电电极间的电压增加时，放电电流随之增加。当电压增至某一临界值时，放电电流会骤然增加，于是放电就从非自持放电突然过渡到一种自持放电，这种现象通常称为气体的击穿，对应的电压称为着火电压或击穿电压。德国物理学家帕邢在其实验中发现，对平行板电极系统，在其他条件保持不变的情况下，均匀电场中击穿电压 V_S 是气体压力 P 和放电间隙 d 乘积的函数，即

$$V_S=\frac{aPd}{\ln(Pd)+b} \tag{5.3.9}$$

以上称为帕邢定律。在气体种类和外电路一致的情况下，式中的 a、b 是可知的常数。V_S 随 Pd 变化的关系曲线如图 5.3.3 所示。

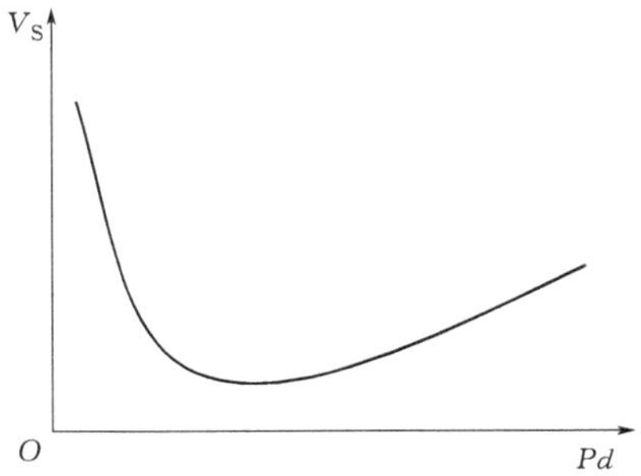

图 5.3.3 帕邢曲线

气体放电管作为间隙式开关型防雷器件，常应用于多级保护电路中的第一级，能起到良好的泄流作用。气体放电管在日常的使用中由于受到强烈的机械碰撞及短时间内受到大电流冲击会出现一定程度的失效。常规的失效模式主要为两种，一种为 GDT 呈现低放电电压和低绝缘电阻的短路状态，另一种则是由于漏气等导致的开路失效。

目前既有的多级防雷模块中，大多采用单片 GDT 来作为其初级防护，但 GDT 具有一定的老化特性，这对其自身的性能乃至两级 SPD 防护能力都是不利的。为了提高其防雷性能，通过测试来分析并联 GDT 的防护效果。

对单个及两个并联 GDT 的浪涌防护效果进行实测分析，同样选择 10/700 μs 浪涌波形，电压峰值选取 1 000 V，测试结果如图 5.3.4 所示。

图 5.3.4 中，相对于单个 GDT，两个 GDT 并联方式导致整体的击穿电压升高(由 146 V 升高至 504 V)。产生这一现象的原因是：根据帕邢定律，GDT 采取并联时，其内部极间间距 d 没有变化，总体横截面积 S 变大，由于单个 GDT 内部气体压强一定，则并联 GDT 总的气体压力 P 变大，从而 Pd 的乘积变大。从帕邢曲线中可以看出在 Pd 乘积大于一定阈值的情况下，随着 Pd 的增大，击穿电压 V_S 逐渐增大。

考虑到并联 GDT 通常远高于单个 GDT 的击穿电压，这种方式不利于低压电路的防护。另外，GDT 的一致性不好，并联使用时，容易发生一个 GDT 先被击穿，通流量过大而导致该元件过早老化甚至失效。因此，防雷电路设计中一般不采用并联 GDT 的方法。

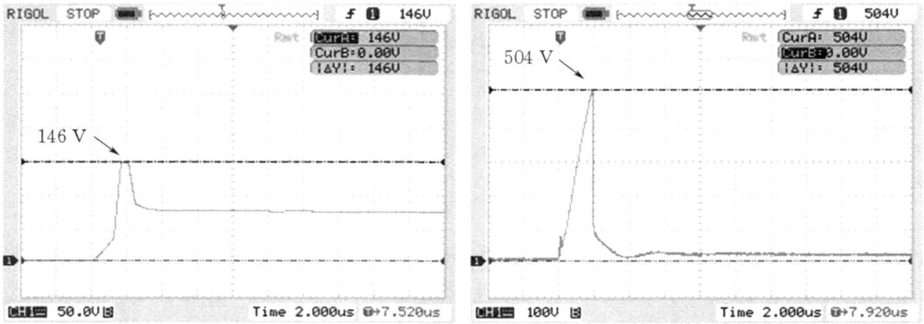

（a）单个GDT　　（b）两个并联GDT

图 5.3.4　GDT 浪涌防护效果对比

5.3.3　两级防雷电路及去耦元件性能分析

铁路信号设备使用的组合型 SPD 采用气体放电管与压敏电阻串联的结构，虽然克服了气体放电管续流和压敏电阻漏流的缺点，但本身属于单级防护，同时也带来另一个问题，即整个串联支路的通流量由通流量最小的元件所决定，而压敏电阻的通流量小于气体放电管的通流量，因此这种结构不适用于较大通流量需求的室外或初级防雷。

为使室外恶劣电磁环境下的电子设备得到有效的保护，常采用不同防雷元件并联的多级防护，通过合理设计，使各级防雷元件互相协调工作，实现多级配合、层层泄流。以放电管与压敏电阻并联为例：面对浪涌冲击，并联电路中压敏电阻响应快，先于放电管导通，泄放大电流的同时并对脉冲过电压进行钳位；放电管随后放电导通，与压敏电阻并联分流，减小了压敏电阻的通流压力，并缩短了压敏电阻通流时间，有助于减缓压敏电阻的性能退化。使用这种并联组合时，压敏电阻应注意选取合适的压敏电压 U_{1mA}。如果 U_{1mA} 选得过低，则放电管可能由于压敏电阻较低的钳位电压而达不到放电条件，导致整个浪涌冲击电流全部由压敏电阻来泄放，这对压敏电阻的工作寿命不利。因此，压敏电阻的 U_{1mA} 的数值应大于放电管的直流放电电压。

为了更可靠地抑制过电压，在多级浪涌防护电路中选择合适的去耦元件来完成各级浪涌抑制器件间的协调配合。典型的两级防护电路通常采用 GDT 作为第一级保护器件，MOV 作为第二级，两级之间选择电阻或电感作为去耦元件，如图 5.3.5 所示。

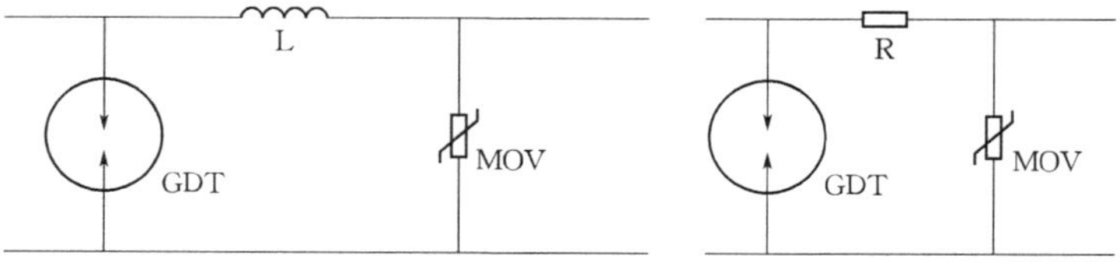

（a）电感去耦　　（b）电阻去耦

图 5.3.5　两级浪涌防护电路采用的去耦元件

电感和电阻的适用场合和其各自起到的作用是不同的，并且其参数的大小也影响着整个防护电路的性能。下面分别分析电感和电阻的作用及取值依据。

1. 电感的作用

如果图 5.3.5(a)中两级浪涌防护电路中前级 GDT 和后级 MOV 之间没有去耦电感，则 GDT 和 MOV 为并联状态，两者的电压始终一致。在浪涌冲击下，GDT 的响应时间为微秒级，MOV 的响应时间为纳秒级。因此，通常 MOV 先于 GDT 响应。MOV 导通后的钳位电压就是 GDT 两端的电压。MOV 的钳位电压通常比较低，如果低于前级 GDT 的击穿电压，则 GDT 在整个浪涌冲击过程中不会导通，始终处于开路状态，浪涌电流基本通过 MOV 泄放，从而极易导致 MOV 的损坏。

为了解决这一问题，可以在 GDT 和 MOV 之间串联去耦电感，以实现延时和分压作用。

(1)延时作用

电感对浪涌的延时作用可以通过楞次定律进行定性的分析，即当线圈中电流 i 增加时，其产生的变化磁场会产生感应电动势，感应电流的方向与原电流 i 相反。电感线圈刚通电时，电流变化很快，感应电流也很大，它与原电流相叠加，使得线圈中的电流只能从 0 开始逐步增大，即电感有延缓电流变化的作用，或者说电感线圈对变化的电流有延时作用。

可以用图 5.3.6 所示的电路来验证电感 L 对浪涌的延时作用。图中 CH1 和 CH2 是示波器的两个通道。浪涌同时施加在负载电阻 R，以及电感 L 与 R 串联的两个支路。

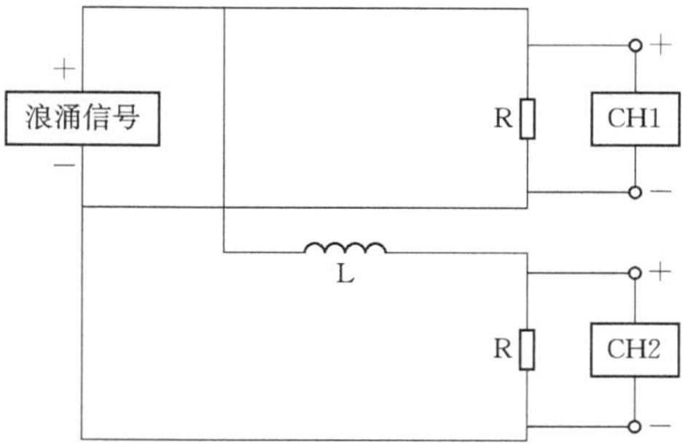

图 5.3.6 电感 L 延时作用的验证

通过比较 CH1 和 CH2 测得的浪涌波形，来分析 L 的延时效果。当 R 为 120 Ω、L 为 50 μH、浪涌为 10/700 μs 冲击波形时，仿真得到 CH1 和 CH2 的波形，如图 5.3.7(a)中的上、下两条曲线所示。若定义 CH2 中测得某一幅度的浪涌电压，与 CH1 中测得相同幅值浪涌电压的时间差 Δt 为 L 导致的延时，则 $L=50(\mu\text{H})$时的延时为 444 ns。若 $L=100(\mu\text{H})$，则仿真得到 CH1 和 CH2 的波形如图 5.3.7(b)所示，此时 $\Delta t=817(\text{ns})$。

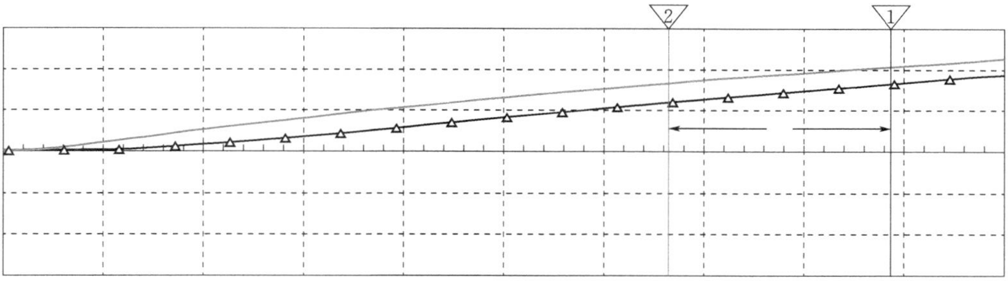

(a) L=50 (μH)

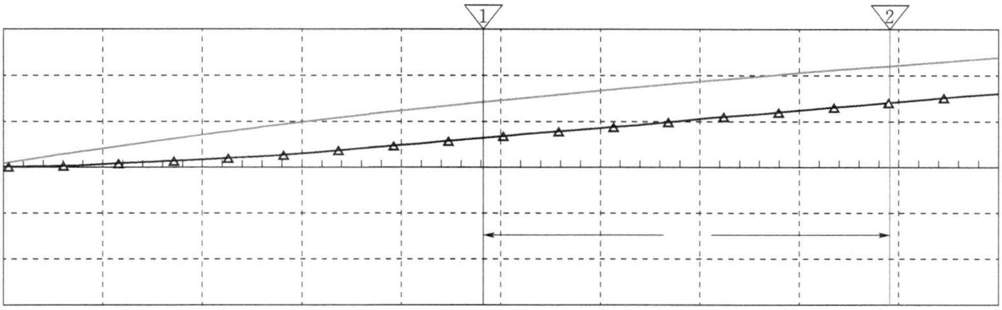

(b) L=100 (μH)

图 5.3.7 L 的延时作用曲线

浪涌是一种瞬态现象，波前时间 T_1 持续时间很短，通常只有几 μs，故可以利用开关闭合的瞬态过程来近似等效浪涌冲击过程。因此电感的效应，也可以利用直流开关一阶电路的过渡过程进行定量分析。将图 5.3.8(a)所示浪涌信号经过串联电感的原始电路转换为如图 5.3.8(b)所示的戴维南等效电路。

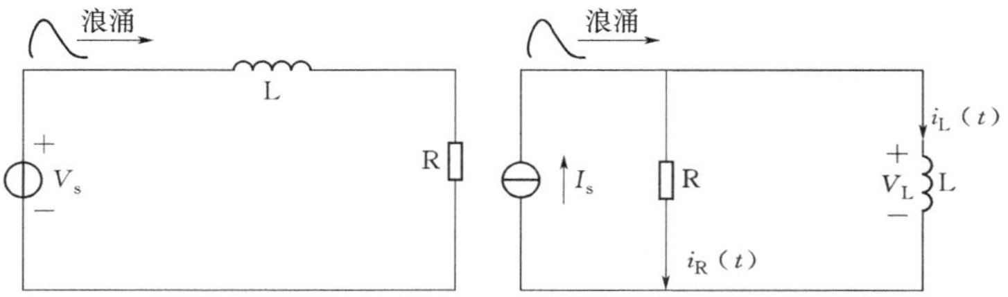

(a) 原始电路　(b) 戴维南等效电路

图 5.3.8　浪涌经过串联电感电路

对图 5.3.8(b)所示一阶电路建立动态方程,依据基尔霍夫电流定律得

$$i_R + i_L = I_s \tag{5.3.10}$$

依据元件的约束关系可得

$$\begin{cases} i_R = \dfrac{V_L}{R} \\ V_L = L\dfrac{di_L}{dt} \end{cases} \tag{5.3.11}$$

整理式(5.3.11)可得关于电感电流的动态电路方程为

$$\frac{di_L}{dt} + \frac{R}{L}i_L = \frac{R}{L}I_s \tag{5.3.12}$$

其一阶非齐次微分方程的完全解为

$$i_L(t) = Ke^{-\frac{R}{L}t} + I_s \tag{5.3.13}$$

对于稳定的电路,$Ke^{-\frac{R}{L}t}$ 将随着时间的增大而逐渐趋于零,此过程称为暂态响应。暂态响应趋于零,电路变量趋于与输入激励同形的稳态。定义 RL 一阶电路的时间常数 τ 为

$$\tau = \frac{L}{R} \tag{5.3.14}$$

其中,τ 的大小决定了电感 L 的延时时间。根据式(5.3.14)的计算,以及表 5.3.3 验证电路的仿真,得到的不同电感的延时时间见表 5.3.3。

表 5.3.3　不同电感延时时间的仿真与计算结果

电感值/μH	延时时间/ns	
	仿真结果	计算结果
10	76	83
50	444	417
100	817	833

在由 GDT 和 MOV 构成的两级防雷电路中,通常 MOV 的响应比 GDT 快。如两者之间没有去耦电感,则在浪涌电流的作用下,通流量较低的 MOV 先导通,而通流量大的 GDT 后导通,这样容易导致 MOV 老化失效。如在两者间串联去耦电感,可以利用电感的延时作用,通过合理地选用电感参数,使 GDT 和 MOV 导通的时间基本一致,从而保证前后级能量达到合理的分配。

在实际工程应用中,只要确定前后级的响应时间差,就可以通过式(5.3.14)来确定电感的参数。举例计算,如果两级 SPD 前级 GDT 的型号为 2R230,后级 MOV 的型号为 20D390K,SPD 保护的负载阻值为 120 Ω。2R230 的响应时间约为 1 μs,20D390K 的响应时间约为 25 ns,则 $\tau \approx 1(\mu s)$,根据

式(5.3.14)得

$$L=R\tau=120\times1=120(\mu H)$$

(2)分压作用

在浪涌冲击作用下，电感两端的压降为 $L\mathrm{d}i/\mathrm{d}t$，因此两级 SPD 中去耦电感还具有分压作用，该作用在 MOV 导通后尤为明显。为实现后级 MOV 导通后，GDT 能够被击穿，需要选取合适的电感值，以保证 MOV 的钳位电压 U_{MOV} 与电感电压和大于 GDT 的击穿电压 U_{GDT}，即

$$U_{GDT}<L\mathrm{d}i/\mathrm{d}t+U_{MOV} \tag{5.3.15}$$

参照图 5.3.5(a)所示的两级防雷电路，前级 GDT 的型号为 2R230，其冲击击穿电压为 800 V 左右。后级 MOV 的型号为 20D390K，其钳位电压为 77 V。对于幅值为 1 kA 的 8/20 μs 冲击电流，下面计算 GDT 和 MOV 之间的去耦电感取值，有

$$U_{GDT}-U_{MOV}=800-77=723(V)$$

$$\frac{\mathrm{d}i}{\mathrm{d}t}=\frac{1\times10^3}{8\times10^{-6}}=0.125\times10^9$$

$$L>\frac{723}{0.125\times10^9}\approx5.8(\mu H)$$

在去耦电感的参数选取过程中，应首先考虑其分压要求，以确保前级的 GDT 能被击穿，其次再考虑其延时作用，以确保前后级能量的合理分配，取值范围通常在几亨到几十微亨。另外，由于电感感抗正比于信号的频率，所以用电感去耦的两级防雷电路，不适用于高速通信线路的浪涌防护，而电感对直流的感抗为零，对工频 50 Hz 交流电的感抗也比较小，因此用电感去耦的两级防雷电路更适合电源的雷电防护。

2. 电阻的作用

当电流通过电阻时，电能转换为热能，是一个耗能元件，因此，对于电源端口的浪涌防护，不宜使用电阻作为两级防雷电路的去耦元件，而对于信号来说，电阻的阻值不会随信号频率的变化而变化，同时电阻也能起到分压作用，因此对于高速通信线路的浪涌防护，适合采用电阻作为去耦元件。

对于如图 5.3.5(b)所示的两级防雷电路，去耦电阻的选择原则是：次级 MOV 在浪涌作用下导通后的钳位电压 U_{MOV}，与去耦电阻 R 的分压的和应大于前级 GDT 的击穿电压 U_{GDT}，即

$$U_{GDT}<IR+U_{MOV} \tag{5.3.16}$$

整理得

$$R>\frac{U_{GDT}-U_{MOV}}{I} \tag{5.3.17}$$

如果 GDT 和 MOV 的参数同为 2R230 和 20D390K，则根据式(5.3.17)，去耦电阻的阻值应大于 0.723 Ω。

实际应用过程中，去耦电阻的阻值并不是越大越好，还应考虑其对信号的衰减。去耦电阻应同时满足去耦和信号强度的要求，如果信号回路的负载阻抗为 Z_L，则去耦电阻对信号的分压（衰减）为 $R/(R+Z_L)$。可见，信号回路的负载阻抗越小，去耦电阻的分压作用越明显。因此，一般去耦电阻的阻值都在几欧姆以下。

6

轨道电路抗干扰与安全性

本章内容概述

电磁干扰是引起轨道电路失效和故障的重要因素，进而影响到安全性。本章在介绍轨道电路抗干扰性能与安全性的基础上，探讨二者的内在关系和研究方法。

6.1 信号设备抗干扰性能与安全性

轨道电路不仅应具备抗电磁干扰性能，同时作为SIL4级设备，须进行安全认证。

6.1.1 信号设备抗干扰性能与抗扰度测试

轨道电路设备属于国家铁路局铁路产品认证目录中信号设备，同时也被列入国铁集团铁路专用产品认证采信目录，应进行CRCC认证。

1. GB 24338.5要求

根据CRCC认证要求，应根据标准进行电磁干扰抗扰度试验，包括GB 24338.5、Q/CR 628.1，以及防雷试验。其中，GB 24338.5抗扰度试验见表6.1.1～表6.1.4。

表6.1.1　机箱端口抗扰度试验

序号	环境现象	基础标准/试验配置	试验等级		性能判据	备注
1	射频电磁场（调幅AM）	GB/T 17626.3	80～800 MHz 10 V/m（方均根值） 80% AM，1 kHz	无调制载波	A	试验严酷度定义采用非调制载波方均根值

续上表

序号	环境现象	基础标准/试验配置	试验等级		性能判据	备注
2	数字通信设备的射频电磁场	GB/T 17626.3	800～1 000 MHz 20 V/m(方均根值) 80 % AM,1 kHz	无调制载波	A	试验严酷度定义采用非调制载波方均根值
			1 400～2 000 MHz 10 V/m(方均根值) 80% AM,1 kHz	无调制载波	A	
			2 000～2 700 MHz 5 V/m(方均根值) 80 % AM,1 kHz	无调制载波	A	
			5 100～6 000 MHz 3 V/m(方均根值) 80 % AM,1 kHz	无调制载波	A	
3	工频磁场[a,c]	GB/T 17626.8	50 Hz 100 A/m(方均根值)	直流牵引系统	A	试验时间≥10 s
			50 Hz 100 A/m(方均根值)	交流牵引系统		
4	静电放电[b,c]	GB/T 17626.2	± 6 kV ± 8 kV	接触放电 空气放电	B	—
5	脉冲磁场[e]	GB/T 17626.9	300 A/m	—	A	—

注：[a] 本试验仅适用于含有磁场敏感器件的设备(如霍尔元件和电动麦克风等)，但不包含直接安装在轮轨上(该位置可能产生更强的磁场)的设备。未屏蔽的 CRT 显示器可能受到高于 1 A/m(方均根值)的磁场干扰。

[b] 本试验仅适用于旅客和工作人员可能触及的设备，其他设备的试验要求见 GB/T 17626.2。

[c] 对于可能因干扰而导致较高安全风险的联锁系统和信号控制系统，本试验采用性能判据 A。

表 6.1.2 输入/输出端口抗扰度试验

序号	环境现象	基础标准	试验等级		性能判据	备注
1	射频场感应的传导骚扰(共模[a,b,e])	GB/T 17626.6	0.15～80 MHz 10 V(方均根值) 80% AM,1 kHz	无调制载波	A	试验严酷度定义采用非调制载波方均根值
2	电快速瞬变脉冲群[e]	GB/T 17626.4	±2 kV 5/50 ns 5 kHz	峰值 T_r/T_h 重复频率	A	使用容性耦合夹

续上表

序号	环境现象	基础标准	试验等级		性能判据	备注
3	浪涌[c,d,e耦f]	GB/T 17626.5	1.2/50 μs ±2 kV ±1 kV	开路试验电压： 线—地 线—线	B	所有低于给定严酷等级的试验等级均应进行测试，每个等级应按极性顺序进行5个脉冲测试而非交替极性测试

注：[a] 仅对制造商规定的且连接电缆长度可能超过3 m的端口进行本试验。
[b] 试验严酷度电平定义也可采用150 Ω负载的等效电流。
[c] 本试验使用42 Ω输出阻抗(40 Ω和2 Ω发生器)和0.5 μF耦合电容，以实现直接耦合可重现。
[d] 对于电信端口和连接线对高度平衡的端口，可不进行线对线试验。
[e] 对于可能因干扰而导致较高安全风险的联锁系统和信号控制系统，本试验采用性能判据A。

表6.1.3 抗扰度——直流电源端口

序号	环境现象	试验条件		基础标准/试验配置	性能判据	备注
1	射频场感应的传导骚扰(共模[a])	0.15～80 MHz； 10 V(方均根值)； 80% AM,1 kHz	无调制载波	GB/T 17626.6	A	试验严酷度定义采用非调制载波方均根值
2	电快速瞬变脉冲群	± 2 kV； 5/50 ns； 5 kHz	峰值； T_r/T_h； 重复频率	GB/T 17626.4	A	—
3	浪涌[b,c]	1.2 / 50 μs； ±2 kV； ±1 kV	开路试验电压： 线—地； 地—线	GB/T 17626.5	B	所有低于给定严酷等级的试验等级均应进行测试，每个等级应按极性顺序进行5个脉冲测试而非交替极性测试

注：[a] 试验严酷度定义也可采用150 Ω负载的等效电流。
[b] 如果电源与地隔离，宜采用42 Ω输出阻抗(40 Ω和2 Ω发生器)和5 μF耦合电容。
[c] 对于可能因干扰而导致较高安全风险的联锁系统和信号控制系统，本试验采用性能判据A。

表6.1.4 抗扰度——交流电源端口

序号	环境现象	试验条件		基础标准/试验配置	性能判据	备注
1	射频场感应的传导骚扰(共模[a])	0.15～80 MHz； 10 V(方均根值)； 80% AM,1 kHz	无调制载波	GB/T 17626.6	A	试验严酷度定义采用非调制载波方均根值
2	电快速瞬变脉冲群	±2 kV； 5/50 ns； 5 kHz	峰值； T_r/T_h； 重复频率	GB/T 17626.4	A	—

续上表

序号	环境现象	试验条件		基础标准/试验配置	性能判据	备注
3	浪涌[b]	1.2 / 50 μs；±2 kV；±1 kV	开路试验电压：线—地；地—线	GB/T 17626.5	B	所有低于给定严酷等级的试验等级均应进行测试，每个等级应按极性顺序进行5个脉冲测试而非交替极性测试

注：[a] 试验严酷度定义也可采用150 Ω负载的等效电流。

[b] 对于可能因干扰而导致较高安全风险的联锁系统和信号控制系统，本试验采用性能判据A。

表 6.1.5 抗扰度——地线端口

序号	环境现象	试验条件		基础标准/试验配置	性能判据	备注
1	射频场感应的传导骚扰(共模)	0.15～80 MHz；10 V(方均根值)；80% AM，1 kHz	无调制载波	GB/T 17626.6	A	试验严酷度定义采用非调制载波方均根值
2	电快速瞬变脉冲群	±1 kV；5/50 ns；5 kHz	峰值；T_r/T_h；重复频率	GB/T 17626.4	A	—

考虑到铁路安全设备的抗干扰能力的重要性，GB/T 24338.5与EN 50121.4标准的主要差异在于，在静电放电抗扰度试验和浪涌抗扰度试验（电源端口和信号端口）中分别要求：对于可能因干扰而导致较高安全风险的联锁系统和信号控制系统，本试验采用性能判据A。

2. Q/CR 628.1标准要求

Q/CR 628.1规定了不同制式轨道电路分别处于调整和分路最不利条件下可靠工作时，施加牵引电流基波稳态和暂态、谐波干扰时的试验等级和性能判据，见表6.1.6。

表 6.1.6 基波试验等级和性能判据

等级	不平衡基波电流(相对误差±1%)/A	稳定电流持续时间/s	暂态持续时间/s	性能判据[b]
1	80	70	70 (通5 s，断2 s，10个周期)	A
2	100	70	70 (通5 s，断2 s，10个周期)	A
3	200	70	70 (通5 s，断2 s，10个周期)	A
X[a]	—	—	—	A

注：[a] X是一个开放等级，可由产品供需双方进行约定。

[b] 性能判据的定义见GB/T 24338.1—2009的“4 性能判据”。

谐波试验仅对EUT工作频带内和邻近谐波进行，谐波试验等级及性能判据见表6.1.7。

表6.1.7 谐波试验等级和性能判据

等级	不平衡谐波电流/A		持续时间/s	性能判据[d]
1	带内[a]	0.06	30	A
	带外[b]	0.21	30	
2	带内	0.12	30	A
	带外	0.42	30	
3	带内	0.24	30	A
	带外	0.84	30	
X[c]	带内	—	—	A
	带外	—	—	

注：[a] 带内频率指ZPW-2000系列轨道电路1 700 Hz、2 000 Hz、2 300 Hz和2 600 Hz的有效频带内(工作载频±45 Hz)的谐波。

[b] 带外频率指与载频相邻的谐波频率(工作载频±50 Hz)。

[c] X是一个开放等级，可由产品供需双方进行约定。

[d] 性能判据的定义见GB/T 24338.1—2009的"4 性能判据"。

轨道电路设备牵引电流抗扰度测试项目见表6.1.8。

表6.1.8 抗扰度测试项目

测试项目	ZPW-2000系列轨道电路	25 Hz相敏轨道电路	不对称高压脉冲轨道电路
基波试验	√	√	√
谐波试验	√	—	—

注："√"表示需进行测试项目栏中对应的试验；"—"表示测试项目栏中对应的试验可以省略。

3. 轨道电路防雷要求

《铁路信号设备雷电电磁脉冲防护技术条件》(TB/T 3074—2017)规定了铁路信号设备对雷电电磁脉冲诱发的过电压和过电流安全防护的基本原则和防护技术要求，适用于新建铁路和既有线路信号设备改建及扩建时综合防雷系统的设计、施工、制造和维护，但不考虑雷电直接击中信号设备的防护。

规范铁路信号设备雷及电磁兼容电防护，提高信号设备抗御电磁干扰能力，减少或防止雷电故障，要在以下三方面提出综合防护方法：改善电磁兼容环境条件，包含屏蔽、等电位设置及合理布线；分区分级设置防雷保安器；良好接地措施。规定了ZPW-2000A、25 Hz相敏、有绝缘移频轨道电路防雷保安器配置原理图，规定了室外信号传输线(非架空线)防雷保安器冲击通流容量不小于10 kA，限制电压按表6.1.9选取。

表6.1.9 信号传输线防雷保安器限制电压表

序　　号	信号设备名称(工作电压)	限制电压/V
1	轨道电路发送和接收端	≤190、330、500、700(注)

注：1. 交流轨道电路：工作电压小于36 V时，限制电压应≤190 V；工作电压36～60 V时，限制电压应≤330 V；工作电压60～110 V时，限制电压应≤500 V；工作电压110～220 V时，限制电压应≤700 V。

2. 直流轨道电路：工作电压小于24 V时，限制电压应≤75 V。

以 ZPW-2000 系列轨道电路为例，其在轨旁、分线盘、防雷电缆模拟网络处均进行横向和纵向防护，按分区分级分设备原则，相关参数在技术条件中明确规定，表 6.1.10 为部分防雷器件参数。

表 6.1.10 ZPW-2000 防雷器件部分典型参数

防雷器件	纵向防雷	横向防雷
室外设备防雷单元	AC 2×385 V	AC 75 V
室内防雷模拟网络	2×275 V	280 V/20 kA

6.1.2 信号设备安全技术和轨道电路应用

1. 故障—安全技术

故障—安全(fail-safe)也称为故障导向安全，是铁路信号安全技术的核心和特点，铁路信号安全技术是以故障—安全为中心逐步发展和完善起来的。狭义的故障—安全技术是指设备或系统发生故障时，不会错误地给出危险侧输出，能使其导向安全侧的手段。

讨论故障—安全通常基于以下前提：意外事件(随机故障、系统失效、误操作)发生是可能的和普遍的，并且被考虑的意外事件发生和不发生导致的结果必须能够区别为较安全的和较危险的两方面。一般来说，当意外事件结果由固定性故障(永久性故障)引发时，如该故障能够及时发现和排除，可不考虑多重故障组合的影响。

具有故障—安全的系统或单元在内部发生任何故障时，能够维持正常的功能或者在不能维持正常功能时，能转而输出对运输来说较为安全的操纵或显示。简单来说：当系统和设备故障时，必须使系统保持在安全状态，或直接过渡到另外一种安全状态。对于系统安全侧输出的确定原则，从铁路信号的视角看，安全侧体现为发生意外，如设备元器件发生故障后，最终自动转为发出停车或限制较低速度运行的信号(或称为信号降级)，而不危及列车行车安全。

在此，需要明确指出，可靠性与安全性是两个不同的概念，但存在不可分割的关联。一般情况下，可靠性高则故障率低，因而安全性也就高，但由于目标不同，在有些场合，狭义的故障—安全保障技术会与可靠性产生冲突，如信号设备中经常采用的 2×2 取 2 安全结构，其可靠性指标低于单系结构。

传统的铁路信号设备通常由有限个分立元件(RLC、二极管和三极管等)构成，在进行安全性测试验证时，理论上可以根据元件故障模式进行遍历测试，确保其故障后导向安全侧。1994 年，在对铁路信号安全技术的研究和实践经验积累基础上，铁道部发布了 TB/T 2615—94《铁路信号故障—安全原则》。该标准提出了信号故障—安全的主要技术原则，提出研究和设计电路结构及设备时，应对可能发生的故障进行假设，并根据其假设采取具体的防护措施，应考虑故障后果，提出了故障检出的原则和防止危险故障的方法。该标准提出的技术安全原则和措施在我国信号设备研发的安全保障中发挥了积极作用，符合现代国际标准的安全理念。

2. 工程风险和安全保障

随着集成电路和软件在铁路信号中的大量应用，安全性成为一个概率事件。从工程的角度，安全技术是为了管理风险。风险管理是一个识别、评估、监控和控制风险的过程，目的是最小化风险对组织目标的负面影响。有的国家把风险定义为对发生负面效果的可能性和强度的一种综合测量。现实中，风险发生概率为零的工程几乎不存在。为了客观地标明工程风险发生的概率大小，有效的办法是对安全等级进行划分。

安全完整性等级(safety integrity level，SIL)用来反映安全相关系统安全相关功能的完整性水平。安全完整性包含 4 个级别，SIL4 为最高级别，SIL0 则对安全性不做要求，并给出了安全完善性等级 SIL 定量指标。

安全性本身也是设备或系统性能之一，在可接受的安全程度下，需要考虑“安全价格比”的因素。如：列车安全距离和过走距离的设定、各种安全相关的检测装置等，都涉及安全和成本问题的平衡。

欧洲铁路在安全保障方面建立了较为完善的标准体系，旨在确保铁路信号系统的安全性和可靠性。这个体系包括了一系列的欧洲标准和规范，如 EN 50126、EN 50129、EN 50128 和 EN 50159 等，它们共同构成了评估和管理铁路信号系统安全性的基础。

(1)EN 50126：规定了铁路应用中可靠性、可用性、可维修性和安全性(RAMS)的要求，为系统和子系统提供了规范和论证过程。

(2)EN 50129：专注于铁路信号设备中安全相关电子系统的认可和支持要求，涵盖了硬件和软件的安全要求。

(3)EN 50128：针对铁路控制和防护系统中使用的软件，提供了软件安全完整性等级的指导和要求。

(4)EN 50159：涉及铁路应用中的通信、信号处理系统在闭环和开环传输系统中的安全相关通信要求。

这些标准确保了从设计、开发、测试、部署到维护和最终退役的整个生命周期中，铁路信号系统的所有组件都能够达到预定的安全目标。除此之外，还包括了对人员、流程、技术和管理措施的要求，以及对风险评估和安全案例的详细规定。通过贯彻这一体系，欧洲铁路行业能够确保信号系统的安全性，保护旅客、工作人员和环境免受事故和故障的影响。

信号系统的安全功能需要通过系统设计和控制设备实现的，技术安全是保证安全功能正确实现的基础，通过贯彻技术安全标准，采取必要的技术安全措施进行保障。对于高速铁路信号系统的安全功能需求，信号联锁控制、列车追踪间隔控制、列车超速防护是高速铁路信号系统核心的安全功能；灾害防护是基于高速铁路防灾报警基础上的信号系统辅助安全功能。高速铁路信号系统完成核心安全功能的联锁系统、列控系统(包括轨道电路)均为 SIL4 级，其在发生单一随机故障时应确保系统保持安全；调度集中(CTC)系统等安全相关设备为 SIL2 级。

主要技术安全措施包括以下 3 种主要实现方式：

(1)组合故障—安全技术：每个安全相关功能至少由两个对象来执行并进行表决，各对象之间相互独立，以避免共因失效。任意对象的危险故障应及时检出并拒绝使用其执行结果，以避免第二个对象发生相同故障。

(2)反应故障—安全技术：允许一个安全相关功能由单个对象执行，但必须保证该对象的危险故障可以得到及时检测并切断其输出，以确保其安全性(例如通过编码、多路计算和比较，或通过连续测试)。检查/测试/检测功能被看作第二对象，检查/测试/检测功能是独立的，以避免共因失效。

(3)固有故障—安全：允许一个安全相关功能由单个对象执行，前提是该对象的所有可信失效模式均为非危险的。固有故障—安全也可用在组合和反应故障—安全系统的某些功能中，例如，用来确保各对象之间的独立性或在检测到一个危险故障时强制关闭的功能。

除技术安全外，高速铁路信号安全还与建设过程中的工程安全管理密切相关，在工程设计、施工、验收和运营阶段的任何安全隐患，也同样可能导致事故的发生。因此，在现行安全标准中要求对项目进行全生命周期的安全管理，并推行安全评估制度。该制度是一种避免疏忽或过失可能对工程项目造成重大安全影响的做法，安全评估有助于保证预想的项目被准确定义和正确实施。安全评估由独立的安全评估机构执行，评估机构依据安全标准的规定，监督工程项目的安全管理活动，不受建设方与实施方的影响。

3. 安全技术措施及轨道电路应用

以上技术安全措施与传统的故障—安全技术本质上是一致的。

实现故障—安全的常用方法包括：①采用安全元件或器件，如利用安全型电磁继电器的重力特性作为非对称性双值逻辑元件，属于固有故障—安全技术。②设计安全电路，如联锁控制电路由各逻辑接点按串联方式构成，通过双重接点或双极切断防护、并联电路或分路防护；采用熔断器防止电路混线或外部强干扰侵入，属于组合故障—安全技术。③采用闭环或反馈方法，附加检查和防护电路，属于反应故障—安全技术。

高速铁路联锁及列控系统均采用2×2取2或3取2的表决方式，当表决结果不一致时，系统输出将被切断，并进行主备系统切换。信号系统产品采用大量的故障检测手段，以及冗余编码、正反码多重传输等技术，以保证系统安全。固有故障—安全技术在系统外部接口电路中广泛采用，包括使用继电器固有故障—安全特性，实现接口电路安全设计。

通信与信号越来越紧密，甚至成为信号系统不可或缺的一部分。通信安全一方面解决信源和信宿的安全，另一方面解决系统间的网络安全信息传输过程中受到干扰而产生信息误码等问题。通信技术在信号系统应用中，同样大量采用了组合故障—安全、反应故障—安全技术解决信源信宿的安全性，应用冗余编码、CRC校验、时间戳、序列号等技术手段保证传输安全性。为保证信息传输的安全，采用符合EN 50159国际标准的RSSP-Ⅰ和RSSP-Ⅱ协议，在应用层对传输信息进行安全防护，应用于高速铁路联锁、列控系统的安全信息传输协议中，如TCC接口、RBC/TSRS接口等。

对于轨道电路，元器件、电路或系统失效后输出须符合安全要求，应停止工作或导向安全侧。如轨道电路绝缘破损时，不应造成轨道区段有车占用时轨道继电器错误吸起。鉴于引起失效的原因相当比例是电磁干扰，进行抗干扰设计中，故障后应输出“轨道电路被列车占用”信息。相应地，区间或车站信号自动控制中，信号显示应为降级显示。

不同制式轨道电路中采用的器件、电路或系统在抗干扰和安全设计中，典型应用案例见表6.1.11。

表6.1.11 轨道电路抗干扰与安全技术应用案例表

序号	轨道电路	器件/电路/系统原理	基本功能	故障—安全性能
1	多种制式	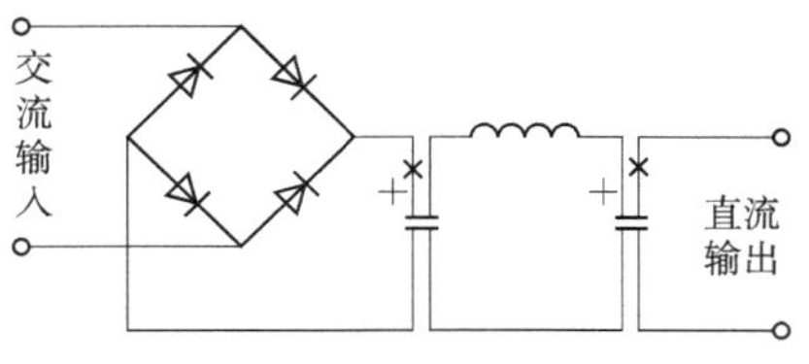	四头电容器：交流电路整流输出滤波	防止电容断线后失去滤波作用而使输出信号增大，即故障后导向危险侧
2	UM71系列	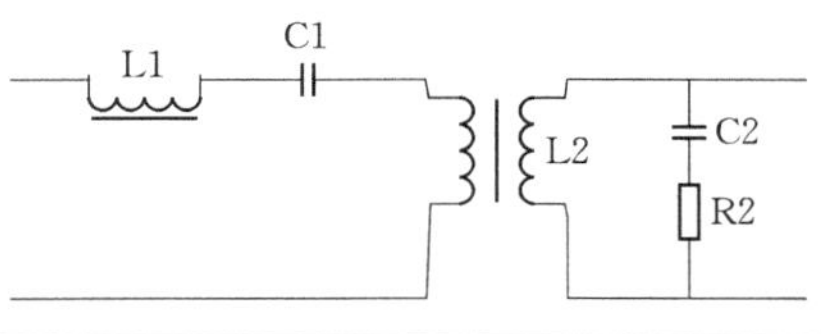	接收器带通滤波器(通带±40 Hz)：L1和C1构成串联谐振带通滤波器；L2和C2构成并联谐振带通滤波器	任一L、C器件故障后，串联阻抗增大或并联阻抗减小，电路失去谐振，输出电压下降
3	25 Hz相敏/ZPW-2000站内轨道电路	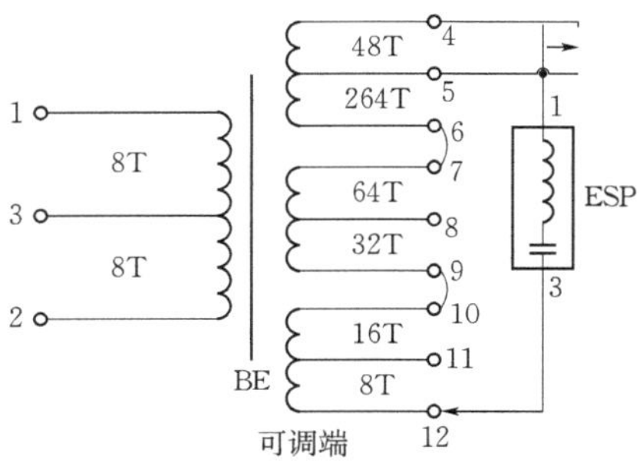	BES型扼流适配变压器：适配器中L、C电路对50 Hz干扰构成串联谐振；对25 Hz信号呈现容性，并联谐振；相位角90°	任一L、C器件故障后，25 Hz谐振特性被破坏，信号阻抗下降，输出电压下降，并且相位角偏离90°

续上表

序号	轨道电路	器件/电路/系统原理	基本功能	故障—安全性能
4	国产移频	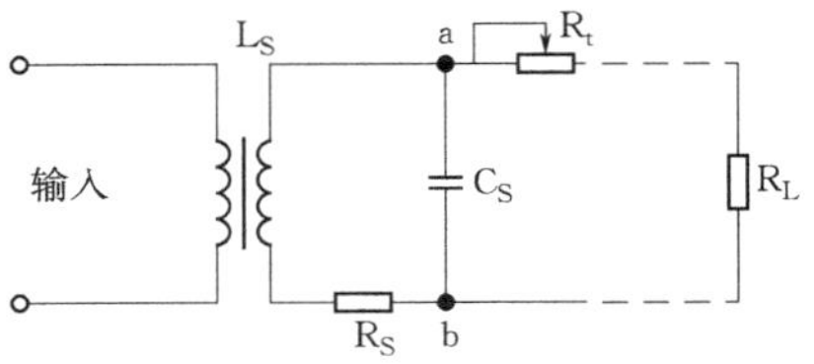	接收衰耗器：Ls 和 Cs 并联谐振于移频信号频率，防止绝缘节破损和 50 Hz 干扰；衰耗器输入阻抗满足阻抗匹配	衰耗器元件发生故障时，失去谐振，衰耗量增大，输出信号减小；Rt 断线故障，后级无输出
5	国产移频	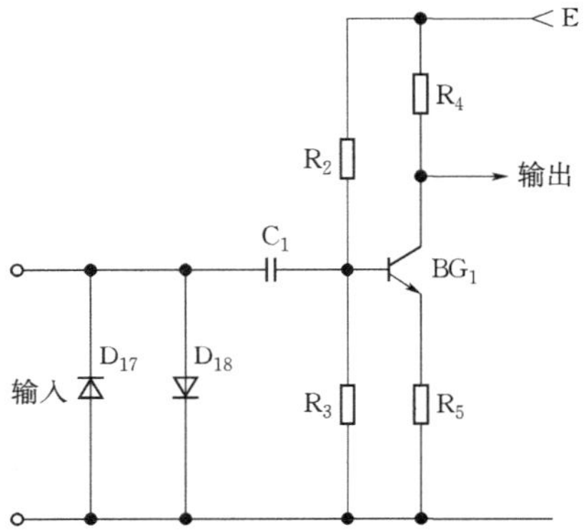	通过 D_{17} 和 D_{18} 进行双向限幅（抑制干扰）；对小信号进行放大，使后级触发器翻转	R_2 断线时 BG_1 放大器工作在截止区；R_3 断线时放大器工作在饱和区
6	多种制式	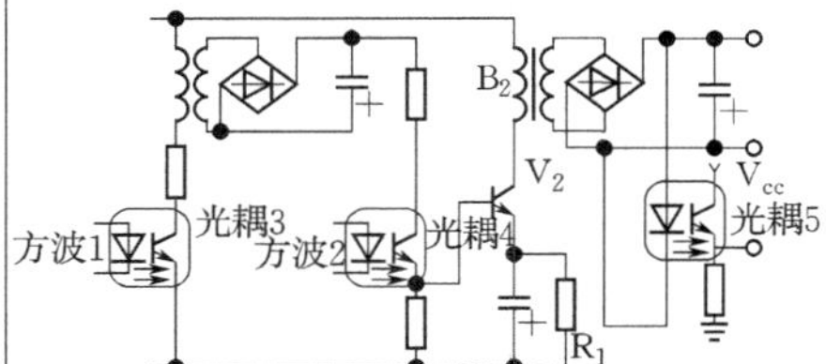	安全与门输出电路和受控电源电路：由于计算机输出故障多为固“0”、固“1”的永久故障，故采用动态输出；两个 CPU 同时输出一组频率相同、相位相反的方波 1、2 脉冲，使电容 C 经电阻 R 充电，光耦二极管放电，使光耦三极管输出一组脉冲，经驱动产生受控电源	安全与门电路中任何元件故障后，均无脉冲输出
7	多种制式；地面电子单元 LEU	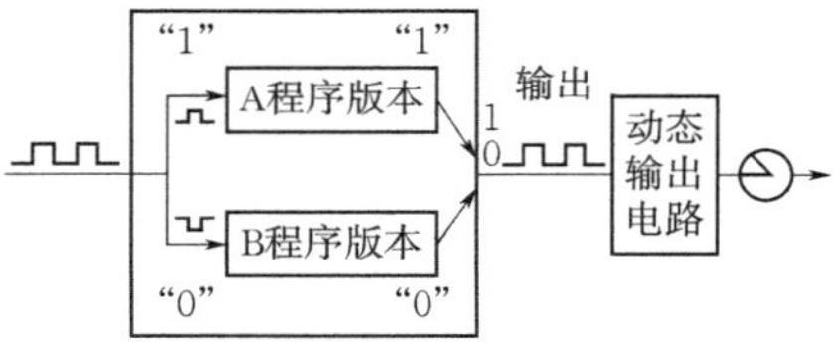	软件 2 取 2 系统：一台计算机（即单硬件），对同一信息采用不同的程序版本 A、B，独立处理后产生（正、负）逻辑结果，对中间结果和最后结果，不断进行比较	A、B 输出不一致时，关闭动态输出电路

续上表

序号	轨道电路	器件/电路/系统原理	基本功能	故障—安全性能
8	多种制式	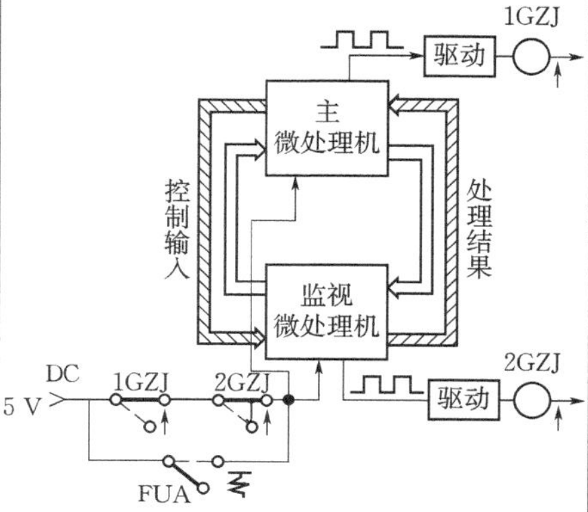	自检测和相互监视的硬件冗余系统：两机启动时自检；运行中实时进行数据及程序检测、交换程序时间；状态一致时 GZJ 均吸起，正常输出。	任一处理机检测到故障状态后，对应 GZJ 落下，切断供电电源，系统停止工作

说明：如无特别说明，均默认为信号左侧输入，右侧输出。

6.1.3 安全相关设备抗干扰性能

EN 50121(GB/T 24338)系列标准规定了通信信号设备抗扰度试验要求及其性能判据。IEC 61508 中设定了实现功能安全的总体要求，明确指出对电磁干扰的足够抗扰度是这些要求之一。安全要求规范(safety requirements specification，SRS)指定了预期应用的所有相关要求。对于安全相关(safety-related functions 或 functional safety)设备的抗干扰性能要求，目前尚无明确要求。

从设备抗扰度等级和环境要求方面，可以借鉴如下内容：

IEC 61326-3-1《测量、控制和实验室使用的电气设备　EMC 要求　第 3-1 部分：针对安全相关系统和用于执行安全相关功能(功能安全)的设备的抗扰度要求　一般工业应用》(*Electrical equipment for measurement，control and laboratory use—EMC requirements—Part 3-1：Immunity requirements for safety-related systems and for equipment intended to perform safety-related functions(functional safety)—General industrial applications*)。

IEC 61326-3-2《测量、控制和实验室使用的电气设备　EMC 要求　第 3-2 部分：针对安全相关系统和用于执行安全相关功能(功能安全)的设备的抗扰度要求　具有特定电磁环境的工业应用》(*Electrical equipment for measurement，control and laboratory use—EMC requirements—Part 3-2：Immunity requirements for safety-related systems and for equipment intended to perform safety-related functions(functional safety)—Industrial applications with specified electromagnetic environment*)。

IEC 61326-3 中，将安全相关设备抗干扰性能判据由原有 A、B、C 修改如下 A、B：

A：用于安全应用的 EUT 功能。①在规格参数外不受任何影响；或者②如果 EUT 对干扰的反应能够维持或在规定的时间内达到一个(或多个)可检测的、明确定义的状态，则可暂时或永久受到干扰；③如果 EUT 的规定状态在明确的时间内得以维持或实现，也允许部件受到破坏。

B：未用于安全应用的功能，允许暂时或永久受到干扰。

IEC 61326-3 实际提供了如何处理电磁环境和得出抗扰度要求的结论的两种基本方法：

(1)考虑一个没有特定限制的一般电磁环境，例如工业环境，并考虑到可能发生的所有电磁现象及其最大振幅，以便为系统和设备得出适当的抗扰度。这种方法已被用来确定 IEC 61326 这一部分中指定的等级，导致某些电磁现象的抗扰度等级相比没有功能安全设备有所提高，可以理解为，与无功能安全相对比，安全设备应增加抗扰度等级。

(2)通过应用特定装置和干扰抑制措施来控制电磁环境,从而使电磁现象及其干扰能量只能有限发生,然后通过适当的抗扰度能力应对这些现象和限制干扰幅度。因为,通过相应的手段确保通常不会预期出现更高的干扰幅度,环境干扰未必高于没有考虑功能安全的情况。

表 6.1.12 中是安全应用设备机箱端口抗扰度相关标准和性能判据(功能安全)。

表 6.1.12 用于工业场所的设备抗扰度测试要求——机箱端口

序号	现　象	基础标准	用于安全应用功能的测试要求 ——测试值与性能判据	
1	静电放电(ESD)	IEC 61000-4-2	6 kV/8 kV 接触/空气[a, b]	FS
2	电磁场	IEC 61000-4-3	20 V/m(80 MHz ~ 1 GHz)[c] 10 V/m (1.4 GHz ~ 2 GHZ)[c] 3 Vm (2.0 GHz ~ 2.7 GHz)[c]	FS
3	额定工频磁场 field	IEC 61000-4-8	30 A/m[d] 不适用更高的测试水平	FS

注:[a] 按 IEC 61000-4 按 IEC 61000-4-2 标准中描述的环境条件适用这些等级,用于非操作人员可接触的部分,前提是有定义的 ESD 控制程序,但仅限于仅操作人员可接触的设备。

[b] 对于计划用于 SIL3 应用的设备,在最高电平的放电次数应比基本标准中的数量增加 3 倍。

[c] 除非采取了可靠措施以避免附近使用移动通信设备,否则这些增大值通常应适用于给定频率范围内的测试。

[d] 仅适用于包含对磁场敏感器件的设备。

由表可见,对用于 SIL3 等级应用的设备,静电放电最高水平的放电次数应比基本标准中给定的次数增加 3 倍。

6.2 安全评估及工程实践

安全评估是一种系统性的分析过程,旨在识别和评估一个项目、设施或系统可能面临的风险和危险,以便采取适当的措施来减轻潜在的负面影响,确保人员、资产和环境的安全。我国工程安全评估从高速铁路建设开始,武广客专是我国第一个独立开展的高速铁路安全评估项目,现在已形成完善和规范化的体系。

6.2.1 信号设备安全评估内容

根据 CENELEC 铁路应用标准的 SIL 需求,对认证产品进行 SIL4 级独立安全评估,主要内容包括:CENELEC 铁路应用标准培训;认证产品预评估;认证产品独立安全评估(independent safety assessment)。

评估过程中,假设具备以下的任务基线:①认证产品的设计和开发活动正在进行;②认证产品将按照 CENELEC 铁路标准中所述的结构化生命周期进行设计和开发;③认证产品的安全功能指定的安全完整性等级进行评估,其前提是系统的安全相关及非安全相关功能将有清晰的划分。

评估(assessment)是指一个分析的过程,以决定设计方和确认方完成的产品是否满足指定的(安全)要求,并判断产品是否符合其预定的目的(参考 EN 50129)。

另外两个相关概念如下:

确认(validation):通过采用测试和分析活动,来证明产品满足各方面指定的需求(参考 EN 50129)。

验证(verification):在其生命周期的每一阶段,通过分析和测试活动来判定,目前所在阶段的需求满足前一阶段输出,并且当前阶段的输出满足它的需求(参考 EN 50129)。

6.2.2 安全评估依据标准

安全评估工作执行依据以下标准和规范。

1. 应用标准

安全评估应用标准及主要内容见表 6.2.1。

表 6.2.1 安全评估应用标准及主要内容

标准号	标准名称	主要内容
EN 50126	*Railway applications—The specification and demonstration of reliability, availability, maintainability and safety(RAMS)* 铁路应用 可靠性、可用性、可维护性和安全性(RAMS)的规范和证明	安全评估是一种系统性的分析过程,旨在识别和评估一个项目、设施或系统可能面临的风险和危险,以便采取适当的措施来减轻潜在的负面影响,确保人员、资产和环境的安全。安全评估通常包括以下几个关键环节及其对应的流程:风险识别、风险分析、风险评价、风险控制、风险监控和复审、报告和记录、培训和沟通。整个安全评估过程应该是迭代的,能够适应系统或环境的变化,并确保持续改进安全管理体系
EN 50128	*Railway applications—Communication, signalling and processing systems—Software for railway control and protection systems* 铁路应用 通信、信号和处理系统 铁路控制和防护系统用软件	涉及铁路应用中的通信、信号和处理系统,特别是铁路控制和防护系统软件的安全性。与 EN 50126 和 EN 50129 一起使用,为铁路系统提供了一个全面的安全和质量保证框架
EN 50129	*Railway applications—Communication, signalling and processing systems—Safety related electronic systems for signaling* 铁路应用 通信、信号和处理系统 安全相关的电子信号系统	强调了在铁路信号系统中使用电子设备时,必须考虑整个系统生命周期中的安全要求,包括设计、建设、安装、认可、操作、维护和修改等环节。它还涉及了对系统进行风险分析和危害控制的过程,以及如何通过技术和管理措施来确保系统的安全性。 整个标准旨在为铁路信号系统中的电子安全系统提供一个统一的安全评估和验证框架,以确保铁路运输的安全性
EN 50159	*Railway applications—Communication, signalling and processing systems—Safety related communication in transmission systems* 铁路应用 通信、信号和处理系统 传输系统通信安全	涉及铁路信号和列车控制系统的安全相关通信,确保这些系统在闭环和开环传输系统中的安全性能
ISO 9001	*Quality management systems—Requirements* 质量管理体系 要求	国际标准化组织(ISO)发布的一项全球认可的质量管理体系(QMS)标准。它为组织提供了一套全面的质量管理原则,旨在确保组织能够一致地提供满足客户和法规要求的产品和服务
其他标准	*Further standards apply for environmental conditions, EMC, etc.* 适用于环境条件、电磁兼容等的其他标准	—

2. 参考规范

参考规范(技术报告)见表 6.2.2。

表 6.2.2　参考规范(技术报告)

CLC/TR 50126-2—2007	*Railway applications—The specification and demonstration of reliability, availability, maintainability and safety(RAMS)—Part 2: Guide to the application of EN 5026-1 for safety* 轨道交通　可靠性、可用性、可维护性和安全性(RAMS)的规范和证明　第 2 部分:安全用 EN 50126-1 的应用指南
CLC/TR 50451—2007	*Railway applications—Systematic allocation of safety integrity requirements* 铁路应用　安全完整性等级的系统性分配
CLC/TR 50506-2—2009	*Railway applications—Communication, signalling and processing systems—Application guide for EN 50129—Part 2: Safety assurance* 轨道交通　通信、信号和处理系统安全相关的电子信号系统　EN 50129 应用指南　第 2 部分:安全保证

6.2.3　通用评估方法和案例

1. 基于证据的评估方法

独立安全评估将按照 CENELEC 铁路标准进行,此标准提供了一个国际通用的框架,即客户承担提供安全证据的全部职责,而独立安全评估方将侧重于判断客户是否采用了符合标准要求的适当过程和技术,并在设计过程中正确实现。独立安全评估将伴随认证产品设计与开发的生命周期,如图 6.2.1 所示。

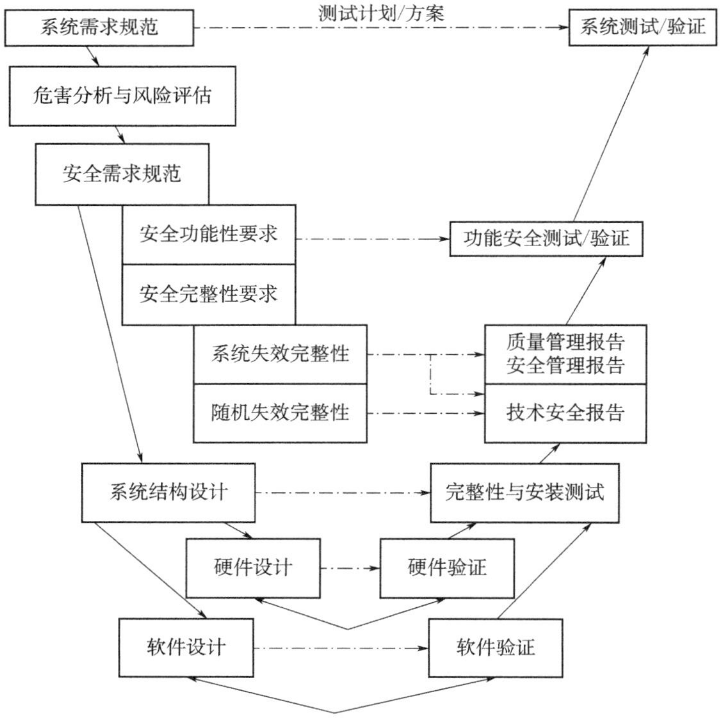

图 6.2.1　系统开发生命周期

安全评估的目的在于经由第三方的检查，确保认证产品采用的技术手段、所采用的开发生命周期和安全管理过程能与标准的要求保持一致，达到指定的安全目标。因此，安全评估过程必须与产品开发过程紧密结合，如图 6.2.2 所示。

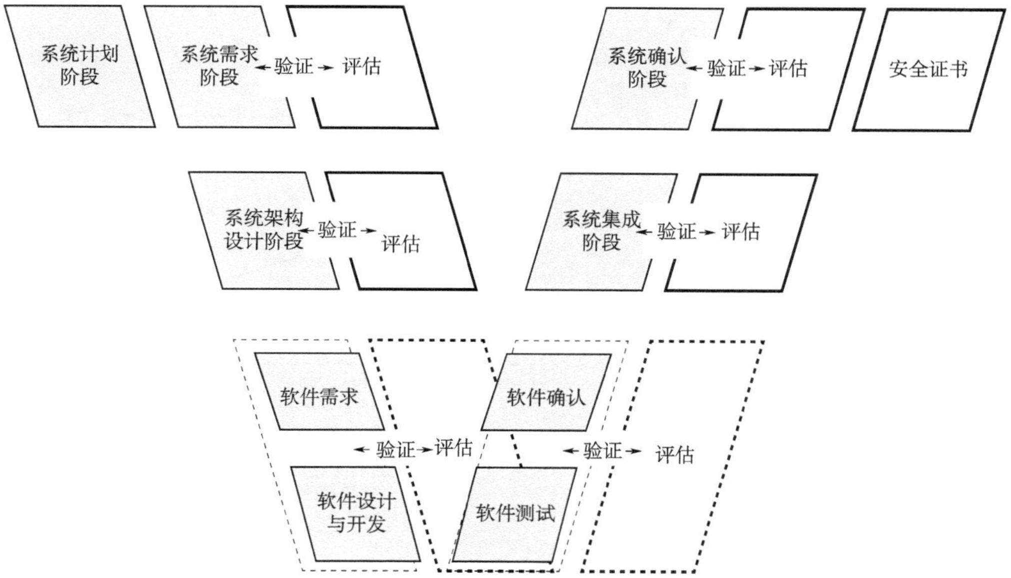

图 6.2.2 系统全过程与安全评估方法

在系统开发的整个生命周期中，从系统计划阶段开始，安全性就被纳入考虑，通过定义基本目标和需求，包括安全性要求，并进行初步的风险分析来识别潜在威胁。在系统需求阶段，详细定义系统的具体需求时，会进行安全性分析，以确保所有需求都符合安全标准。评估活动确保这些需求满足既定的安全标准，并通过设计和验证活动来确认系统架构和设计能够抵御安全威胁。在系统集成阶段，通过集成测试确保集成过程中没有引入新的安全漏洞。在软件设计与开发阶段，详细设计被制定并通过设计审查和安全相关的设计测试来评估其安全性。软件需求、设计与开发经过确认和测试，以确保软件按预期工作且没有缺陷，其中安全评估方法，如代码审查、静态分析和动态测试被用于确保软件的安全性。整个过程中，安全评估是一个持续的活动，旨在识别和缓解潜在的安全风险，以提高系统的整体安全性。

2. 评估基本流程

独立评估基本流程如图 6.2.3 所示。

3. 轨道电路产品认证示例

EN 50126 定义铁路信号安全性为无不可容忍的风险，同时，安全完整性等级（SIL）规定了分配给安全相关（safety-related）系统的安全功能的安全完整性要求。在高速铁路信号领域，安全苛求系统一般要求符合 SIL3 或 SIL4，如轨旁信号设备、机车信号等；非安全苛求系统一般满足 SIL1 或 SIL2，如列车自动监控系统（automatic train supervision，ATS）、列车自动调整系统（automatic train regulation，ATR）等。轨道电路作为信号控制的关键基础设施，属于安全苛求系统，应满足 SIL4 认证的要求。根据 CENELEC 铁路应用标准的 SIL 需求，对认证产品进行 SIL4 级独立安全评估，需要提供的服务包括：CENELEC 铁路应用标准培训、认证产品预评估和认证产品独立安全评估。

基于上述证据方法和具体流程开展评估工作，评估的范围仅局限于评估对象的安全相关系统设计和开发实现的安全评估。表 6.2.3 为认证产品评估范围。

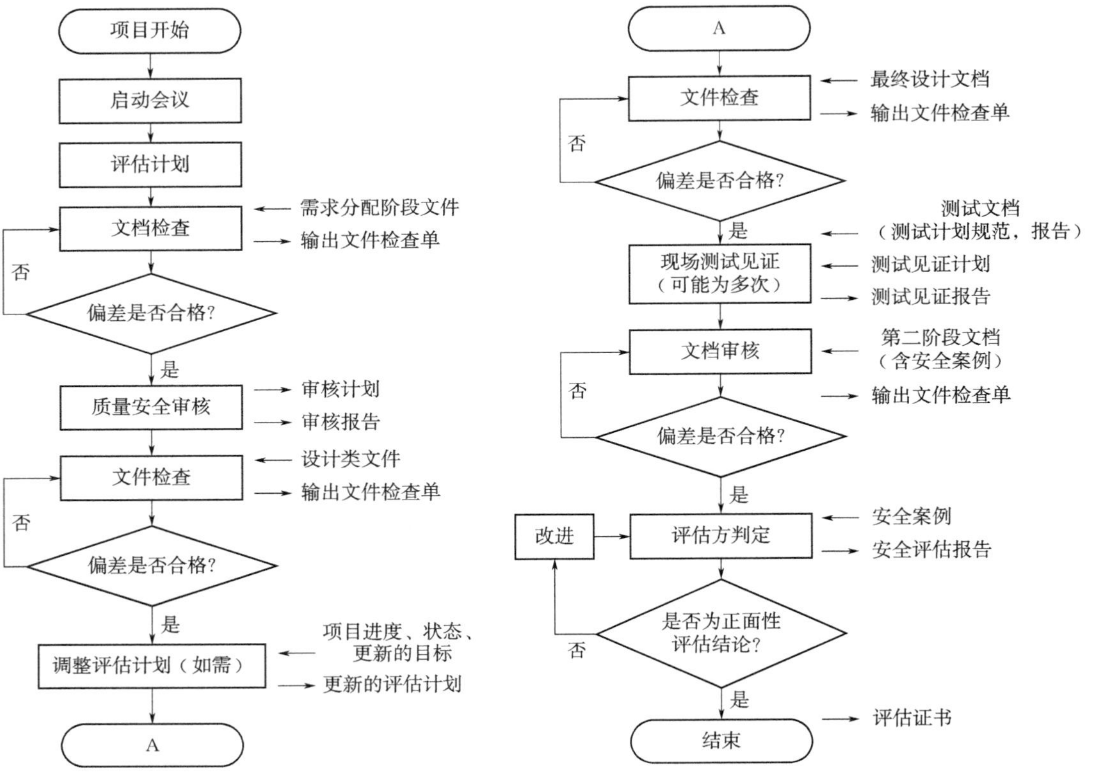

图 6.2.3　独立评估基本流程示意

表 6.2.3　评估范围示例

系统阶段定义：				
1			系统定义和应用条件	
2			系统需求	5. 安全分析,风险管理和安全论据
3			需求分配	
4. 设计与实现	4.1　硬件设计与实现	4.1.1	硬件设计	
		4.1.2	硬件实现	
		4.1.3	硬件测试	
		4.1.4	硬件确认	
	4.2　软件设计与实现	4.2.1	软件架构设计	
		4.2.2	软件组件设计	
		4.2.3	编码与调试	
		4.2.4	软件单元测试	
		4.2.5	软件集成测试	
		4.2.6	软/硬件集成测试	
		4.2.7	软件确认	
	4.3		系统集成	
	4.4		系统确认	

项目开始时，评估方将负责编写评估计划。该评估计划将详细说明评估的过程，包括定义评估进度和项目接口。评估计划草案会在启动会议前完成，并在启动会议中由双方确认一致。会上将对参与各方进行介绍，对客户的安全组织及评估方组织进行说明，并对认证产品需求及其设计理念及总体的项目时间表和其他相关活动进行阐述。同时，双方对于进一步评估工作的安排达成共识。评估将检查安全、质量、验证和确认计划类文件，具体地，检查这些文件以判断其是否符合所选定的CENELEC标准，是否与相关的规格一致，并且根据EN 50129标准是否满足足够的安全完整性等级。

独立安全评估采用的方法主要有：质量和安全审核、文件检查和测试见证，如图6.2.4所示。评估工作中对设计和分析工作的评价，根据需要将采用专业工具/实验平台作为支持，例如，使用Isograph支持可靠性分析的评价。

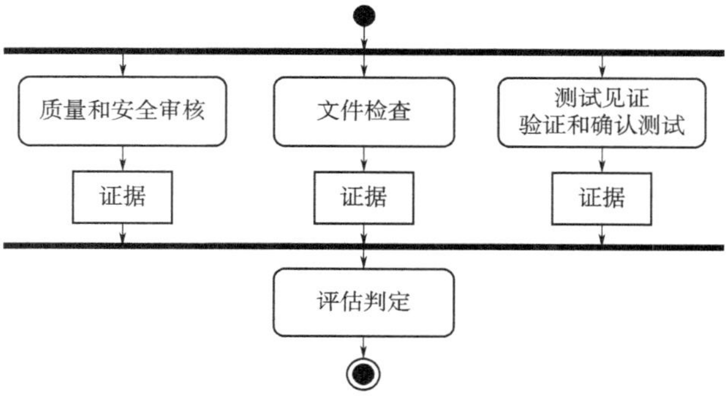

图6.2.4　独立安全评估方法

综上，针对给定轨道电路产品，安全评估工作的工程实施流程如图6.2.5所示。

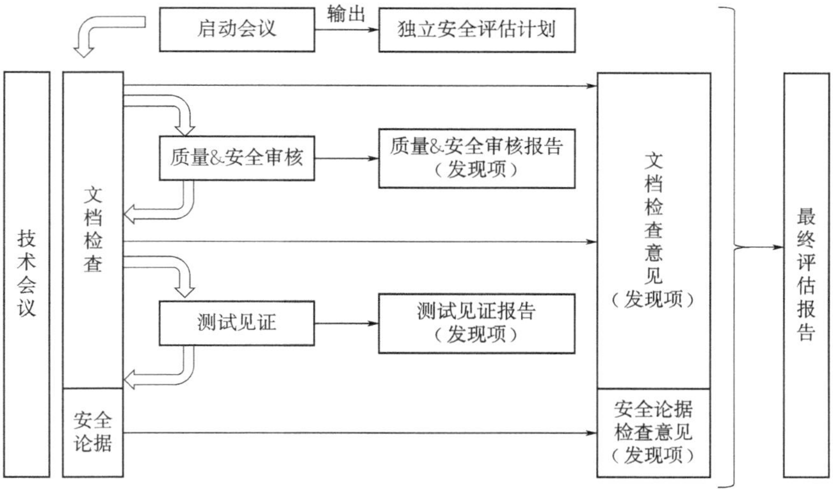

图6.2.5　安全评估工程实施流程

6.3　抗干扰与安全相关性分析方法

IEC 61508中对实现功能安全提出了全面的要求，并明确写明对电磁干扰具有足够的抗扰度是其中的一项要求，但在信号设备抗干扰性能与安全性关系方面尚未开展系统研究。

6.3.1 基于可靠性计算的相关性分析方法

EN 50121(GB/T 24338)定义了抗扰度试验要求及其性能判据。为了确定电磁干扰对信号设备性能影响的程度,并分析其对信号设备可靠性造成的影响,本节在设备符合抗扰度试验限值的条件下,提出了基于可靠性计算定量评估电磁干扰对铁路信号安全性影响的分析方法。

1. 整体方案

电磁干扰与安全相关性研究方案如图 6.3.1 所示。首先将信号设备划分为若干部件,分析电磁干扰对信号设备可靠性的影响,并计算各部件受到电磁干扰后的故障概率。然后,基于层次分析法

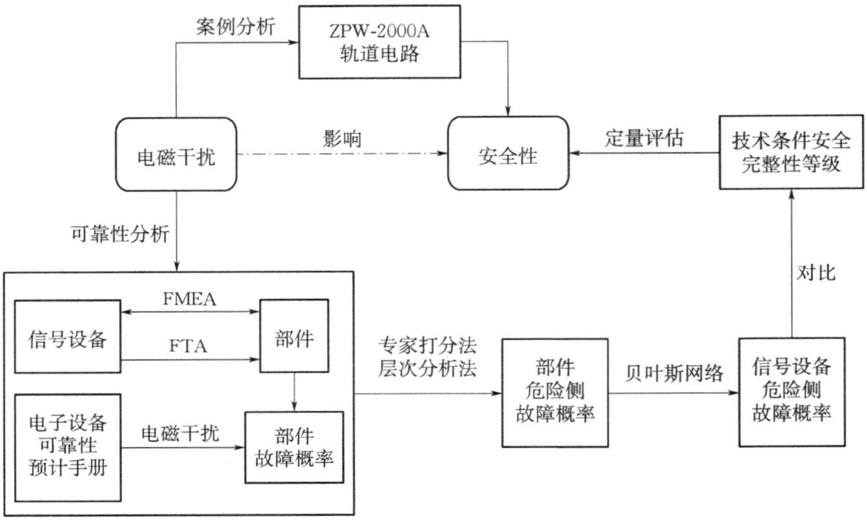

图 6.3.1　电磁干扰与安全相关性研究方案

计算部件每种故障模式的风险发生度权重,得到部件受到电磁干扰后的危险侧故障概率。最后,依据贝叶斯网络,导出信号设备受到电磁干扰后的危险侧故障概率,对比其技术条件规定的安全完整性等级,判定电磁干扰对铁路信号安全性的影响。

(1)信号设备受电磁干扰后的可靠性分析

根据传统的故障树分析法(fault tree analysis,FTA)和故障模式及影响分析法(failure mode and effects analysis,FMEA),将信号设备划分为若干部件,构建其故障树,并根据各部件的失效模式,分析其受到电磁干扰后的故障模式及故障影响,建立 FMEA 表。然后,基于元器件计数可靠性预计法,计算部件受到电磁干扰后的故障概率,有

$$\lambda_{GS}=\sum_{i=1}^{n}N_i\lambda_{Gi}\pi_{Qi} \tag{6.3.1}$$

其中,λ_{GS} 为设备总失效率,10^{-6}/h;λ_{Gi} 为第 i 种元器件的通用失效率,10^{-6}/h;π_{Qi} 为第 i 种元器件的通用质量系数;N_i 为第 i 种元器件的数量;n 为设备所用元器件的种类数目。

(2)部件危险侧故障概率推导

根据“集合”定义可知:在故障模式之间相互独立,并且不考虑两种以上故障模式同时发生的前提下,部件每种故障模式发生概率之和近似等于部件的故障概率,即其权重之和近似为 1。采用专家打分法确定部件受到电磁干扰后每种故障模式的风险发生度等级,并通过层次分析法计算其权重。

具体地,参考 EN 50126 并针对信号设备安全相关的规定,风险发生度等级评判标准见表 6.3.1。

表 6.3.1 风险发生度等级评判标准

等级分数	发生度标准	等级分数	发生度标准
1	故障几乎不发生	4	故障较少发生
2	故障存在,但可能性低	5	故障多次发生
3	故障可能发生	6	故障经常发生

层次分析法是将事件的各个因素分层考虑,通过相互比较确定各因素的相对重要性,最终得到各个因素之间的权重,如图 6.3.2 所示。其中,根据表 6.3.2 中的三标度评判尺度,将部件受到电磁干扰后每种故障模式的风险发生度(简称为"因素")两两之间做比较,得到三标度评判矩阵。

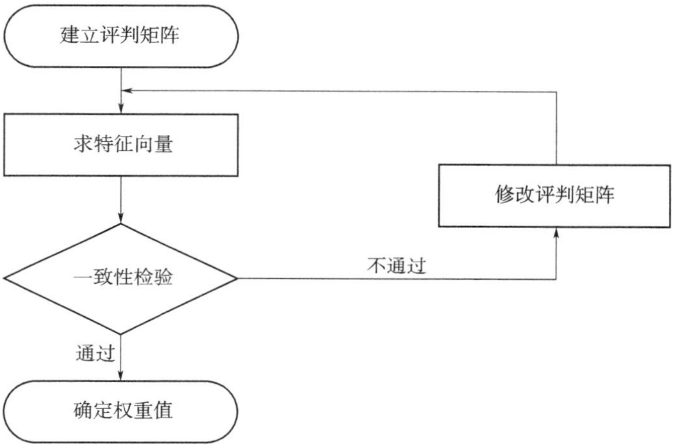

图 6.3.2 层次分析法步骤

表 6.3.2 三标度评判尺度表

评判尺度	定　义
0	a_i 没有 a_j 重要
1	a_i 比 a_j 同等重要
2	a_i 比 a_j 重要

三标度评判矩阵是一个间接的评判矩阵,为得到各因素的权重,需要将三标度评判矩阵转化为九标度评判矩阵:首先将三标度评判矩阵 $\boldsymbol{P}_3=[a_{ij}]^{n\times n}$ 按行求和 $r_i=\sum a_{ij}$,然后确定 r_i 中的最大值 $r_{\max}=\max\limits_{1\leqslant i\leqslant n}|r_i|$ 和最小值 $r_{\min}=\min\limits_{1\leqslant i\leqslant n}|r_i|$,最后根据式(6.3.2)将其转化为九标度评判矩阵 $\boldsymbol{P}_9=[b_{ij}]^{n\times n}$。其中,$b_m$ 为基点比较标度,$b_m=\dfrac{r_{\max}}{r_{\min}}$。

$$b_{ij}=\begin{cases}\dfrac{r_i-r_j}{r_{\max}-r_{\min}}(b_m-1)+1 & (r_i>r_j)\\ \left[\dfrac{r_i-r_j}{r_{\max}-r_{\min}}(b_m-1)+1\right]^{-1} & (r_i\leqslant r_j)\end{cases},(i,j=1,2,\cdots,n) \tag{6.3.2}$$

采用方根法计算九标度评判矩阵的特征向量,进一步得到各因素的权重。首先,计算九标度评判矩阵中每行元素的乘积为

$$\boldsymbol{M}_i=\prod_{j=1}^{n} b_{ij},(i=1,2,\cdots,n) \tag{6.3.3}$$

进而，计算 $\boldsymbol{M}_i$ 的 n 次方根为

$$\overline{\boldsymbol{W}}_i=\sqrt[n]{\boldsymbol{M}_i},(i=1,2,\cdots,n) \tag{6.3.4}$$

最终，对向量 $\overline{\boldsymbol{W}}=[\overline{w}_1 \quad \overline{w}_2 \quad \cdots \quad \overline{w}_n]^{\mathrm{T}}$ 进行归一化计算，最后求得 $\boldsymbol{W}=[w_1 \quad w_2 \quad \cdots \quad w_n]^{\mathrm{T}}$ 为九标度评判矩阵的特征向量，即各因素的权重为

$$w_i=\frac{\overline{w}_i}{\sum_{i=1}^{n}\overline{w}_i},(i=1,2,\cdots,n) \tag{6.3.5}$$

根据式(6.3.6)进行一致性检验，通过一致性检验能够验证计算得到的特征向量是否正确。

$$\lambda_{\max}=\sum_{i=1}^{n}\frac{(\boldsymbol{P}_9\boldsymbol{W})_i}{nw_i},\ \mathrm{CR}=\frac{\mathrm{CI}}{\mathrm{RI}},\mathrm{CI}=\frac{\lambda_{\max}-n}{n-1} \tag{6.3.6}$$

其中，CR 为随机一致性比率；CI 为一致性指标；RI 为平均随机一致性指标；并且 RI 的取值会随着九标度评判矩阵的阶数而变化，其取值见表 6.3.3。

表 6.3.3　评判矩阵的阶数与 RI 取值对照表

评判矩阵阶数	1	2	3	4	5	6	7	8	9
RI	—	—	0.52	0.89	1.12	1.26	1.36	1.41	1.46

当 CR<0.1 或者当 $\lambda_{\max}<n$ 且 CI<0 时，得到的各因素权重符合一致性检验；否则需要修改九标度评判矩阵中的重要度对比值。

(3)信号设备危险侧故障概率计算

贝叶斯网络是一个有向无环图，是贝叶斯理论在实践应用中的一种数学模型。贝叶斯网络由代表变量的节点及连接这些节点的有向边构成，有向边起点的节点称为父节点，有向边指向的节点称为子节点；没有父节点的节点称为根节点，没有子节点的节点称为叶节点，节点通常用椭圆形或圆形来表示。贝叶斯网络可得叶节点 T 发生条件下根节点 E_i 发生的后验概率，能弥补 FTA 在诊断推理的不足，并且贝叶斯网络可以由故障树转化得到，因此采用贝叶斯网络可推导信号设备危险侧故障概率。贝叶斯网络叶节点 T 的发生概率为

$$P(T=1)=\sum_{E_1,\cdots,E_{M-1}}P(E_1=e_1,\cdots,E_{M-1}=e_{M-1},T=1) \tag{6.3.7}$$

其中，$E_i[1\leqslant i\leqslant(M-1)]$为贝叶斯网络中的根节点和中间节点；$e_i\in\{0,1\}$用来表征事件 E_i 发生与否；M 为贝叶斯网络中节点的数目。

将部件受到电磁干扰后危险侧故障概率代入贝叶斯网络，由式(6.3.7)可得信号设备受到电磁干扰后的危险侧故障概率，对比其技术条件规定的安全完整性等级，从而可考察电磁干扰对铁路信号安全性的影响。此外，可根据式(6.3.8)得到叶节点 T 发生条件下根节点 E_i 发生的后验概率：

$$P(E_i=1|T=1)=\frac{P(T=1|E_i=1)-P(T=1|E_i=0)}{P(T=1)} \tag{6.3.8}$$

2. 计算实例

仅对 ZPW-2000A 轨道电路发送器(1+1 冗余)、接收器(双机并联)进行分析，研究其受到电磁干扰对安全性的影响：单机平均故障间隔时间(MTBF)不小于 1.5×10^5 h，并且 ZPW-2000A 轨道电路要求最高的 SIL4 安全完整性等级(见表 6.3.4)，其安全度指标要求平均危险侧输出间隔时间(MTBFAS)不小于 10^{11} h。按部件划分建立故障树如图 6.3.3 所示，并绘制 FMEA 表见表 6.3.5。

表 6.3.4 铁路信号安全完整性等级

SIL	危害严酷性	铁路事故等级	每小时危险侧失效率/h
1	轻度危害	D类的一般事故	10^{-5}
2	可承受范围内	C类的一般事故	10^{-7}
3	致命性的	A及B类的一般事故	10^{-9}
4	灾难性的	特别重大事故、重大事故	10^{-11}

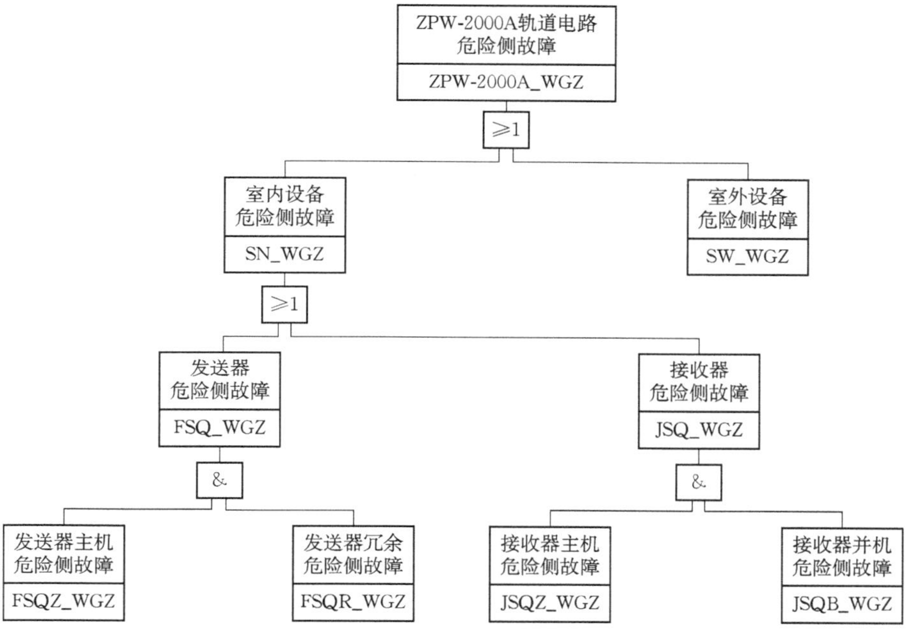

图 6.3.3 发送器和接收器故障树

表 6.3.5 发送器和接收器 FMEA 表

风险源	部 件	故障模式	故障影响	风险发生度	安全侧/危险侧
电磁干扰	发送器	无法产生移频信号	无影响	4	安全侧
		产生错误的降级移频信号	降级运行,不危及安全	1	安全侧
		产生错误的升级移频信号	可能危及行车安全	1	危险侧
		产生功率过低的移频信号	控制台出现红光带	3	安全侧
		产生功率稍低的移频信号	无影响	4	安全侧
电磁干扰	接收器	无法接收主轨道移频信号	无影响	4	安全侧
		错误解调为升级模式的主轨道电路移频信号	可能危及行车安全	1	危险侧
		错误解调为降级模式的主轨道电路移频信号	降级运行,不危及安全	1	安全侧
		无法接收小轨道移频信号	控制台红光带	4	安全侧
		错误解调小轨道移频信号	无影响	3	安全侧
		无法动作轨道继电器	控制台红光带	2	安全侧
		错误动作轨道继电器	可能危及行车安全	1	危险侧

根据表 6.3.5 中的风险发生度等级，对比可得发送器的三标度评判矩阵 $\boldsymbol{P}_3$，并根据式(6.3.2)将其转化为九标度评判矩阵 $\boldsymbol{P}_9$ 为

$$\boldsymbol{P}_3=\begin{bmatrix}1&2&2&2&1\\0&1&1&0&0\\0&1&1&0&0\\0&2&2&1&0\\1&2&2&2&1\end{bmatrix},\boldsymbol{P}_9=\begin{bmatrix}1&4&4&5/2&1\\1/4&1&1&2/5&1/4\\1/4&1&1&2/5&1/4\\2/5&5/2&5/2&1&2/5\\1&4&4&5/2&1\end{bmatrix}$$

由此可得发送器各因素权重 $\boldsymbol{W}_{\text{发送器}}=[0.341\quad 0.078\quad 0.078\quad 0.162\quad 0.341]^{\mathrm{T}}$，其一致性检验为

$$\lambda_{\max}=\sum_{i=1}^{5}\frac{(\boldsymbol{P}_9\boldsymbol{W})_i}{5w_i}=5.032$$

$$\mathrm{CI}=\frac{\lambda_{\max}-n}{n-1}=0.008$$

$$\mathrm{CR}=\frac{\mathrm{CI}}{\mathrm{RI}}=0.007<0.01$$

可知，求得的发送器各因素权重符合一致性检验。参照表 6.3.5 可知，发送器中的故障模式“产生错误的升级移频信号”会导向危险侧，危及行车安全，并且其权重为 0.078，因此发送器主机受到电磁干扰后的危险侧故障概率为 $2.004\,97\times0.078\times10^{-6}=1.563\,88\times10^{-7}$/h；同理可得接收器主机受到电磁干扰后的危险侧故障概率为 $2.514\,14\times0.060\times2\times10^{-6}$/h$=3.016\,97\times10^{-7}$/h。

如图 6.3.4 所示，将已构建的发送器、接收器故障树转化为贝叶斯网络，其根节点先验概率见表 6.3.6。由式(6.2.7)可得叶节点的发生概率，即 ZPW-2000A 轨道电路的危险侧故障概率为 P(ZPW-2000A_WGZ)$=1.154\,78\times10^{-13}$/h，其 MTBFAS$=8.659\,66\times10^{12}$(h)，满足规定的平均危险侧输出间隔时间，相应符合铁路系统最高的每小时危险失效率 10^{-11} h，即 SIL4 安全完整性等级的要求。初步判定在此环境下，电磁干扰对 ZPW-2000A 轨道电路安全性不构成影响。

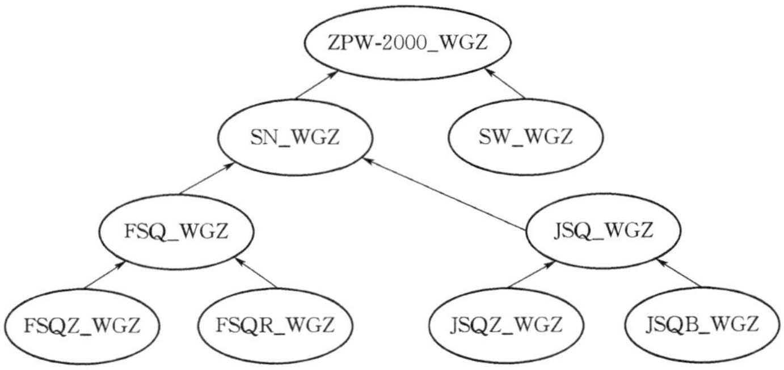

图 6.3.4　发送器和接收器贝叶斯网络

表 6.3.6　发送器和接收器各根节点先验概率

故障代号	先验概率/h	故障代号	先验概率/h
FSQZ_WGZ	$1.563\,88\times10^{-7}$	JSQB_WGZ	$3.016\,97\times10^{-7}$
FSQR_WGZ	$1.563\,88\times10^{-7}$	SW_WGZ	0
JSQZ_WGZ	$3.016\,97\times10^{-7}$	—	—

此外，根据式(6.3.8)计算可得叶节点发生条件下各根节点发生的后验概率，见表6.3.7。表中显示了各节点中对电磁干扰安全防护的薄弱环节，即当ZPW-2000A轨道电路受到电磁干扰发生危及行车安全的故障时，首先应该对接收器进行检查。

表6.3.7 发送器和接收器各根节点后验概率

根节点代号	后验概率	根节点代号	后验概率
FSQZ_WGZ	0.211 79	JSQZ_WGZ	0.788 21
FSQR_WGZ	0.211 79	JSQB_WGZ	0.788 21

6.3.2 基于风险评估的相关性分析方法

目前缺乏基于风险评估技术对铁路信号系统安全性评价的研究，并且现有相关研究多基于层次分析法。本节提炼并综合传统层次分析法、最大残差绝对值法、熵值法的优势，形成一套综合赋权法。进一步地，完善风险评估流程，构造完整的面向电磁干扰的风险评估方法。

1. 整体方案

图6.3.5为风险评估原理框架，旨在通过对信息资产的威胁、脆弱性的识别及赋值，最终得到信息系统的安全保护等级。具体来看，实现风险评估主要包含以下步骤：

(1)明确评估对象及其范围。

(2)收集事故相关资料。

(3)风险识别。

(4)选择风险分析方法。

(5)完成风险评价，得到系统风险等级。

(6)做出风险决策，提出改进措施建议。

(7)生成风险评估报告。

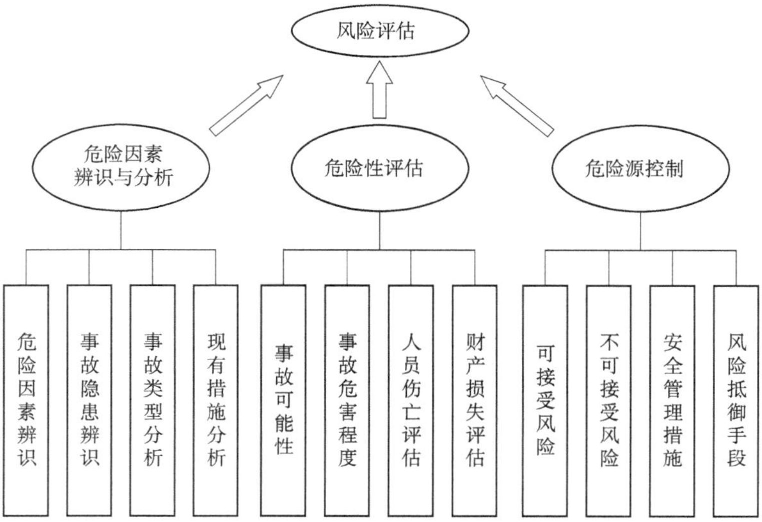

图6.3.5 风险评估原理

重点关注上述步骤(4)和(5)在铁路信号安全性中的应用，核心工作为构造评估矩阵与求解权值向量。表6.3.8给出了“频率—后果风险矩阵”，可作为铁路信号系统隐患风险评估的依据。

表 6.3.8 频率—后果风险矩阵

发生频率	风险等级			
频繁	不希望出现的	不可接受的	不可接受的	不可接受的
可能	可接受的	不希望出现的	不可接受的	不可接受的
偶尔	可接受的	不希望出现的	不希望出现的	不可接受的
鲜有	可忽略的	可接受的	不希望出现的	不希望出现的
不太可能	可忽略的	可忽略的	可接受的	可接受的
不可能	可忽略的	可忽略的	可忽略的	可忽略的
—	轻微性的	轻度性的	严重性的	灾难性的
	后果严重性			

2. *核心方法及改进*

传统层次分析法是一种结合定性与定量分析的多目标决策分析方法，本节将引入另外两种求解权值算法，用于改进风险评价流程。

(1)最大残差绝对值法

最大残差绝对值法是基于层次分析法中最小二乘赋权法的一种改进算法。它用于解决式(6.3.9)所示的线性规划问题，优化目标为尽可能减小最大的残差绝对值。

$$\begin{aligned}&\min \max_{1\leqslant i\leqslant j\leqslant n} |p_{ij}w_j - w_i| \\ &\text{s. t.} \ \sum_{i=1}^{n} w_i = 1 \\ &w_i \geqslant 0, i=1,2\cdots,n\end{aligned} \tag{6.3.9}$$

求解过程中，含绝对值项需作分段处理，令 $z=\max\limits_{1\leqslant i\leqslant j\leqslant n}|p_{ij}w_j-w_i|$ 且 $z\geqslant 0$，得到两组约束条件定义为

$$\begin{aligned}p_{ij}w_j - w_i - z \leqslant 0, i,j=1,2,\cdots,n \\ -p_{ij}w_j + w_i - z \leqslant 0, i,j=1,2,\cdots,n\end{aligned} \tag{6.3.10}$$

(2)熵值法

熵值法又称最大熵技术法，起源于信息论中“信息熵”的概念，该概念阐明了对信息的量化度量，可用以描述信息的不确定度。采用熵值法进行赋权运算，包括以下步骤：

①划分系统结构，明确系统包含 n 个方案，每个方案均包含 m 个指标。依据专家打分表生成评价矩阵 $\boldsymbol{P}=[p_{ij}]_{n\times m}$。

②指标归一化处理，包括标准化和非负化（$p_{ij}=|p_{ij}|$）两步。其中，标准化由式(6.3.11)和式(6.3.12)完成，进而得到新的指标评价矩阵 $\boldsymbol{Q}=[q_{ij}]_{n\times m}$。

$$q_{ij}=\frac{p_{ij}-p_{\min}}{p_{\max}-p_{\min}}+1, i=1,2,\cdots n \quad j=1,2,\cdots,m \tag{6.3.11}$$

$$q_{ij}=\frac{p_{\max}-p_{ij}}{p_{\max}-p_{\min}}+1, i=1,2,\cdots n \quad j=1,2,\cdots,m \tag{6.3.12}$$

③计算第 i 个方案占第 j 个指标的权重，生成矩阵 $\overline{\boldsymbol{W}}=[\overline{w}_{ij}]_{n\times m}$ 为

$$\overline{w}_{ij}=\frac{q_{ij}}{\sum_{j=1}^{m}q_{ij}},i=1,2,\cdots,n \tag{6.3.13}$$

④计算第 j 个指标的熵值，记为 H_j，且 $H_j\in(0,1)$：

$$H_j=-\frac{1}{\ln n}\sum_{i=1}^{n}\overline{w}_{ij}\ln(\overline{w}_{ij}),j=1,2,\cdots,m \tag{6.3.14}$$

⑤计算信息熵冗余度 $d_j=1-H_j,=1,2,\cdots,m$。根据式(6.3.14)计算得出各评价指标权值 $\boldsymbol{W}=[w_1,w_2,\cdots,w_m]^{\mathrm{T}}$。根据式(6.3.15)得出各方案的综合得分 $\boldsymbol{S}=[s_1,s_2,\cdots,s_n]^{\mathrm{T}}$。

$$w_j=\frac{d_j}{\sum_{j=1}^{m}d_j},j=1,2,\cdots,m \tag{6.3.15}$$

$$s_i=\sum_{j=1}^{m}w_j\cdot q_i,i=1,2,\cdots,n \tag{6.3.16}$$

(3)综合赋权法

以层析分析为例的主观赋权法凸显了人们做出主观分析的合理性，但存在主观性过强、对专家打分过于依赖的缺点。与此同时，最大残差绝对值法不仅降低了传统最小二乘法的计算量，经检验，其赋权结果还具有良好的偏差合理性，而熵值法作为一种客观赋权法，在一定程度上忽略了人的主观性，因此在某些问题中呈现了较弱的合理性。考虑到信号系统设备类型复杂、故障模式多样的实际背景，以及铁路运输对安全性的严苛要求，本节提出将上述算法有机结合的综合赋权法，其流程如图 6.3.6 所示。

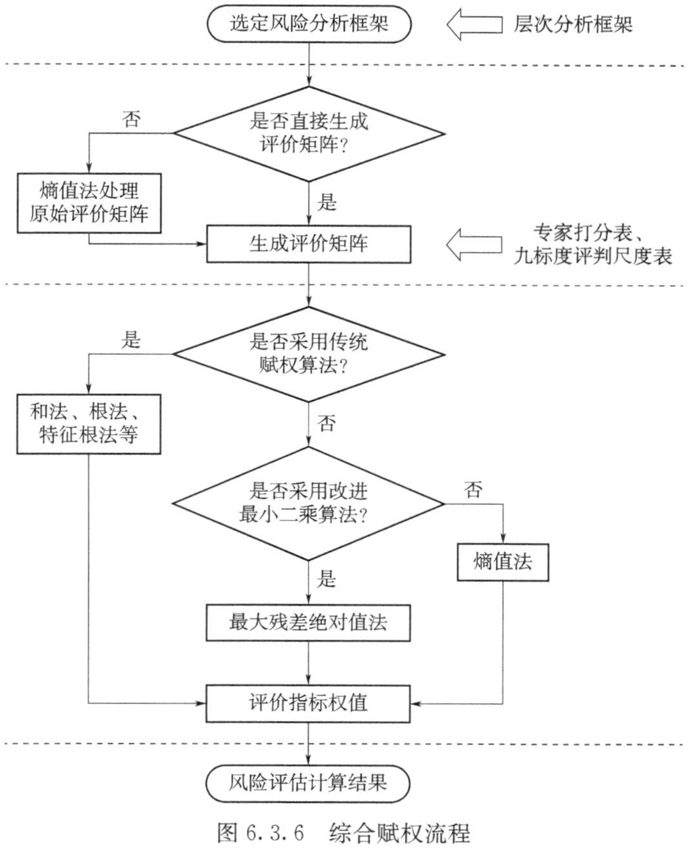

图 6.3.6　综合赋权流程

3. 计算实例

选取轨道电路与车站某接口模块 X 为风险评估目标，其故障模式因子定义及对应风险发生度等级的专家打分结果见表 6.3.9。观察发现打分结果在因子 a_4、a_5、a_6 处存在较大数值偏差，因此采用综合赋权法获取用于完成风险评估的权值向量。

表 6.3.9　接口模块 X 故障模式因子及专家打分表

故障模式因子	定　义	专家打分									
		专家 1	专家 2	专家 3	专家 4	专家 5	专家 6	专家 7	专家 8	专家 9	专家 10
a_1	不能接收 X 信息	5	6	6	7	7	5	7	7	7	8
a_2	错误接收 X 信息	6	7	8	8	8	6	6	6	6	6
a_3	不能向 X 发送信息	5	5	5	5	6	6	8	9	8	8
a_4	错误向 X 发送信息	6	6	7	9	8	8	7	6	5	6
a_5	与 X 通信延迟	4	5	4	5	6	6	7	9	3	3
a_6	与 X 通信信息始终不变	3	4	5	6	6	7	7	5	3	3

首先，基于上述专家打分，采用最大残差绝对值法计算得到评价矩阵 $\boldsymbol{P}_1$ 为

$$\boldsymbol{P}_1=\begin{bmatrix}5 & 6 & 6 & 7 & 7 & 5 & 7 & 7 & 7 & 8\\ 6 & 7 & 8 & 8 & 8 & 6 & 6 & 6 & 6 & 6\\ 5 & 5 & 5 & 5 & 6 & 6 & 8 & 9 & 8 & 8\\ 6 & 6 & 7 & 9 & 8 & 8 & 7 & 6 & 5 & 6\\ 4 & 5 & 4 & 5 & 6 & 6 & 7 & 9 & 3 & 3\\ 3 & 4 & 5 & 6 & 6 & 5 & 7 & 5 & 3 & 3\end{bmatrix}$$

又采用熵值法，处理评价矩阵 $\boldsymbol{P}_1$，得到各专家评价得分 $\boldsymbol{S}=[s_i](i=1,2,\cdots,10)$ 及综合评价矩阵 $\boldsymbol{P}_2$ 为

$$\boldsymbol{S}=[0.0110\quad 0.0775\quad 0.1305\quad 0.1598\quad 0.1753\quad 0.0777\quad 0.1200\quad 0.1257\quad 0.0558\quad 0.0668]$$

$$\boldsymbol{P}_2=\begin{bmatrix}1 & 0.3333 & 3 & 0.2 & 5 & 7\\ 3 & 1 & 5 & 0.3333 & 7 & 9\\ 0.3333 & 0.2 & 1 & 0.1429 & 3 & 5\\ 5 & 3 & 7 & 1 & 9 & 11\\ 0.2 & 0.1429 & 0.3333 & 0.1111 & 1 & 3\\ 0.1429 & 0.1111 & 0.2 & 0.0909 & 0.3333 & 1\end{bmatrix}$$

最终，对 $\boldsymbol{P}_2$ 采用最大残差绝对值法赋权可得

$$\boldsymbol{W}=[0.1399\quad 0.2332\quad 0.1000\quad 0.3887\quad 0.0777\quad 0.0605]^{\mathrm{T}}$$

经验证，对于本案例中多位专家打分结果差异性较大的情况，采用熵值法与最大残差绝对值法结合的综合赋权法中和了主观与客观赋权的差异性，使得赋权结果更具数据合理性。

7

轨道电路抗干扰与故障诊断分析

本章内容概述

本章针对轨道电路抗干扰与运维的紧密关系，重点分析典型铁路信号设备针对电磁干扰特点进行防护的创新设计理念，包括对神经网络、深度学习、文本挖掘等方法在抗干扰技术和智能运维中应用的探索。

7.1 轨道电路故障模式与监测

在讨论电磁干扰对轨道电路及信号设备影响机理、定量评估，以及防护对策的基础上，进一步利用模型、数据及知识推理，实现电磁干扰对信号影响的监测及故障诊断，有助于提升其运维水平。

7.1.1 轨道电路故障模式和故障数据

1. 故障模式

对于轨道电路故障区域为 FC_1～FC_{11}，表 7.1.1 列出了 11 个故障区域和故障模式，故障区域划分如图 7.1.1 所示。

表 7.1.1 故障区域和故障模式

故障码序	11 个故障区域	故障模式
FC_0	正常情况	无
FC_1	室内发送端方向切换电路区域	11—输出开路 12—输出短路
FC_2	发送端模拟网络	21—开路 22—短路

续上表

故障码序	11 个故障区域	故障模式
FC_3	室外发送端电缆通道	31—开路 32—短路
FC_4	室外发送端调谐区、调谐匹配单元	41—调谐单元故障 42—空芯线圈故障
FC_5	发送端调谐匹配单元钢轨引接线	51—单根断线 52—双根断线
FC_6	主轨线路	61—补偿电容故障
FC_7	接收端调谐匹配单元钢轨引接线	71—单根断线 72—双根断线
FC_8	室外接收端调谐区、调谐匹配单元	81—调谐单元故障 82—空芯线圈故障
FC_9	室外接收端通道	91—开路 92—短路
FC_{10}	接收端模拟网络	101—开路 102—短路
FC_{11}	室内接收端方向切换电路区域	111—输出开路 112—输出短路

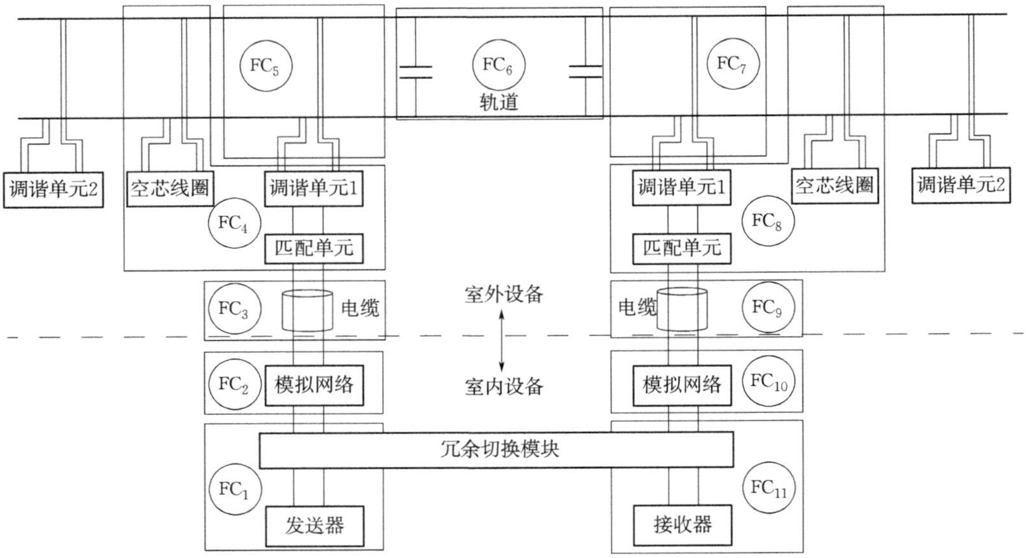

图 7.1.1　轨道电路区域划分

2. 故障数据获取方式

故障数据的获取包括三种方式，如图 7.1.2 所示。

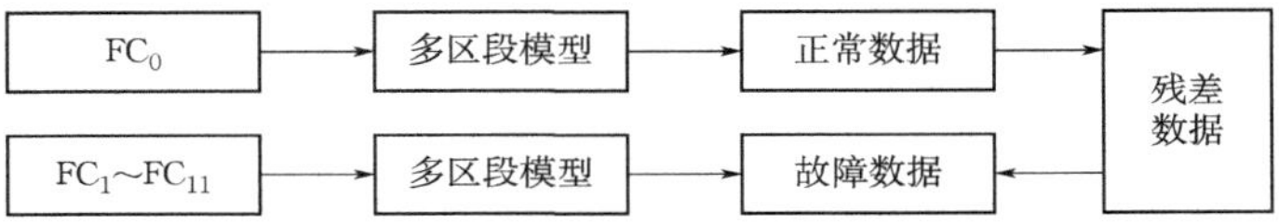

图 7.1.2　故障数据

(1)实验室故障测试

该方法可以通过在实验室搭建轨道电路系统环境,根据不同故障模式对轨道电路进行故障插入测试,获取故障数据。

(2)现场故障测试

现场轨道电路设备系统联调测试过程中,可进行故障插入测试,获取故障数据。

(3)故障插入仿真

对于轨道电路故障诊断,考虑到现场数据的不足,利用仿真模型的故障数据进行故障插入获取故障数据。在多区段模型的基础上,进行了模型的故障插入仿真,得到了不同载波频率、不同配置和不同故障位置时特定采集点的电压和电流数据。

7.1.2 分布式监测平台

1. 监测平台架构

对于轨道电路,监测平台包括室内数据采集设备、室外数据采集设备和轨道电路诊断主机,系统结构如图 7.1.3 所示。

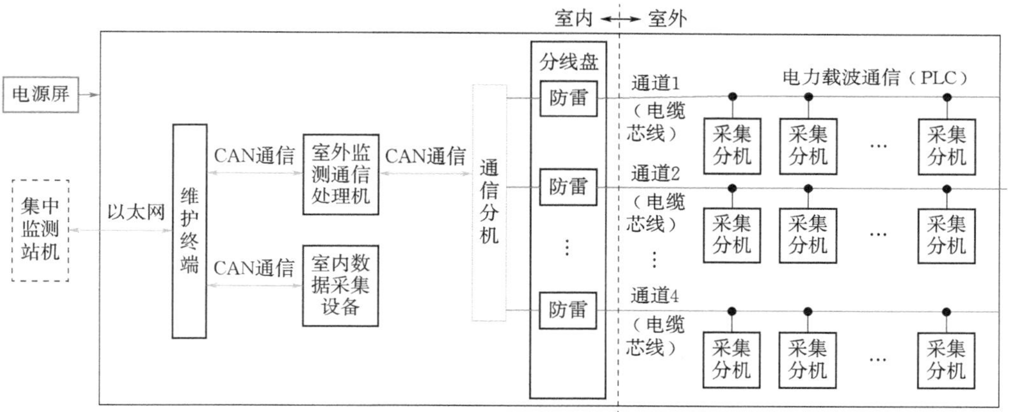

图 7.1.3 轨道电路监测平台系统结构

室外数据采集设备包括室外监测通信处理机、通信分机、采集分机和电流电压传感器等。通信分机通过室外两芯电缆实现采集分机供电和采集分机双向通信功能;采集分机获取室外监测数据并通过室外电缆传输到通信分机,通信分机将数据发送到室外监测通信处理机,最后通过 CAN 通信传输给诊断主机。

2. 采集位置

监测平台负责收集轨道电路的状态信息,然后将其上传到诊断主机。测试参数见表 7.1.2。对于 ZPW-2000 轨道电路,监测平台的监测点布置如图 7.1.4 所示。

表 7.1.2 测试参数

测试码序	参　　数	位　　置
TP1	功出电压	发送器板卡输出端口
	功出电流	
TP2	室内发送端电缆侧电压	发送端模拟网路板卡和发送端电缆之间
	室内发送端电缆侧电流	

续上表

测试码序	参　　数	位　　置
TP3	室外发送端电缆侧电流	发送端匹配单元和发送端电缆之间
TP4	发送端钢轨引接线电流	发送端调谐单元和钢轨之间连线
TP5	接收端钢轨引接线电流	接收端调谐单元和钢轨之间连线
TP6	室外接收端电缆侧电流	接收端匹配单元和接收端电缆之间
TP7	室内接收端电缆侧主轨电压	接收端模拟网络板卡和接收端电缆之间
	室内接收端电缆侧主轨电流	
	室内接收端电缆侧小轨电压	
TP8	接收端主轨轨入电压	模拟网路板卡和冗余切换板卡之间
	接收端小轨轨入电压	
TP9	接收端主轨轨出电压	冗余切换板卡和接收器板卡之间
	接收端小轨轨出电压	

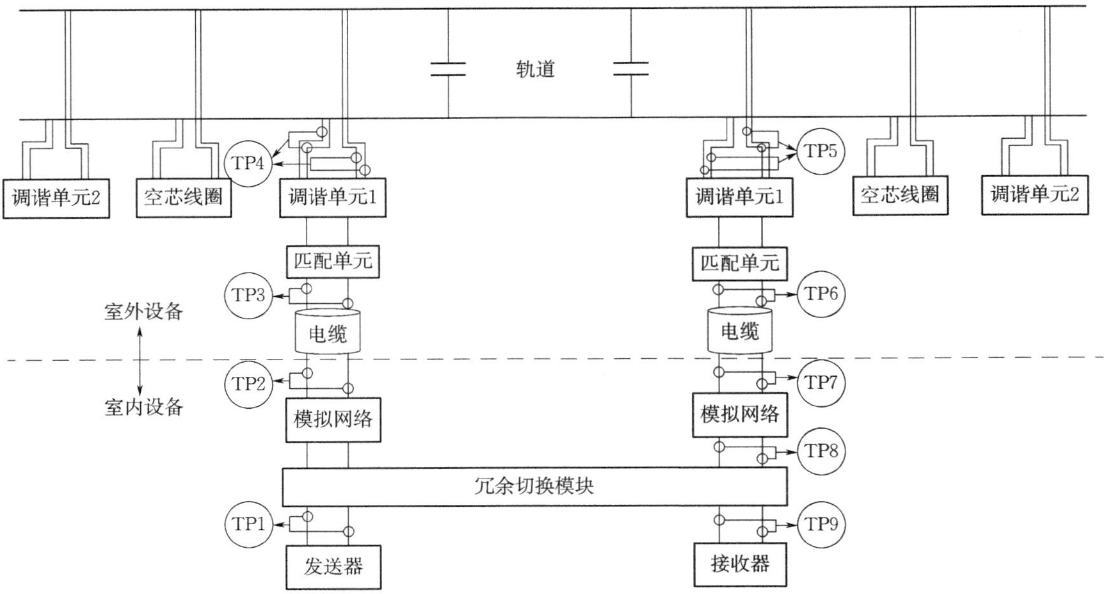

图 7.1.4　ZPW-2000 轨道电路监测点布置

7.2 基于推理机制和智能分析的故障诊断

7.2.1 故障诊断系统架构

在完成轨道电路故障模式和监测平台分析的基础上，研究适用于工程应用的轨道电路故障诊断方法，实现轨道电路故障区段、故障区域和故障位置进行快速精确的定位和诊断。

1. *故障诊断流程*

ZPW-2000 轨道电路故障诊断系统原理如图 7.2.1 所示。故障诊断主机获取室内数据采集设备和室外数据采集设备的数据，通过故障识别和诊断，最后输出故障诊断的结果。

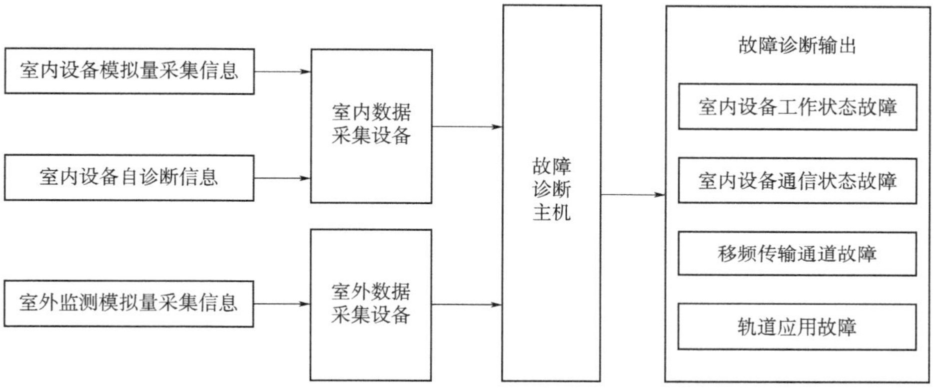

图 7.2.1 故障诊断原理示意

2. *算法架构*

故障诊断软件包括状态监测单元、故障检测单元和分层诊断算法单元，算法原理如图 7.2.2 所示。在该系统中，状态监视单元实时收集和进行数据的归一化处理；故障检测单元检查轨道电路是否存在故障；分层诊断算法单元判断轨道电路的故障区域和位置。

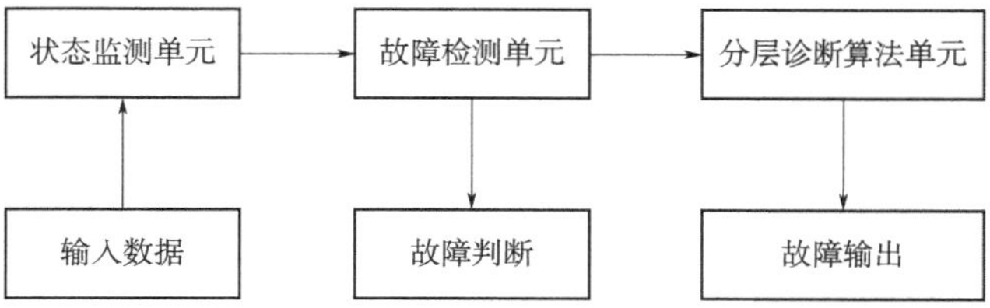

图 7.2.2 故障算法原理

3. *诊断方法*

分层诊断算法由故障区段诊断、故障区域诊断(5 个)、故障区域诊断(11 个)和故障模式诊断组成，如图 7.2.3 所示。

7.2.2 基于分层诊断算法的故障推理机制

对于分层诊断算法，采用故障推理机制进行故障诊断。对于 11 个故障区域诊断，下面给出详细的推理方法。

1. *方法分析*

轨道电路故障推理方法如图 7.2.4 所示。

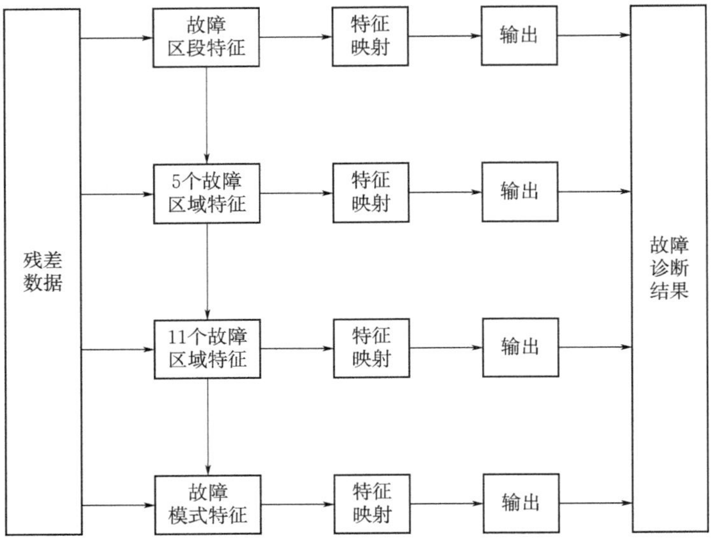

图 7.2.3　分层诊断算法

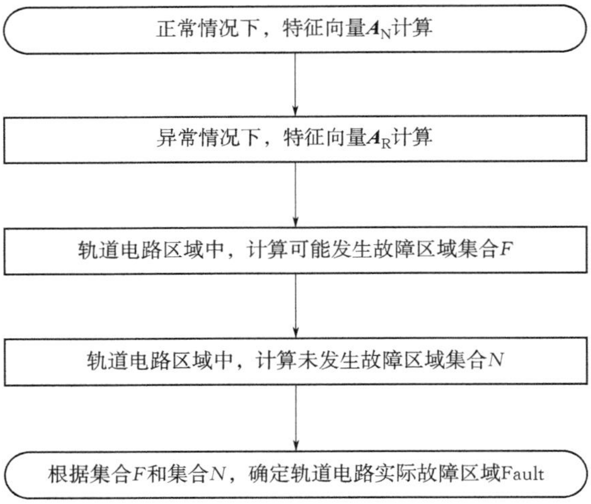

图 7.2.4　故障推理方法

(1)经过对轨道电路历史样本数据的分析，分别计算正常情况下和故障情况下轨道电路的特征，进而得到正常情况下特征向量 $\mathbf{A}_{\mathrm{N}}$。

$$\mathbf{A}_{\mathrm{N}}=(a_1,a_2,a_3,a_4,a_5,a_6,a_7,a_8) \tag{7.2.1}$$

$$\mathbf{A}_{\mathrm{N}}=\left(\frac{I_{\mathrm{TP1}}}{U_{\mathrm{TP1}}},\frac{I_{\mathrm{TP2}}}{U_{\mathrm{TP2}}},\frac{I_{\mathrm{TP4}}}{I_{\mathrm{TP3}}},\frac{I_{\mathrm{TP5}}}{I_{\mathrm{TP4}}},\frac{I_{\mathrm{TP6}}}{I_{\mathrm{TP5}}},\frac{I_{\mathrm{TP6}}}{U_{\mathrm{TP7}}},\frac{U_{\mathrm{TP8}}}{U_{\mathrm{TP7}}},\frac{U_{\mathrm{TP9}}}{U_{\mathrm{TP8}}}\right) \tag{7.2.2}$$

(2)发生故障后，通过测点获取反映所有轨道电路区域运行状态的实时数据，将所述测点的实时数据作为轨道电路特征向量 $\mathbf{A}_{\mathrm{R}}$。

(3)定义 $A_{\mathrm{b}}(a_i)$，$(i=1\sim8)$表示 a_i 超过预期正常阈值范围，定义$\neg A_{\mathrm{b}}(a_i)$，$(i=1\sim8)$表示 a_i 在预期正常阈值范围内；定义 F_i 表示可能故障区域的集合，当 a_i 满足 $A_{\mathrm{b}}(a_i)$时，配置 F_i 如下；当 a_i 满足$\neg A_{\mathrm{b}}(a_i)$时，配置 F_i 为全集，有

$$
\begin{gathered}
[\neg A_b(a_i) \rightarrow F_i=(FC_1, FC_2, FC_3, FC_4, FC_5, FC_6, FC_7, FC_8, FC_9, FC_{10}, FC_{11})] \\
A_b(a_1) \rightarrow F_1=(FC_1, FC_2, FC_3, FC_4, FC_5, FC_6, FC_7, FC_8, FC_9, FC_{10}, FC_{11}) \\
A_b(a_2) \rightarrow F_2=(FC_3, FC_4, FC_5, FC_6, FC_7, FC_8, FC_9, FC_{10}, FC_{11}) \\
A_b(a_3) \rightarrow F_3=(FC_4, FC_5, FC_6, FC_7, FC_8, FC_9, FC_{10}, FC_{11}) \\
A_b(a_4) \rightarrow F_4=(FC_4, FC_5, FC_6, FC_7, FC_8, FC_9, FC_{10}, FC_{11}) \\
A_b(a_5) \rightarrow F_5=(FC_7, FC_8, FC_9, FC_{10}, FC_{11}) \\
A_b(a_6) \rightarrow F_6=(FC_9, FC_{10}, FC_{11}) \\
A_b(a_7) \rightarrow F_7=(FC_{10}, FC_{11}) \\
A_b(a_8) \rightarrow F_8=(FC_{11})
\end{gathered} \tag{7.2.3}
$$

定义 F 表示所述所有轨道电路区域中可能发生故障的区域，则 F 表达式为

$$F=F_1 \cap F_2 \cap F_3 \cap F_4 \cap F_5 \cap F_6 \cap F_7 \cap F_8 \tag{7.2.4}$$

(4)定义 N_i 表示无故障区域的集合，当 a_i 满足$\neg A_b(a_i)$时，配置 N_i 如式(7.2.4)；当 a_i 不满足$\neg A_b(a_i)$时，配置 N_i 为空集。

$$
\begin{gathered}
A_b(a_i) \rightarrow N_i=\varnothing \\
\neg A_b(a_1) \rightarrow N_1=(FC_1, FC_2) \\
\neg A_b(a_2) \rightarrow N_2=(FC_3) \\
\neg A_b(a_3) \rightarrow N_3=(FC_4, FC_5) \\
\neg A_b(a_4) \rightarrow N_4=(FC_6, FC_7, FC_8) \\
\neg A_b(a_5) \rightarrow N_5=(FC_9, FC_{10}) \\
\neg A_b(a_6) \rightarrow N_6=(FC_9, FC_{10}) \\
\neg A_b(a_7) \rightarrow N_7=(FC_{10}) \\
\neg A_b(a_8) \rightarrow N_8=FC_{11}
\end{gathered} \tag{7.2.4}
$$

定义 N 表示所有轨道电路区域中的无故障区域，则 N 的表达式为

$$N=N_1 \cup N_2 \cup N_3 \cup N_4 \cup N_5 \cup N_6 \cup N_7 \cup N_8 \tag{7.2.5}$$

(5)定义 Fault 表示轨道电路实际故障区域，Fault 为从所述所有轨道电路区域中可能发生故障的区域 F 中排除所述所有轨道电路区域中的无故障区域 N 后得到的所述实际故障区域。

2. 实例分析

(1)现假设轨道电路数据采集的工作模式为有室外数据采集设备的工作模式，经过对轨道电路历史样本数据的分析，分别计算正常情况下和故障情况下轨道电路特征向量，从而得到特征向量 $\boldsymbol{A}_N$ 的预期正常范围如下：

$$\boldsymbol{A}_N=(1\pm0.2)\times(0.29\%, 0.2\%, 4\,200\%, 28.8\%, 0.5\%, 0.2\%, 20\%, 52\%) \tag{7.2.6}$$

(2)现场发生故障后，获得的实时数据组成轨道电路特征向量 $\boldsymbol{A}$ 为

$$\boldsymbol{A}_R=(0.34\%, 0.52\%, 4\,207\%, 28.6\%, 0.5\%, 0.2\%, 19.7\%, 51.7\%) \tag{7.2.7}$$

(3)考虑 a_2 异常，所有轨道电路区域中可能发生故障的区域 F 为

$$F=F_2=(FC_3, FC_4, FC_5, FC_6, FC_7, FC_8, FC_9, FC_{10}, FC_{11}) \tag{7.2.8}$$

(4)根据计算，无故障区域的集合如下：

$$A_b(a_i) \rightarrow N_i=\varnothing \tag{7.2.9}$$

$$N_2=\varnothing \tag{7.2.10}$$

所有轨道电路区域中的无故障区域 N 为

$$N=(FC_1, FC_2, FC_4, FC_5, FC_6, FC_7, FC_8, FC_9, FC_{10}, FC_{11}) \tag{7.2.11}$$

轨道电路实际故障区域 Fault 为 F 中排除所述所有轨道电路区域中的无故障区域 N 后的集合，Fault=(FC_3)。

7.2.3 轨道电路故障诊断测试验证

1. 实验室测试

模拟道床装置由 AG 区段、BG 区段和 CG 区段组成，如图 7.2.5(c)所示。图 7.2.5(a)和(b)中 L 为钢轨电感，R 为钢轨电阻，R_d 为等效道床电阻，C 为补偿电容，K_1 和 K_2 分别为等效道床电阻与补偿电容的控制开关。

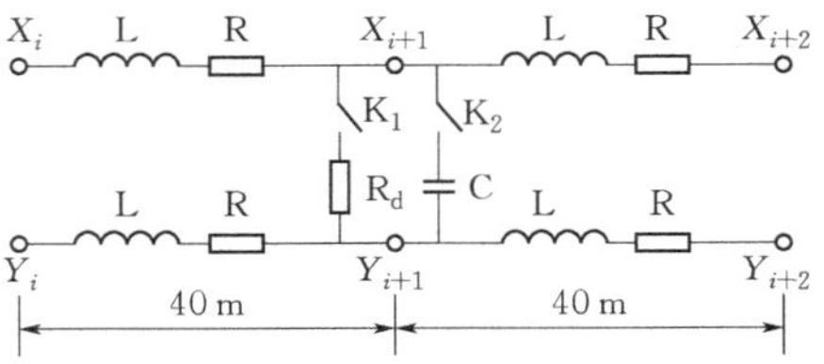

（a）80 m 轨道单元

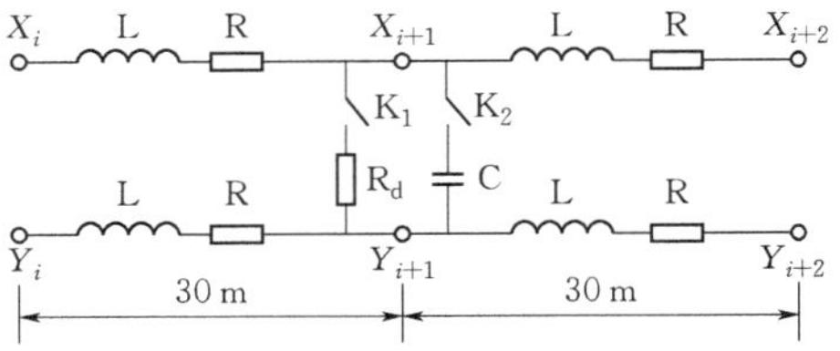

（b）60 m 轨道单元

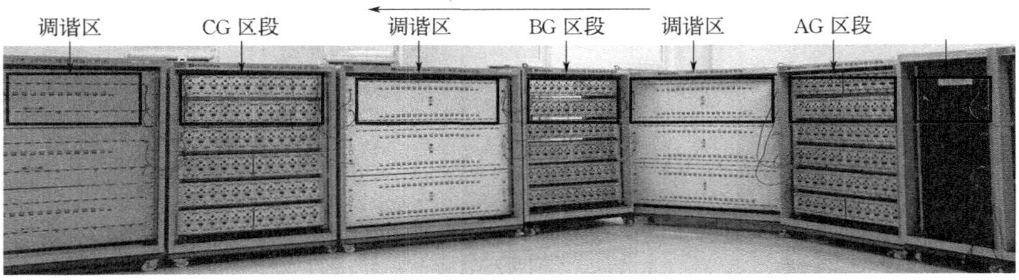

（c）模拟道床装置

图 7.2.5 模拟道床模型

部分故障模式(FC_5、FC_6 和 FC_8)的故障注入测试示例如图 7.2.6 所示。

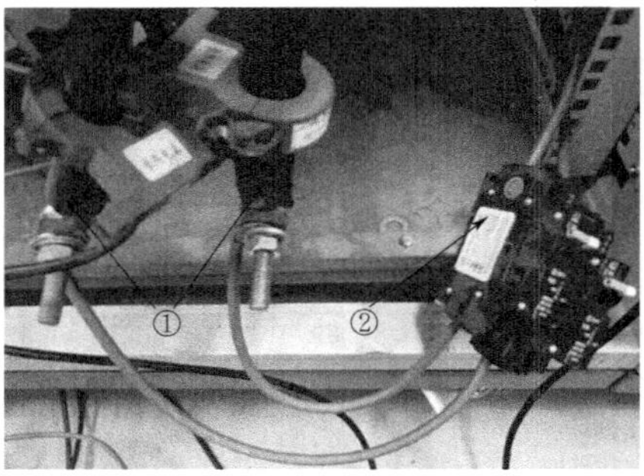

（a）FC_5：线路故障

（b）FC_8：调谐单元短路故障

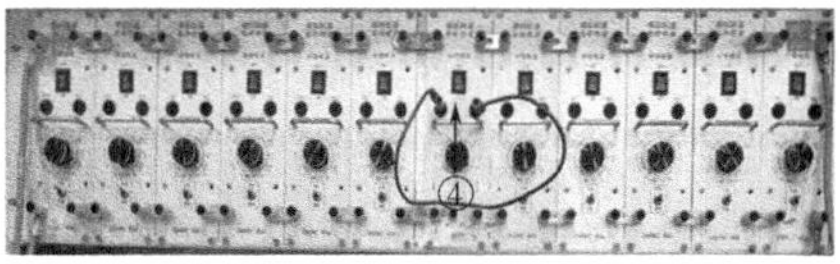

（c）FC_6：补偿电容短路故障

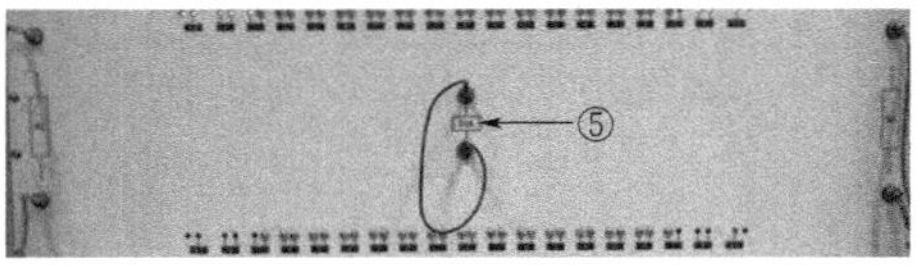

（d）FC_8：SVAC短路故障

图 7.2.6 故障注入测试

故障诊断定位效果如图 7.2.7 所示，对于 11 种故障模式各 50 次的均值统计为：故障诊断准确率 98.18%；诊断时间 10.81 s，结果达到预期效果。故障诊断结果数据见表 7.2.1。

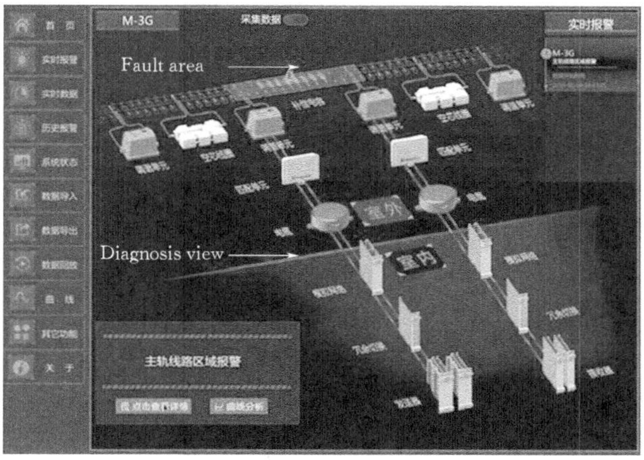

图 7.2.7 故障诊断定位效果

故障诊断定位效果

表 7.2.1 故障诊断结果数据

故障编码	故障模式	诊断准确率	诊断时间/s
FC_0	无	99.21%	—
FC_1	11—输出开路 12—输出短路	98.32% 97.53%	11.3 11.2
FC_2	21—开路 22—短路	96.04% 96.33%	11.3 11.2
FC_3	31—开路 32—短路	99.24% 99.58%	12.7 13.5
FC_4	41—调谐单元故障 42—空芯线圈故障	98.23% 95.66%	11.5 12.3
FC_5	51—单根断线 52—双根断线	99.81% 98.38%	2.2 11.9
FC_6	61—补偿电容故障	97.12%	11.6
FC_7	71—单根断线 72—双根断线	99.58% 98.45%	2.6 11.7
FC_8	81—调谐单元故障 82—空芯线圈故障	99.55% 96.28%	11.9 12.2
FC_9	91—开路 92—短路	98.15% 98.43%	11.3 11.2
FC_{10}	101—开路 102—短路	97.53% 99.22%	11.6 11.3
FC_{11}	111—输出开路 112—输出短路	99.35% 98.07%	11.3 11.4
均值	50 次	98.18%	10.81

2. 现场测试验证

测试现场区段运行方向、长度、载频、类型等信息如图 7.2.8 所示；轨道电路区段情况见表 7.2.2。

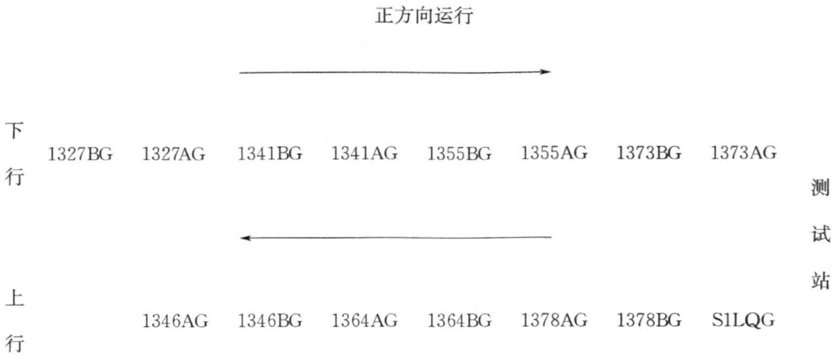

图 7.2.8 测试区间区段和运行方向示意

表 7.2.2 轨道电路区段情况

位置	区段名称	区段载频/Hz	区段长度/m	区段类型
下行	1327BG	1 700	700	电气节—电气节
	1327AG	2 300	700	电气节—电气节
	1341BG	1 700	800	电气节—电气节
	1341AG	2 300	700	电气节—电气节
	1355BG	1 700	850	电气节—电气节
	1355AG	2 300	853	电气节—电气节
	1373BG	1 700	755	电气节—电气节
	1373AG	2 300	745.4	电气节—电气节
上行	S1LQG	2 000	1 073.6	电气节—机械节
	1378BG	2 600	700	电气节—电气节
	1378 AG	2 000	700	电气节—电气节
	1364BG	2 600	850	电气节—电气节
	1364AG	2 000	850	电气节—电气节
	1346BG	2 600	700	电气节—电气节
	1346 AG	2 000	1 000	电气节—电气节

轨道电路故障诊断测试结果见表 7.2.3。

表 7.2.3 轨道电路故障诊断测试结果

<table>
<tr><th>序号</th><th>故障位置</th><th>测试场景</th><th>预期结果</th><th>诊断结果</th></tr>
<tr><td>1</td><td rowspan="2">1364BG
室内设备</td><td>发送端 54 柱端子
移频线缆短路</td><td>发送通道故障</td><td>室外发送端电缆通道
0～0.512 km 位置短路</td></tr>
<tr><td>2</td><td>接收端 54 柱端子
移频线缆短路</td><td>接收通道故障</td><td>室外接收通道区域报警</td></tr>
<tr><td>3</td><td rowspan="3">1378AG
室外设备</td><td>主轨道电容位置短路</td><td>主轨区域故障</td><td>主轨线路区域报警</td></tr>
<tr><td>4</td><td>发送端调谐设备
钢轨引接线短路</td><td>室外发送端调谐匹配设备
钢轨引接线或轨面短路</td><td>室外发送端调谐匹配设备
钢轨引接线或轨面短路</td></tr>
<tr><td>5</td><td>匹配单元 E1、E2 短路</td><td>发送通道故障</td><td>室外发送端电缆通道
2.111～2.611 km 位置短路</td></tr>
</table>

由表 7.2.3 可见，仅依赖地面信号集中监测系统，可实现较高的故障诊断准确率，但对于补偿电容故障及位置、分路不良等故障诊断效果，还存在一定不足。为实现完整通道的故障诊断，除轨道电路多点采集的数据外，可进一步结合车载设备采集的数据，将这些数据传输至地面设备，车地协同完成故障诊断，从而改进诊断及预测效果。

7.3 基于文本挖掘和知识图谱的故障/事故分析方法

随着高速铁路信号系统功能复杂程度的增加，电磁干扰带来的系统故障的可能性相应具有复杂的、不可预测的失效模式，传统的基于黑箱测试的安全认证方法已难以满足需要。信号系统的安全标准、设计方法、安全性分析方法及安全评估等方面需要进一步研究，电磁干扰导致的安全风险及评估是值得重点关注和研究的问题。本节探索基于对事故报告的文本挖掘和对故障案例的知识图谱建模，改进信号系统安全评估方法的创新思路。

7.3.1 电磁干扰引发故障/事故类型

高速铁路电磁环境中电气化牵引供电系统瞬态电磁干扰对通信、信号设备产生影响，包括接触网和钢轨电流对轨旁设备的电磁感应、电力机车受电弓离线产生的脉冲干扰、运行机车牵引电动机磁场对外辐射耦合、不平衡牵引电流传导性干扰等。从现场调研得到的事故类型根据故障原因划分，除电磁干扰外，还通常包括材质不良、供电质量、工务病害、自然灾害等，因此可通过分类算法对事故报告文本进行特征提取，自动定位电磁干扰故障案例。以 CNN(convolutional neural networks)模型为例，分类结果评估如图 7.3.1 所示。

7.3.2 基于命名实体识别的文本挖掘

使用基于命名实体识别(named entity recognition，NER)的文本挖掘技术，在以非结构化数据为主体的大数据时代具有重要的研究和实践意义。在自然语言处理任务中，NER 作为对不限长度文本知识实体精准挖掘的有效手段，完成识别文档中专有名称模式并将其分类为适当类型。

1. 文本预处理

大量事故报告构成的复杂非结构化文本，需经过语义标注、张量化、数据集划分的预处理过程，最终用以 NER 模型特征学习和预测输出，具体如图 7.3.2 所示。

其中，BMES 为语义标注规则，采用 Begin(B)，Middle(M)，End(E)分别表示词组形式的完整命名实体的开始、中间、结尾单词，Single(S)表示独立实体，其余无关实体均标注为 Other(O)。

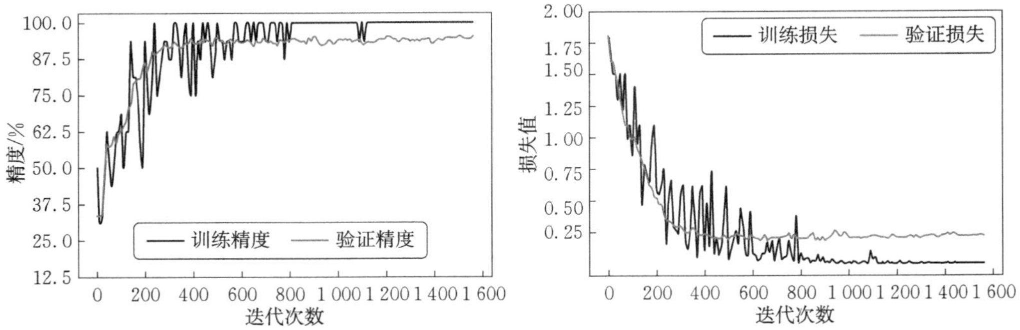

（a）精度　　（b）损失值

图 7.3.1　CNN 分类结果评估

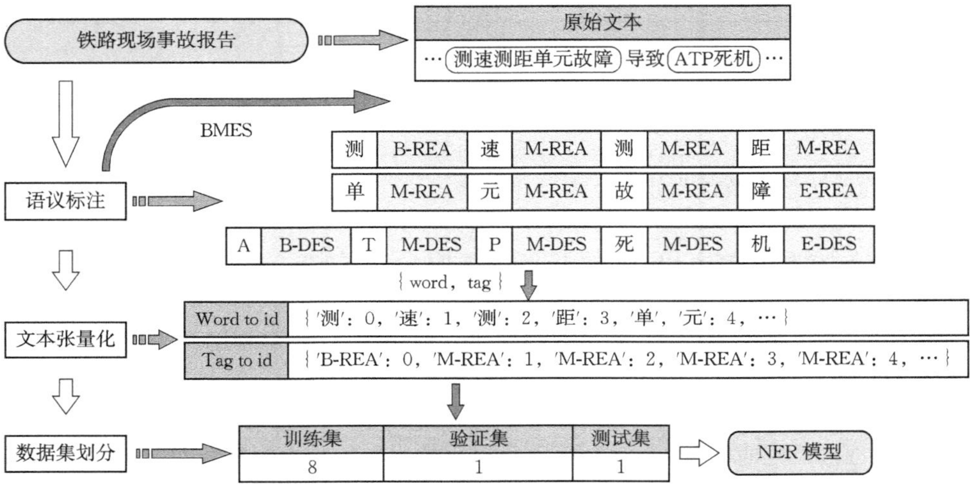

图 7.3.2　文本预处理过程

2. NER 算法建模及验证

常用的 NER 算法模型包括以机器学习为基础的隐马尔可夫模型（HMM）、条件随机场（CRF）等，以及以深度学习网络为基础的长短时记忆（LSTM）及双向 LSTM（BiLSTM）网络模型等。为了尽可能提高对事故报告中知识实体的挖掘精度，还可考虑上述模型两种或多种的集成策略，构建最优的算法模型。

此外，采用中文事故报告作为语料库时，还需考虑对应文本具备以下特殊性：

（1）中文文本中不采用大写字母、单词间的空格作为分割标志位。

（2）铁路现场故障数据及详细记录通常为保密文件，难以大量获取。

（3）事故文本结构复杂、语境语义关联性强，涵盖大量专业术语。

采用预训练模型（如 bidirectional encoder representations from transformers，BERT）可提高中文文本挖掘精度，如图 7.3.3 所示。

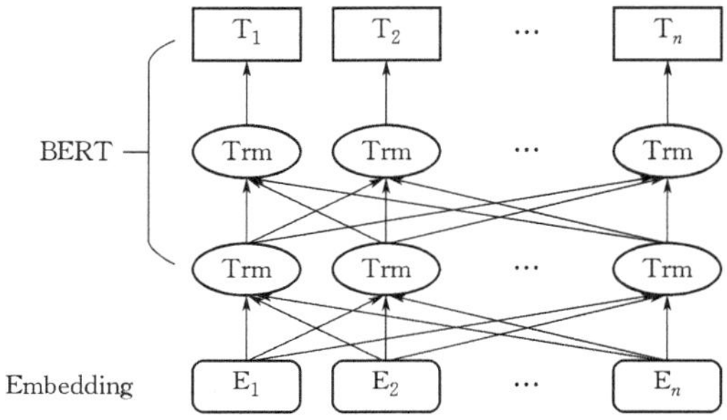

图 7.3.3　BERT 预训练模型

本节对于预处理后的中文报告语料库，构建了 4 种 NER 算法模型，并设置训练参数，见表 7.3.1。

结果表明，上述 4 种算法的训练精度依次为 0.92、0.85、0.94、0.91，并且基于 BERT 模型的 NER 算法具有更快的收敛速度和更小的损失值。

表 7.3.1 NER 算法训练参数设置

NER 模型	训练参数	NER 模型	训练参数
BERT	—	BERT_CRF	num_epochs=20
BiLSTM	learning_rate=1×10^{-2} num_epochs=20 batch_size=12(训练集) batch_size=12(验证集)	BiLSTM_CRF	learning_rate=1×10^{-2} num_epochs=20 batch_size=12(训练集) batch_size=12(验证集)

应用 BERT_CRF 模型进行分类预测，结果见表 7.3.2。值得注意的是，文本的记述形式、实体种类、内容边界、语料库大小等，均会影响 NER 的效果。

表 7.3.2 NER 效果验证

实体类型	准确率(precision)	召回率(recall)	f1 分数(f1_score)	支持度(support)
CAU(故障原因)	0.855 1	0.921 9	0.887 2	64
DES(故障描述)	0.914 3	0.914 3	0.914 3	35
CON(故障结果)	1	1	1	31
NAM(故障名称)	1	1	1	32
microavg	0.922 2	0.950 6	0.936 2	162
macroavg	0.942 4	0.959 1	0.950 4	162
weightedavg	0.924 2	0.950 6	0.936 9	162

7.3.3 面向电磁干扰故障的知识图谱构造

知识图谱建模主要包括知识提取、知识链接、知识融合、知识完成以下 4 个步骤：

(1)知识提取：通常指从结构化或半结构化数据中提取知识实体。

(2)知识链接：用以发现来自不同来源的实体或概念之间的语义关系。

(3)知识融合：一般旨在整合来自不同数据源的知识，利用特定模块来规范具有相同含义但具有不同字符串标签的实体、属性和属性值。

(4)知识完成：旨在通过知识图中已知的实体和关系来推断需要查询的实体。将实体记为 E，关系记为 R，则知识图谱 KG=(E,R)。核心过程为将知识以三元组的形式进行描述，如(E_1,R,E_2)，其中，E_1 和 E_2 分别为识别出的两个实体，R 为二者间关系链。

为了实现以结构化的方式可视化表示和存储非结构的知识文本，可选用 Neo4j 为例的图形数据库，基于图的概念描述数据模型。对应中文语料库和 NER 结果，图 7.3.4 给出了面向电磁干扰故障的知识图谱示例。其中，橘黄色、粉红色、红色、深褐色节点分别表示实体 CAU、DES、CON、NAM，绿色和蓝色箭头分别表示关系“导致”和“属于”。

构建的知识图谱数据库可以用于追踪实体节点关系，进而厘清电磁干扰引起铁路系统中的信号传输错误及设备故障的机理(如信号波形畸变$\xrightarrow{\text{导致}}$机车信号解码错误$\xrightarrow{\text{导致}}$机车信号突变停车$\xrightarrow{\text{导致}}$晚点$\xrightarrow{\text{属于}}$电码化故障)。同时，对数据库中存储的图形信息中进行索引、查询、增加、删减等操作，可为铁路现场人员实施安全管理与决策提供在线服务和指导。

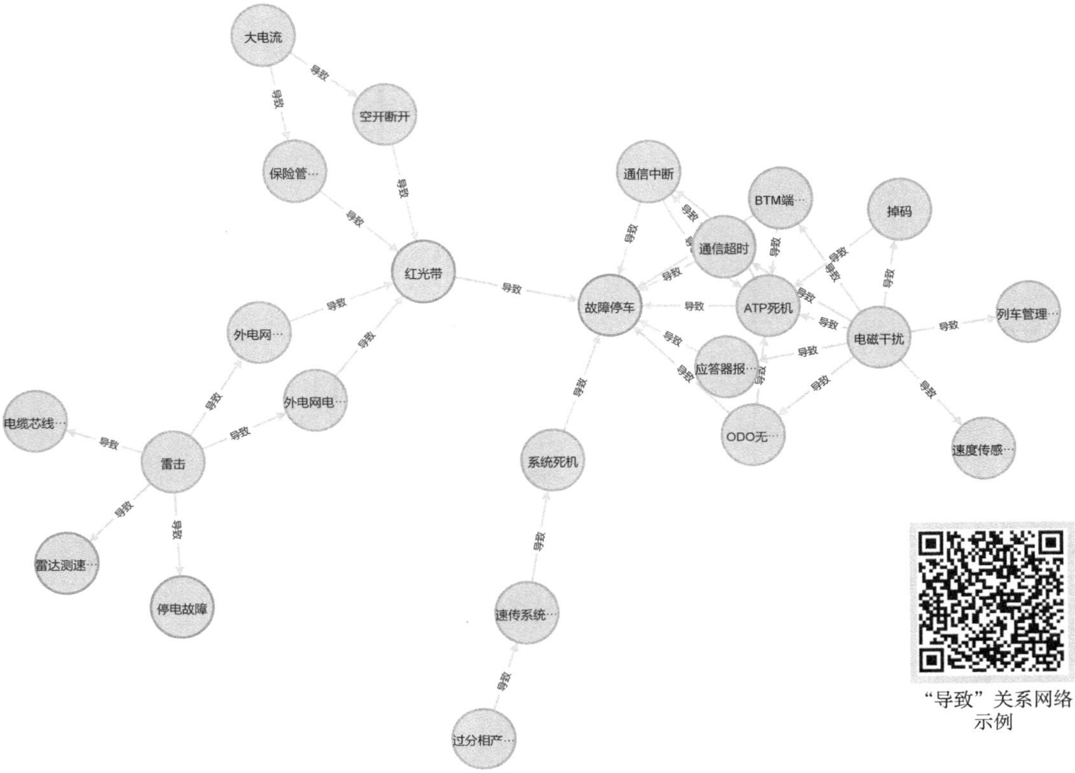

“导致”关系网络示例

（a）“导致”关系网络示例

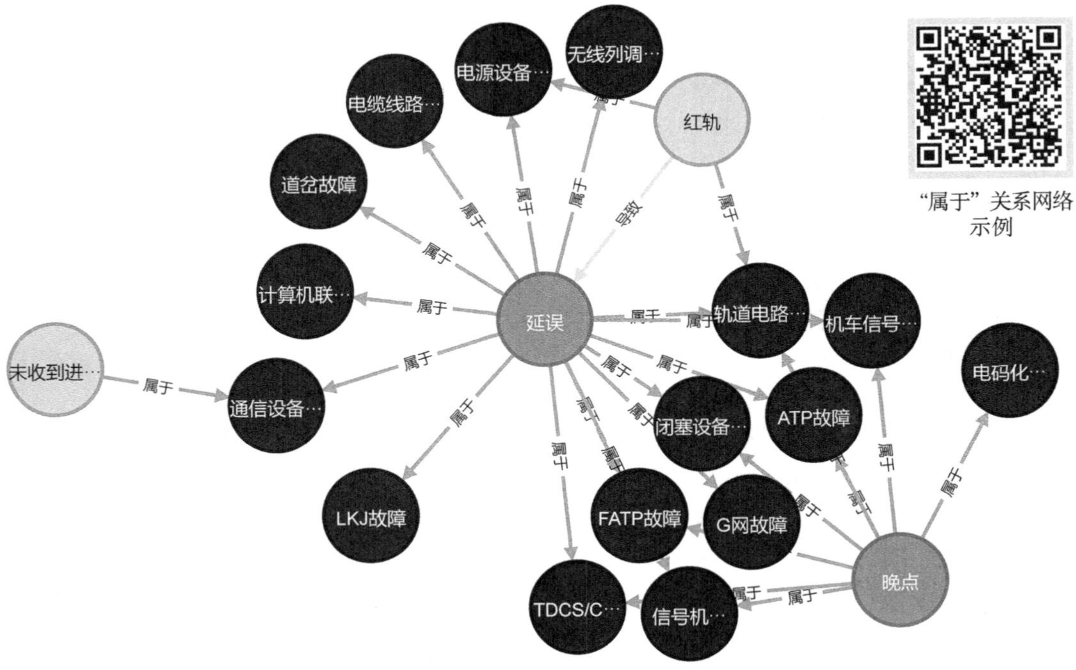

“属于”关系网络示例

（b）“属于”关系网络示例

图 7.3.4　基于 Neo4j 建模的知识图谱局部示例

参考文献

[1]SCHON WALTER. Railway signalling and automation Volume 1[M]. 2nd ed. Paris: Institution of Railway Signal Engineers, La vie du Rail, 2014.

[2]布列耶夫．轨道电路的分析与综合[M]. 孙铭甫，译．北京：中国铁道出版社，1981.

[3]罗海涛．移频自动闭塞[M]. 北京：中国铁道出版社，1983.

[4]费锡康．无绝缘轨道电路原理及分析[M]. 北京：中国铁道出版社，1993.

[5]中国铁路总公司．普速铁路信号维护规则　技术标准[S]. 北京：中国铁道出版社，2014.

[6]杨世武．铁路信号电磁兼容技术[M]. 2 版．北京：中国铁道出版社，2022.

[7]刘倡，杨世武，崔勇，等．配置 BES 型扼流适配变压器的道岔区段轨道电路调整表仿真计算[J]. 中国铁道科学，2020，41(3)：154-162.

[8]YANG S W, LIU C. Discrete modeling and calculation of traction return-current network for 400 km/h high-speed railway[J]. Proceedings of the Institution of Mechanical Engineers, Part F: Journal of Rail and Rapid Transit, 2023, 237(4): 445-457.

[9]RATHOD C, WEXLER D, CHANDRA T, et al. Microstructural characterisation of railhead damage in insulated rail joints[C]//Materials Science Forum. Trans Tech Publications Ltd, 2012, 706: 2937-2942.

[10]YANG S W, CUI Y L, LIU J, et al. Research on the modeling of the impedance match bond at station track circuit in Chinese high-speed railway[J]. Advances in Mechanical Engineering, 2015, 7(11).

[11]LIU C, YANG S W, CUI Y L, et al. Optimization method of switch jumper setting based on strategies for reducing conductive interference in railway[J]. Proceedings of the Institution of Mechanical Engineers, Part F: Journal of Rail and Rapid Transit, 2021, 235(5): 644-654.

[12]MIDYA S, BORMANN D, SCHUTTE T, et al. Pantograph arcing in electrified railways-Mechanism and influence of various parameters-Part Ⅱ: With AC traction power supply[J]. IEEE Transactions on Power Delivery, 2009, 24(4): 1940-1950.

[13]SCHAVEMAKER P H, VAN DER SLUI L. An improved Mayr-type arc model based on current-zero measurements [circuit breakers][J]. IEEE Transactions on Power delivery, 2000, 15(2): 580-584.

[14]杨世武，刘家良，李文涛，等．站内轨道电路迂回电路模型分析及案例[J]. 铁道学报，2015(11)：76-81.

[15]李奕霖．高铁牵引供电和综合接地设计对车站信号影响的研究[D]. 北京：北京交通大学，2015.

[16]杨世武，李奕霖，陈海康，等．基于高速铁路典型车站牵引供电系统仿真模型的降低绝缘节两端电位差方案[J]. 中国铁道科学，2016，37(2)：70-77.

[17]YANG Y X, CAO H E, ZHANG M Z, et al. Research on the influence of pantograph catenary contact loss arcs and zero-crossing stage on electromagnetic disturbance in high-speed railway[J]. Energies, 2023, 17(1): 138.

[18]杨铁轩，刘尚合，邹军，等．高铁站台内部钢筋对相邻股道互阻抗的影响分析[J]. 铁道学报，2023，45(7)：92-98.

[19]保罗．电磁兼容导论[M]. 闻映红，译．北京：人民邮电出版社，2007.

[20]崔鼎新，李寒非．两条平行单导线之间的低频互感系数[J]. 电机工程学报，1984(1)：35-45.

[21]BAUM C E, LIU T K, TESCHE F M. On the analysis of general multiconductor transmission-line networks

[J]. Interaction Note,1978,350(6):467-547.

[22]PAUL C R,BOWLES B A. Literal solution of the transmission-line equations for shielded wires[C]//IEEE International Symposium on Electromagnetic Compatibility. IEEE,1990:591-599.

[23]KIRAWANICH P,GUNDA R,KRANTHI N,et al. Network cables under lightning pulse: electromagnetic topology analysis[C]//The 31st IEEE International Conference on Plasma Science,2004. ICOPS 2004. IEEE Conference Record-Abstracts. IEEE,2004:374.

[24]高攸刚．感性耦合与阻性耦合[M]. 北京:人民邮电出版社,1979.

[25]付茂金,阮小飞,王州龙．高速铁路通信信号综合防雷技术[M]. 北京:科学出版社,2014.

[26]张晓斌．铁路信号 SPD 的电路设计研究[D]. 北京:北京交通大学,2017.

[27]傅世善．铁路信号论文选集[J]. 北京:中国铁道出版社,2012.

[28]裴立原．电磁干扰与铁路信号安全的相关性研究[D]. 北京:北京交通大学,2015.

[29]YANG S W,YANG J,CUI Y,et al. Study on the EMI impact over the safety of railway signaling and case analysis[C]//2017 2nd international conference on system reliability and safety (ICSRS). IEEE, 2017: 374-379.

[30]LIU C,YANG S W,CUI Y,et al. An improved risk assessment method based on a comprehensive weighting algorithm in railway signaling safety analysis[J]. Safety science,2020,128:104768.

[31]LIU S,YANG S W,LIU C,et al. Research on anti-interference algorithm for cab signal demodulation based on deep learning[C]//2020 16th International Conference on Control, Automation, Robotics and Vision (ICARCV). IEEE,2020:248-254.

[32]LIU C,YANG S W. Using text mining to establish knowledge graph from accident/incident reports in risk assessment[J]. Expert Systems with Applications,2022,207:117991.

[33]LIU C,YANG S W. A text mining-based approach for understanding Chinese railway incidents caused by electromagnetic interference[J]. Engineering Applications of Artificial Intelligence,2023,117:105598.